新时代新理念职业教育教材·铁道机车车辆类

铁道机车运用与维护、动车组检修技术专业系列教材

铁路机务行车规章

（第 2 版）

主编　祁冠峰　梁守科
主审　武学工

北京交通大学出版社

·北京·

内 容 简 介

本书以项目为引领，以任务为驱动，介绍了铁路主要技术设备、铁路行车信号、行车闭塞法、编组列车、列车运行、调车作业、电力机车乘务员一次作业过程、铁路交通事故调查处理规则、机车管理与运用等方面的内容。

本书内容系统全面，图文并茂，可作为大、中专院校学生的学习用书，也可作为铁路企业相关技术人员的培训用书。

图书在版编目（CIP）数据

铁路机务行车规章 / 祁冠峰，梁守科主编. —2 版. —北京：北京交通大学出版社，2023.8
ISBN 978-7-5121-4821-5

Ⅰ．① 铁…　Ⅱ．① 祁…　② 梁…　Ⅲ．① 铁路行车 – 规章制度 – 职业教育 – 教材
Ⅳ．① U292.11

中国版本图书馆 CIP 数据核字（2022）第 197006 号

铁路机务行车规章
TIELU JIWU XINGCHE GUIZHANG

责任编辑：刘　辉

出版发行：北京交通大学出版社　　　　　电话：010-51686414　　http://www.bjtup.com.cn
地　　址：北京市海淀区高梁桥斜街 44 号　邮编：100044
印 刷 者：北京时代华都印刷有限公司
经　　销：全国新华书店
开　　本：185 mm×260 mm　　印张：14.75　　字数：367 千字
版 印 次：2014 年 7 月第 1 版　　2023 年 8 月第 2 版　　2023 年 8 月第 2 版第 1 次印刷
印　　数：1～3 000 册　　定价：48.80 元

本书如有质量问题，请向北京交通大学出版社质监组反映。对您的意见和批评，我们表示欢迎和感谢。
投诉电话：010-51686043，51686008；传真：010-62225406；E-mail：press@bjtu.edu.cn。

前　言

本书是教育部国家职业教育改革发展示范学校建设计划的建设成果。本书以项目为引领、以任务为驱动，以新修订的铁道机车运用与维护、动车组检修技术专业人才培养方案，以及铁路机务行车规章课程标准为依据，紧扣《铁路机车车辆驾驶人员资格考试大纲》的要求编写。

铁路机务行车规章是铁道机车类专业的一门核心课程，是培养机车乘务员和检修人员实操技能与理论知识的一门必修课。该课程介绍铁路主要技术设备、铁路行车信号、行车闭塞法、编组列车、列车运行、调车作业、电力机车乘务员一次作业过程、铁路交通事故调查处理规则、机车管理与运用等方面的内容。2014 年 7 月，北京交通大学出版社出版了我们编写的《铁路机务行车规章》，该书先后重印十余次，发行超万册，受到兄弟学校和铁路企业的广泛好评。在此基础上，我们根据近年来铁路机务新规范、新技术、新规定对该书第 1 版进行了修订和升级。

本书由具有丰富理论知识的专业教学人员和多年从事现场实际工作的工程技术人员及能工巧匠合作编写，具有很强的实用性和针对性。本书图文并茂，既可作为大、中专院校学生的学习用书，也可作为铁路企业相关技术人员的培训用书。

本书由祁冠峰、梁守科担任主编，武学工担任主审，梁守科负责统稿。郝帅编写项目 1，杜凯伦编写项目 2 中的任务 2.1～2.4，王薇编写项目 2 中的任务 2.5～2.6、项目 6，韩培智编写项目 2 中的任务 2.7～2.8，祁冠峰编写项目 3、4，梁守科编写项目 5、7，董燕英编写项目 8、9。

此外，在本书的编写过程中，我们得到了太原铁路局机务处、湖东机务段、侯马北机务段、太原机务段的大力支持，在此对这些单位在校企合作中所做的突出贡献表示诚挚的感谢。

由于编者水平和时间有限，书中难免有缺陷和不足之处，恳请广大读者批评、指正。反馈意见，索取教学资源，请与出版社编辑刘辉联系（邮箱：hliu3@bjtu.edu.cn；QQ：39116920）。

编　者

2023 年 8 月

目　录

项目1 铁路主要技术设备

项目摘要

铁路运输是我国社会和经济发展的先行企业，是国民经济的大动脉，是交通运输行业的骨干。维持铁路正常运营需要线路、站场、机车、车辆、通信设备、信号设备、牵引供电设备等技术设备和设施。作为合格的机车乘务员必须深入了解和牢固掌握这些技术设备和设施的相关知识。

通过对铁路线路、站场、机车、车辆、通信设备、信号设备、牵引供电设备等技术设备和设施进行学习，我们将对铁路主要技术设备和设施有一个系统的了解和掌握，为后续规章的学习打下基础。本项目主要内容如下。

（1）线路分类、构成；

（2）车站的作用、类型及主要设备；

（3）机车标记、设备；

（4）车辆分类、标记、设备；

（5）动车组及自轮运转特种设备；

（6）牵引供电设备；

（7）联锁设备及通信设备；

（8）ATC、TDCS、CTC、CTCS系统。

任务 1.1 铁路线路

为了保证线路、桥隧、路基等设备质量，应设工务段等工务维修机构。

工务段管辖正线长度，应根据单线或双线、平原或山区等条件确定。在工务段管辖范围内有枢纽或编组站时，应适当减少正线管辖长度。

1.1.1 铁路线路等级

铁路线路是机车、车辆运行的基础。它承受着由机车、车辆轮对传来的巨大压力，为了保证列车能以规定的速度安全、平稳和不间断地运行，铁路线路必须经常保持完好状态。

铁路线路等级是铁路的基本标准。设计铁路时，首先要确定铁路线路等级。铁路的技术标准和装备类型都要根据铁路线路等级去选定。

1. 路网铁路

我国《铁路线路设计规范》规定，新建和改建客货共线铁路，根据运量和线路在路网中的重要程度，分为Ⅰ、Ⅱ两级。Ⅰ、Ⅱ级铁路区间线路最小曲线半径及最大限制坡度规定见表1-1和表1-2。

表1-1 Ⅰ、Ⅱ级铁路区间线路最小曲线半径

铁路等级	Ⅰ			Ⅱ	
路段设计行车速度	200 km/h	160 km/h	120 km/h	120 km/h	80 km/h
一般	3 500 m	2 000 m	1 200 m	1 200 m	600 m
困难	2 800 m	1 600 m	800 m	800 m	500 m

表1-2 Ⅰ、Ⅱ级铁路区间线路最大限制坡度

铁路等级		Ⅰ		Ⅱ	
		一般	困难	一般	困难
牵引种类	电力	6.0‰	15.0‰	6.0‰	20.0‰
	内燃	6.0‰	12.0‰	6.0‰	15.0‰

2. 高速铁路

高速铁路是指设计速度为200 km/h及以上的铁路和200 km/h以下仅运行动车组列车的铁路。

3. 重载专运线

重载专运线是指主要为运输煤炭而修建的线路。开行27 t及以上轴重的运煤专列，列车重量超10 000 t，年通过总重超亿t。

1.1.2 铁路线路分类

1. 铁路线路分类

铁路线路分为正线、站线、段管线、岔线、安全线及避难线，如图1-1所示。

1）正线

正线是指连接车站并贯穿或直股伸入车站的线路。

2）站线

车站内除正线外，还根据业务性质、运量大小及技术作业的需要，分别铺设其他配线，这些配线统称为站线，如到发线、调车线、牵出线、货物线及站内指定用途的其他线路等。

到发线是指供列车到达、出发使用的线路。

调车线是指供列车编组与解体作业使用的线路。

牵出线是指设在调车场的一端，并与到发线连接，专供车列解体、编组及转线等牵出使用的线路。

货物线是指专供办理货物装卸车使用的线路。

站内指定用途的其他线路是指站内救援列车停留线、机车走行线、机车等待线、车辆站修线、轨道衡线、加冰线、换装线、货车洗刷线、驼峰迂回线等。

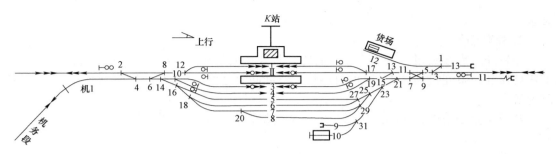

Ⅱ—正线；1、3、4—到发线；5、6、7、8—调车线；9、10—站修线；11、13—牵出线；12—货物线；机1—机走线

图1-1 车站线路图

3）段管线

段管线是指机务、车辆、工务、电务、供电等段专用并由其管理的线路。如机车整备线、机车转头用的三角线、转盘线，以及机车车辆检修作业用的库线，工务、电务轨道车库线等。

4）岔线

岔线是指在区间或站内接轨，通向路内外单位的专用线路。如专用线、工业企业线等。

5）安全线

安全线是为防止列车或机车车辆从一进路进入另一列车或机车车辆占用的进路而发生冲突的一种安全隔开设备，为特殊用途线。

6）避难线

避难线是在长大下坡道上能使失控列车安全进入的线路。避难线是为防止长大下坡道上失去控制的列车发生冲突或颠覆而设置的。

2. 设置要求

岔线、段管线与正线、到发线接轨时，均应铺设安全线。岔线与站内到发线接轨，当站内有平行进路及隔开道岔并有联锁装置时，可不设安全线。

在进站信号机外制动距离内进站方向为超过6‰下坡道的车站，应在正线或到发线的接车方向末端设置安全线。

安全线向车挡方向不应采用下坡道，其有效长度一般不小于50 m。

为防止在长大下坡道上失去控制的列车发生冲突或颠覆，应根据线路情况，在区间或站内设置避难线。

1.1.3 铁路线路构成

铁路线路是由路基、桥隧建筑物和轨道组成的一个整体工程结构。

1. 路基

路基由路基本体和路基防护加固建筑物、路基排水设备组成，是轨道的基础，它直接承受上部轨道的重量和轨道传来的机车、车辆的压力，并将其传给大地。路基常见的两种基本形式是路堤和路堑。

有砟轨道路肩宽度：线路设计速度为200 km/h区段的路肩宽度不应小于1.0 m；线路设计速度为160 km/h及以下的铁路，位于路堤上的路肩宽度不应小于0.8 m，位于路堑上的路肩宽度不应小于0.6 m。牵出线的中心线至路肩边缘的宽度不得小于3.5 m。

路基应按铁路等级采用优质填料填筑坚实，基床及过渡段应强化处理，并设置良好的防排水设备、完善的防排水系统、安全可靠的防护设施和支挡结构，工后沉降应满足相应的限值要求。

2. 桥隧建筑物

当铁路线路要通过江河、溪沟、谷地，以及山岭等天然障碍，或要跨越公路、铁路时，就需要修建桥隧建筑物，以使铁路线路得以继续向前延伸。桥隧建筑物包括桥梁、涵洞、明渠、隧道等。

桥梁主要由桥面、桥跨、桥墩、桥台及基础组成，如图 1-2 所示。

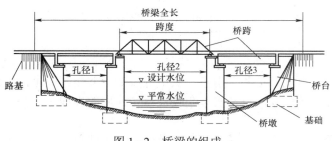

图 1-2　桥梁的组成

涵洞设在路堤下部的填土中，是用以通过水流或行人的一种建筑物。涵洞主要由洞身（由若干管节所组成）、基础、端墙和翼墙所组成。按照建筑材料的不同，涵洞有石涵、混凝土涵、钢筋混凝土涵、铁涵等多种。涵洞的截面有矩形、圆形、拱形等不同形式。涵洞的孔径一般为0.75～6.0 m。

铁路隧道是线路跨越山岭时，为避免开挖很深的路堑或修建很长的迂回线，而修建的穿越山岭的建筑物。此外，还有建筑在河床、海峡或湖底下的水底隧道和建筑在大城市地下的地下隧道。隧道一般由洞身、衬砌、洞门、避人（车）洞等组成。

3. 轨道

轨道是由钢轨、轨枕、道床、联结零件、防爬设备和道岔等组成的整体工程结构。图 1-3 所示为轨道的基本组成。它引导机车车辆的运行方向，并将列车的巨大压力通过车轮首先作用在钢轨顶面，再依次传到轨枕、道床和路基或桥隧建筑物。

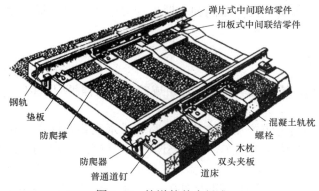

图 1-3　轨道的基本组成

钢轨的作用是直接承受车轮的巨大压力并引导车轮的运行方向，因而它应当具备足够的强度、稳定性和耐磨性。

为了使钢轨具有最佳的抗弯性能，钢轨的断面形状采用"工"字形，由轨头、轨腰和轨底组成。

钢轨的类型以每米长度的大约质量表示，现行的标准钢轨类型有：75 kg/m、60 kg/m、50 kg/m 及 43 kg/m。目前我国钢轨的标准长度是：60 kg/m 的钢轨，长度有 12.5 m、25 m、100 m 三种；75 kg/m 以上的钢轨，长度有 25 m、75 m、100 m 三种。此外，还有专供曲线地段铺设内轨用的标准缩短轨若干种。新建、改建铁路正线应采用 60 kg/m 钢轨的跨区间无缝线路。重载铁路正线宜采用 60 kg/m 及以上类型钢轨的无缝线路。钢轨优先采用 100 m（60 kg/m）、75 m（75 kg/m）长定尺轨。

轨枕的作用是支承钢轨，并将钢轨传来的压力传递给道床，保持钢轨位置和轨距。轨枕应具有必要的坚固性、弹性和耐久性，并且应具有造价低、制作简单、铺设及养护方便的特点。轨枕按具体使用目的的不同可分为普通轨枕、桥枕、岔枕等。轨枕按制作材料分，主要有钢筋混凝土枕和木枕两种。

在铁路线路上，钢轨要与轨枕连成一体铺在道床上。钢轨与轨枕的联结主要依靠联结零件。联结零件包括接头联结零件和中间联结零件两类。

道床是指路基面以上，轨枕以下的部分，是铺设在路基面上的石砟（道砟）垫层。其主要作用是支承轨枕，把来自轨枕上部的压力均匀地传递给路基，并固定轨枕的位置，阻止轨枕纵向和横向移动，缓和机车车辆轮对对钢轨的冲击，调整线路的平面和纵断面。道床分为有砟道床和无砟道床。

因列车运行时纵向力的作用，使钢轨产生纵向移动，甚至带动轨枕一起移动，这种现象叫轨道爬行。轨道爬行经常出现在单线铁路的重车方向（运量大的方向）、双线铁路的行车方向、长大下坡道上及进站前的制动距离内。为防止该现象发生，通常的做法是：一方面，加强钢轨与轨枕间的扣压力和道床阻力；另一方面，设置防爬器和防爬支撑等防爬设备。

道岔是铁路线路相连接或交叉设备的总称，是机车车辆从一股轨道转入或越过另一股轨道的设备。道岔大量铺设在车站两端，以满足作业的需要。道岔的种类很多，有普通单开道岔、对称道岔、三开道岔、菱形交叉、交分道岔等，以普通单开道岔最为常见。

1.1.4　轨距

轨距是钢轨头部踏面下 16 mm 范围内两股钢轨工作边之间的最小距离。直线轨距标准为 1 435 mm，曲线轨距按表 1–3 的规定加宽。

表 1–3　曲线轨距加宽值

曲线半径 R/m	加宽值/mm
$R \geqslant 295$	0
$295 > R \geqslant 245$	5
$245 > R \geqslant 195$	10
$R < 195$	15

注：曲线轨距加宽值不符合上述规定时，应有计划地进行改造。

验收线路时，线路、道岔轨距相对于上述标准的静态允许偏差规定见表 1–4。

表 1-4 线路、道岔轨距静态允许偏差

线路允许速度/（km/h)	$v \leqslant 120$	$120 < v \leqslant 160$	$160 < v \leqslant 200$
线路/mm	+6 −2	+4 −2	±2
道岔/mm	+3 −2	+3 −2	±2

线路两股钢轨顶面，在直线地段应保持同一水平。

曲线地段的外轨超高，应按有关规定的办法和标准确定。最大实设超高：双线地段不得超过 150 mm，单线地段不得超过 125 mm。

验收线路时，线路两股钢轨水平较上述标准的静态允许偏差规定可参考表 1-5。

表 1-5 钢轨水平静态允许偏差

线路允许速度/（km/h)	$v \leqslant 120$	$120 < v \leqslant 160$	$160 < v \leqslant 200$
正线及到发线/mm	4	4	3
道岔/mm	4	4	3

钢轨接头的预留轨缝应根据钢轨长度、当地历史最高及最低轨温、更换钢轨或调整轨缝时的轨温经计算确定。

绝缘接头的最小轨缝为 6 mm，最大轨缝为构造轨缝。长度大于或等于 25 m 钢轨铺设在历史最高与最低轨温差大于 100 ℃的地区时，预留轨缝应进行个别设计。

1.1.5 铁路线路间距

线路间距（简称线间距）是指两相邻线路中心线之间的垂直距离。线间距应能保证行车和车站工作人员的安全，主要根据铁路限界、在相邻线路间办理作业的性质、设在相邻线路间的设备，以及线路上通行的列车速度等，并考虑留有适当的发展余地来确定。

区间及站内两相邻线路中心线间的最小距离规定如下。

1. 直线部分

直线部分铁路线间距见表 1-6。

表 1-6 直线部分铁路线间距

序号	名　称		线间最小距离/ mm
1	区间 双线	$v \leqslant 120$ km/h	4 000
		120 km/h $< v \leqslant 160$ km/h	4 200
		160 km/h $< v \leqslant 200$ km/h	4 400
2	三线及四线区间的第二线与第三线		5 300
3	站内正线		5 000

序号	名　称				线间最小距离/mm
4	站内正线与相邻到发线	无列检作业			5 000
		有列检作业或上水作业	$v \leqslant 120$ km/h	一般	5 500
				改建特别困难	5 000
			120 km/h$<v \leqslant 160$ km/h	一般	6 000
				改建特别困难	5 500
			160 km/h$<v \leqslant 200$ km/h	一般	6 500
				改建特别困难	5 500
5	到发线间或到发线与其他线				5 000
6	站内线间设有高柱信号机时，相邻两线（含正线）均需通行超限货物列车				5 300
7	站内线间设有高柱信号机时，相邻两线（含正线）只有一条通行超限货物列车				5 000
8	牵出线与其相邻线	调车作业繁忙车站			6 500
		改建困难或仅办理摘挂取送作业			5 000

注：线间有建（构）筑物或有影响限界的设施，最小线间距按建筑限界计算确定。既有线列车最高运行速度提速到$140 \sim 160$ km/h时，可保持 4 m 线间距。

站内正线须保证能通过超限货物列车。此外，在编组站、区段站及区段内选定的三至五个中间站上，单线铁路应另有一条线路，双线铁路上、下行各另有一条线路，须能通行超限货物列车。

2. 曲线部分

曲线地段的中心线间的水平距离和线间设施（含站台边缘）至线路中心线的最小距离，均按曲线半径大小，根据《铁路技术管理规程》（以下简称《技规》）规定的$v \leqslant 160$ km/h 客货共线铁路的曲线上建筑限界加宽办法计算确定。

曲线上建筑限界的加宽范围，包括全部圆曲线、缓和曲线和部分直线，采用图 1-4 所示阶梯加宽方法。

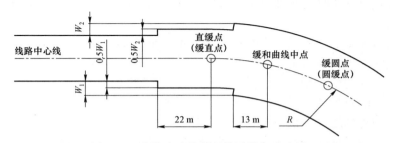

图 1-4　曲线上建筑限界的阶梯加宽方法

1.1.6　铁路限界

为了确保机车车辆在铁路线路上运行的安全，防止机车车辆撞击邻近线路的建筑物和设备，而对机车车辆和接近线路的建筑物、设备所规定的不允许超越的轮廓尺寸线，称为限界。

铁路基本限界分为建筑限界和机车车辆限界。

除了机车车辆有直接互相作用的设备（如车辆减速器）外，一切建筑物、设备，在任何情况下均不得侵入铁路的建筑限界。

1. 建筑限界

建筑限界是指邻近线路的建筑物和设备不得侵入的轨面上方横断面的最小尺寸。凡靠近铁路线路的建筑物及设备，其任何部分（和机车车辆有相互作用的设备除外）都不得侵入限界之内。

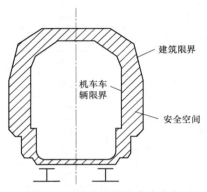

图1-5　铁路限界和安全空间

在机车车辆限界和直线建筑限界之间，留有一定的空隙，称为安全空间。留有安全空间的目的：一是为组织"超限货物列车"运行；二是为适应运行中的列车横向晃动偏移和竖向上下振动，防止与邻近的建筑物或设备发生碰撞，如图1-5所示。

2. 机车车辆限界

机车车辆限界是限制机车车辆横断面的最大容许尺寸的轮廓。它规定了机车车辆不同部位的宽度、高度的最大尺寸和底部零件至轨面的最小距离。机车车辆限界是和桥梁、隧道等限界起相互制约作用的，当机车车辆在满载状态下运行时，也不会因产生摇晃、偏移等现象而与桥梁、隧道及线路上其他设备相接触，以保证行车安全。机车车辆无论空、重状态，均不得超出机车车辆限界。

1.1.7　道岔辙叉号数及允许过岔速度

道岔因其辙叉角的大小不同，有不同的道岔辙叉号数（N），辙叉角越小，N值就越大，导曲线半径也越大，列车侧线通过道岔时就越平稳，允许的侧线过岔速度也就越高。目前，我国铁路主要线路上大多使用9、12、18、30号道岔，其所允许的侧向通过速度分别为30、45（50）、80、140 km/h。

我国常规铁路线路上道岔辙叉号数应符合下列规定。

（1）正线道岔的直向通过速度不应小于路段设计行车速度。

（2）用于侧向通过列车的单开道岔的辙叉号数应根据列车侧向通过的最高速度合理选用。

（3）侧向接发停车旅客列车的单开道岔，不得小于12号。

（4）侧向接发停车货物列车并位于正线的单开道岔，在中间站不得小于12号，在其他车站不得小于9号。

（5）列车轴重大于25 t的铁路正线单开道岔不得小于12号。

（6）其他线路的单开道岔不得小于9号。

（7）狭窄的站场采用交分道岔不得小于9号，但尽量不用于正线，必须采用时不得小于12号。

（8）峰下线路的对称道岔不得小于6号，三开道岔不得小于7号。

（9）段管线的对称道岔不得小于6号。

既有道岔的类型及辙叉号数不符合上述规定时，应按该道岔的辙叉号数限制行车速度，且应有计划地进行改造。

线路允许速度120 km/h及以下区段的正线道岔，采用固定型辙叉道岔；线路允许速度120 km/h以上至160 km/h及以下，或货车轴重25 t及以上区段的正线道岔，采用可动心轨道岔或固定型辙叉道岔，并采用外锁闭装置；线路允许速度160 km/h以上区段的正线道岔，须采用可动心轨道岔、外锁闭装置。

1.1.8 道口、交叉及线路接轨

铁路道口应设置警示标志、铁路道口路段标线、司机鸣笛标及护桩；人行过道应设置路障、鸣笛标；站内道口、人行过道两端不设鸣笛标。根据需要设置栅栏或其他安全设施。有人看守道口应修建道口看守房，设置照明灯、列车接近报警装置、警示灯、遮断色灯信号机和道口自动通知设备，并督促地方道路管理部门设置、维护警示标志、铁路道口路段标线。根据需要设置列车无线调度通信设备。

列车运行速度120 km/h及以上线路全封闭、全立交，线路两侧按标准进行栅栏封闭，并设置相应的警示标志。

列车运行速度120 km/h以下的线路，铁路道口、人行过道的设置或拓宽按照中国国家铁路集团有限公司（国铁集团）有关规定办理。铁路道口、人行过道的等级、标准、铺设、拆除及是否需要看守，由铁路局集团公司（铁路局）决定。

铁路道口的铺面、两侧道路的坡度及平台长度应符合要求。站内平过道必须与站外道路和人行道路断开，禁止社会车辆、非工作人员通行，平过道不得设在车站两端咽喉区内。

在电气化铁路上，铁路道口通路两面应设限高架，其通过高度不得超过4.5 m。

道口两侧不宜设置接触网锚段关节，不应设置锚柱。栏杆（门）以对道路开放为定位。特殊情况下需要以对道路关闭为定位时，由铁路局规定。

新建的岔线，不应在区间内与正线接轨；特殊情况必须在区间内接轨时，须经国铁集团批准，并在接轨地点开设车站（线路所）或设辅助所管理。因路内施工临时性的区间出岔，应按期拆除。

防护栅栏的设备管理由工务部门负责，治安管理由铁路公安部门负责。

根据铁路噪声排放治理需要，可在铁路两侧设置声屏障。

任务 1.2 铁路站场

车站既是铁路办理客货运输的基地，又是铁路系统的一个基层生产单位。在车站上，除办理旅客和货物运输的各项作业外，还办理和列车运行有关的各项作业。为了完成上述作业，车站上除设有客货运输设备及与列车运行有关的各项技术设备外，还配备了客运、货运、行车、装卸等方面的人员。

1.2.1 车站的作用与类型

1. 车站的作用

（1）车站是办理客货运输的基地。旅客购票、候车、乘降，以及货物的承运、保管、装卸、交付等相关的作业都是在车站进行的，可以说车站是铁路与旅客、货主联系的枢纽。

（2）车站是铁路运输的基本生产单位。在车站，除了办理客货运输各项作业，还进行机车的换挂、整备；车辆的检查、修理等作业。此外，车站还进行列车的接发、会让、越行，车列解体、编组等作业。所以说，车站不仅是铁路内部各项作业的汇合点，也是提高铁路运输效

率和运输安全的保证。

（3）车站是铁路运输的窗口，铁路服务水平和工作效率亦在此体现。据统计，我国铁路货车一次全周转时间中，车辆在站作业和停留时间约占60%～70%。机车的大部分周转时间也在车站上停留。因此，合理地布置和有效地运用车站和枢纽的各项设备，是保证列车快速、安全、正点、加速车辆周转、降低运输成本的关键。

2. 车站的类型

目前，我国铁路上有大小车站几千个，这些车站所承担的任务量、业务性质不同，其办理的作业、服务的对象及重点也有所不同，因此，车站有不同的分类。

按所担负的任务量及在铁路网上的地位，车站分为特等站、一等站、二等站、三等站、四等站、五等站。

按业务性质，车站分为营业站和非营业站。营业站分为客运站、货运站、客货运站。

按技术作业，车站分为中间站、区段站、编组站。编组站和区段站统称为技术站。

中间站是为沿线城乡人民及工农业生产服务，提高铁路区段通过能力，保证行车安全而设的车站，主要办理列车的到发、会让和越行，以及客货运业务。我国铁路中间站可分为：无货场的中间站，一般只办理列车的通过、会让和越行，以及少量的客货运作业，不设货场，不办理摘挂列车、甩挂车组的作业；有货场的中间站，除办理与无货场的中间站同样的作业外，另设有货场，办理摘挂列车甩挂车组的作业。

区段站多设在中等城市和铁路网上牵引区段（机车交路）的起点或终点。区段站的主要任务是改编区段到发的车流，为邻接的铁路区段供应或整备机车，或更换货运机车及乘务员，为无改编中转货物列车办理规定的技术作业。此外，其还办理一定数量的列车编解作业和客货运业务，在设备条件具备时，还进行机车、车辆的检修作业。

编组站是铁路网上办理货物列车解体编组作业的基本生产单位，在完成铁路货物运输任务中，起着十分重要的作用。编组站按照编组计划要求，除办理通过列车外，主要是解体和编组直达、直通、区段、摘挂及小运转等各种货物列车，以办理改编列车为主，所以编组站又叫"货物列车制造工厂"。

1.2.2 车站的设置

车站应设在线路平道、直线的宽阔处。

车站必须设在坡道上时，其坡度不应大于1‰；在地形特别困难的条件下，会让站、越行站可设在不大于6‰的坡道上，且不应连续设置。

车站必须设在曲线上时，到发线有效长范围内不得设在反向曲线上，其曲线半径不得小于该区段内的最小曲线半径，且不得小于表1-7中规定的数值。

表1-7 车站平面最小曲线半径

路段设计行车速度/(km/h)	最小曲线半径/m		
	区段站	中间站、会让站、越行站	
		一般	困难
80	800	600	600
120		1 200	800
160	1 600	2 000	1 600
200	2 000	3 500	2 800

1.2.3　车站技术设备

车站根据业务性质、运量大小及技术作业的需要，设置下列主要设备。

（1）到发线。

（2）调车线。

（3）牵出线。

（4）机车运转整备线、车辆站修线及救援列车停留线、自轮运转特种设备停留线等。

（5）办理货物装卸作业的车站，应有货物装卸线，并根据需要设置高架货物线、换装线、轨道衡线、货车洗刷线、油罐列车整备线、机械冷藏车加油线及特殊危险货物车辆停留线。

（6）机务段所在地车站，应设有机车出入段专用的机车走行线和机待线。

（7）与动车组运用所（简称动车所）、动车段相连接的车站，应设动车组走行线（当设有专用的机车走行线并具有相同进路时，可以合设）。

（8）动车组长期停放的车站应设动车组存车线。

（9）通信、信号、联锁、闭塞设备。

（10）编组站、区段站应根据作业需要，修建简易驼峰、半自动化驼峰或自动化驼峰，设置车辆减速器、减速顶、加速顶等调速设备。

（11）根据接发列车、调车作业的需要设置隔开设备等安全设施。

（12）调车作业繁忙的车站，应设置站场扩音设备、站场无线通信设备、货运票据和调车作业通知单传递（输）装置，车场内线路间、牵出线和推峰线调车人员经常走行区域应填平（不得高于道床），并设有排水和高架照明设备，车场间应有硬路面的通道。

（13）列车预确报、现在车管理等信息系统设备。

（14）无线调车灯显设备、无线调车机车信号和监控系统（STP）。

（15）货物列车尾部安全防护装置（简称货物列车列尾装置）主机的维修、检测设备等。

（16）编组站、区段站和开行动车组列车的客货共线线路入口车站应设超偏载检测装置、轨道衡、超限检测仪、货车装载视频监控设备等货运安全检测设备。

（17）机车乘务组、动车组司机及随车机械师、客运乘务组进行中途换乘作业的车站，应配备值班室、休息室和必要的配套设施。

（18）有货物列车列检作业的编组站到发线间地面应具备方便作业条件。

（19）旅客列车始发终到站、客运枢纽站和上水站，应在到发线间设置列车上水设施和节水装置。

（20）根据需要在始发终到站及客运枢纽站设置动车组、客车地面排污设施和移动卸污设备。地面排污设施应防止泄漏和污染，排污能力满足动车组、客车停留时间的要求。

1.2.4　调车设备

编组站的主要任务，是对货物列车进行解体和编组，其运营特征集中反映在解体和编组的调车作业过程中。调车作业的效率与安全，除了与调车人员的技术水平和熟练程度有关外，主要取决于所采用的调车设备和技术设施。调车工作按使用设备的不同，可以分为牵出线调车和驼峰调车。

1. 平面牵出线

平面牵出线是车站的基本调车设备，基本设于平道上。调车时车辆溜放的动力是调车机车的推力。牵出线设于调车场尾部，适合于车列的编组、转线，车辆的摘挂、取送等调车作业。

2. 驼峰

驼峰是专门用来解体溜放车辆的一种调车线路设备，由于它的纵断面形状似骆驼的峰背而得名。调车时车辆溜放的动力以其本身的重力为主，调车机车的推力为辅。驼峰一般设在调车场头部，适合于车列的解体作业。驼峰按设备条件分为：简易驼峰、非机械化驼峰、机械化驼峰、半自动化驼峰和自动化驼峰。

驼峰是指峰前到达场（不设峰前到达场时为牵出线）与调车场头部之间用于高效解体车列的部分线段，它包括推送部分、溜放部分和峰顶平台。

此外，为了便于作业，驼峰还设有从到达场往封顶推送车列用的推送线；从峰顶往调车场溜放车组用的溜放线；存放禁止溜放车辆的禁溜线和迂回线等。

3. 驼峰调速设备

车列在驼峰编组场进行解编作业时，为了保证作业安全和作业效率，必须在规定地点设置一定种类的调速工具用以调控溜放车辆的速度。调速可分为间隔调速和目的调速两种。

间隔调速：确保溜放过程中前后钩车之间有足够的间隔，该间隔距离应满足减速器制动与缓解位置的及时调整和道岔的及时转换，从而避免前后钩车在溜放过程中追尾或错入股道或进入相邻线路时在警冲标处发生侧面冲突。

目的调速：保证各钩车以一定的安全速度溜放到调车场指定地点并与停留车安全连挂，以避免超速连挂和过大"天窗"的产生。

驼峰调车场调速工具，是为了提高驼峰的改变能力，保证作业安全所必需的设备。目前，我国铁路上常用的调速工具有减速器、减速顶、加速顶、加减速小车、制动铁鞋及手闸等。在机械驼峰上，除调车场内使用铁鞋制动外，在驼峰溜放部分均采用车辆减速器，而在自动化驼峰上，根据车辆的走行性能、重量、预定的停车地点，以及溜放速度等条件，由自动化装置控制减速器的制动能力。

1.2.5 客运设备

客运站房，应根据客运量设有便于购买车票、办理行李包裹运输、候车、问询、引导、广播、携带品寄存，以及为旅客服务的文化、卫生及生活上的必要设备。根据规定还应设置实名制验证和制证设备、安全检查设备、客运信息查询设备、视频监控设备、行李包裹到达查询设备、垃圾存放设备、消防设备等，根据需要设置电梯、自动扶梯、无障碍通道和相应的助残设施、污物处理设备、自动售检票和取票设备等。

办理客运业务的车站应设旅客站台，并应有照明、引导、广播、时钟和视频监控设备。车站应设置围墙或栅栏。办理行李包裹业务的车站应设行包通道，站台长度应满足行包装卸作业需要。

大、中型客运站站前应有广场，站台应有雨棚，跨越线路应采用天桥或地道。

旅客高站台不应邻靠列车通过的正线，在特殊情况下邻靠正线时，须经国铁集团批准。旅客列车停靠的高站台边缘距线路中心线的距离为 1 750 mm，安全标线距站台边缘 1 000 mm。

非高站台安全标线与站台边缘距离为：列车通过速度不大于 120 km/h 时，1 000 mm；列车通过速度 120 km/h 以上至 160 km/h 时，1 500 mm；列车通过速度 160 km/h 以上至 200 km/h 时，2 000 mm。也可在距站台边缘 1 200 mm（困难条件下 1 000 mm）处设置防护设施。

在国铁集团指定的空调发电车加油点，动车组、客车卸污点所在车站，应设置加油车、吸污车、垃圾运送车走行通道，可与其他通道合设。

1.2.6　货运设备

办理货运的车站，应设有办理托运、检斤、制票、收款、问询、交付等作业的必要设备，并应根据需要设置货物站台、仓库及货位、堆场、集装箱装卸场地、雨棚、排水、消防、照明、通路及围墙、货运安全检测及防护、视频集中监控、信息化系统等设备。

货物装卸作业量较大的车站，应分设综合性货场和专业性货场；根据需要设爆炸品、剧毒品的专用货场和仓库，轨道衡、货车洗刷、散堆装货物抑尘等设备。办理集装箱业务的车站，根据需要配备集装箱专用装卸设备和超偏载检测设备。

货车洗刷除污地点，应设有处理污染及排泄设备。

在尽头站台处应设有车钩缓冲装置。

货物装卸作业应采用机械化设备。

重载铁路编组站应设置列车组合车场和空车分解车场，根据需要设置机车整备、车辆检修、线路维护、通信信号设备维修、供电设备维修、应急救援等设施。

集装箱中心站，应按整列装车的要求设置线路有效长及配套设施。根据需要设置集装箱装卸、储存、称重、交付、检修、清洗、多式联运、综合物流等设备及信息管理系统。

1.2.7　股道和道岔的编号及股道有效长

1. 站界

为了保证行车安全和分清工作责任，车站与它两端所衔接的区间以进站信号机或站界标分割明确的界限，通常称为"站界"。在单线铁路上，以车站两端进站信号机柱的中心线为界，外方是区间，内方则属于车站范围。在双线铁路上，站界按上下行分别确定，一端以进站信号机柱的中心线为界，另一端以站界标中心线为界，如图 1-6 和图 1-7 所示。

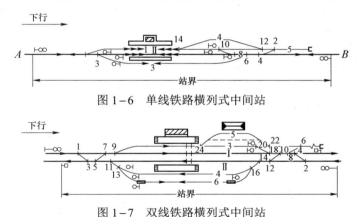

图 1-6　单线铁路横列式中间站

图 1-7　双线铁路横列式中间站

2. 股道和道岔的编号

为了作业和维修管理上的方便，站内的道岔及股道应由工务部门会同电务部门、车站共同统一顺序编号。同一车站或车场内的线路和道岔不得有相同的编号。

1）股道编号方法

站内正线用罗马数字（Ⅰ、Ⅱ、Ⅲ……）编号，站线用阿拉伯数字（1、2、3……）编号。

单线铁路的车站，从靠近站舍（信号楼）的线路起，向远离站舍（信号楼）方向顺序编号（包括正线在内）；位于站舍（信号楼）左右或后方的线路，在站舍前的线路编完后，再由正线一侧向外顺序编号，如图1-6所示。

双线铁路的车站，从正线起按列车运行方向分别向外顺序编号，上行为双数，下行为单数，如图1-7所示。

尽头式车站，站舍位于线路终点处时，应面向终点方向由左侧开始顺序编号；站舍（信号楼）位于线路一侧时，从靠近站舍的线路起，向远离站舍方向顺序编号，如图1-8所示。

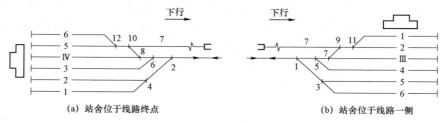

（a）站舍位于线路终点　　　　　　　　　（b）站舍位于线路一侧

图1-8　尽头式铁路车站线路、道岔编号

有数个车场的车站，应分车场从靠近站舍（信号楼）的线路起，向远离站舍（信号楼）方向顺序编号。股道编号用阿拉伯数字，在股道编号前冠以罗马数字表示车场，如三场五股道，应写为Ⅲ5股道。

2）道岔编号方法

道岔由上行列车到达方向起，顺序编为双号；由下行列车到达方向起，顺序编为单号，如图1-6和图1-7所示。

如车站一端有两个方向时，道岔应按主要方向编号。上、下行方向的划分，车站值班员室（信号楼）位于站中心附近时，以车站值班员室（信号楼）中心线为界；车站值班员室（信号楼）距站中心较远时，以车站（车场）中心线为界。

在尽头站，道岔向线路终点方向顺序编号，上行到达方向编为双号，下行到达方向编为单号。

每一道岔应有单独的号码。渡线道岔及同一连接线上的数个道岔均应连续编号。交分道岔每组应根据电动转辙机的安装，将两组尖轨和两组可动心轨分别编四个号码，编号顺序根据动作关系按渡线道岔的办法连续编号。

一个车站有几个车场时，每一个车场的道岔必须单独编号。为区别车场，道岔号码使用三位及以上数字，第一位数表示车场号码，后面的数字表示道岔号码。遇两个车场共用一个咽喉区时，可根据作业情况划分。

联锁区内的道岔号码应连续编排，在联锁道岔编完后，适当地预留一些号码，再编非联锁道岔。

3. 股道有效长

车站线路的长度分为全长和有效长两种。全长是指车站线路一端的道岔基本轨接头至另一端道岔基本轨接头的长度。如为尽头式线路，则指道岔基本轨接头至车挡的长度。

股道有效长是指在线路全长范围内可以停留机车车辆而不妨碍信号显示、道岔转换和邻线行车的部分。

货物列车到发线的有效长度，应根据规定的列车长度及列车停车时的附加距离（规定为30 m）等因素确定。

我国铁路采用的货物列车到发线有效长度在Ⅰ、Ⅱ级铁路上为1 250 m、1 050 m、850 m、750 m、650 m，在Ⅲ级铁路上为850 m、750 m、650 m或550 m。开行重载列车为主的铁路可采用大于1 050 m的到发线有效长度。

采用何种有效长度，应根据运输能力的要求、机车类型及所牵引列车长度，结合地形条件，并考虑与相邻各铁路到发线有效长度相配合等因素确定。

任务 **1.3** 铁 路 机 车

铁路机车是牵引或推送铁路车辆运行，而本身不装载营业载荷的自推进车辆，俗称"火车头"，简称机车。按运送每吨公里消耗燃料量计算，机车是耗能最少的陆地运输工具之一。机车是铁路运输的重要工具。

1.3.1 机车的分类

1. 按牵引动力方式分类

机车按牵引动力方式分为内燃机车和电力机车。

1）内燃机车

内燃机车是指以内燃机作为原动力，通过传动装置驱动车轮的机车。根据机车上内燃机的种类，在我国铁路上采用的内燃机绝大多数是柴油机。

2）电力机车

电力机车是指从供电网（接触网）或供电轨中获取电能，再通过电动机驱动车辆行驶的机车。

2. 按传动方式分类

机车按传动方式分为交流传动机车和直流传动机车。

1）交流传动机车

交流传动机车采用交流电机作动力，使用电源方便，适用普通的动力，功率一般较大，转速固定，如果要控制转速，控制系统较复杂（如使用变频系统等）。

2）直流传动机车

直流传动机车采用直流电机作动力，容易控制转速，可用于精细的控制，功率不宜过大，使用电源不方便。

3. 按机车的用途分类

机车按用途分为客运机车、货运机车、调车机车和工矿机车。

1）客运机车

客运机车也就是牵引旅客列车的机车，相对货运机车来说，客车的编组较少，载重量也比货车小得多，客运机车的牵引力要小一些，速度要快一些。

2）货运机车

货运机车是用来牵引货车的。货运机车的牵引力要比客运机车大得多，但速度没有客运机车那么快。

3）调车机车

调车机车主要在车站内或编组站（场）用于车列的解体和编组，如牵出、转线和车辆的

取送等作业，这种机车起动和停车频繁，它的特点是机动灵活，因此车身较短，能通过较小的曲线半径。

4）工矿机车

工矿机车是担任采掘、冶金、石油、化工、森林等企业内部运输和工厂内部运输的机车。一般来说，其功率比铁路干线用的机车小，速度要求也不高，但须有足够的牵引力。在某些特殊工厂运输用的机车还须有防火、防爆等设施。

4. 按动力配置分类

机车按动力配置分为动力集中型机车和动力分散型机车两种。

1）动力集中型机车

动力集中型机车是将动力设备集中在机车上，东风、韶山等系列机车均采用动力集中式。动力集中型机车检查维修比较方便，但轴重比较大。

2）动力分散型机车

动力分散型机车是将部分动力设备安装在车辆上，带动力设备的车辆叫动车，不带动力的车辆叫拖车。动力分散配置一方面可以减小最大轴重，改善列车的牵引和制动性能，另一方面也减小了对线路的影响，降低了噪声。客运动车组一般采用动力分散方式。

1.3.2 机车标记与设备配置

机车应有识别的标记：路徽、配属局段简称、车型、车号、最高运行速度、制造厂名及日期。在机车主要部件上应有铭牌，在监督器上应有检验标记。电气化区段运行的机车应有"电化区段严禁攀登"的标识。内燃机车燃料箱上应标明燃料油装载量。

机车须配备机车信号、列车运行安全监控系统（按高于线路允许速度 2 km/h 报警、3 km/h 卸载、5 km/h 常用制动、8 km/h 紧急制动设置模式曲线）、机车安全信息综合监测装置 TAX 箱、机车语音记录装置、列车运行状态信息系统车载设备、机车车号识别设备、车载无线通信设备、机车列尾控制设备等。机车应配备机车车载安全防护系统、机车限鸣示警系统及空气防滑装置等。机车应向车辆的空气制动装置提供风源，具有双管供风装置的机车应向车辆空气弹簧等其他用风装置提供风源；具有直供电设备的机车应向车辆提供电源。

电力机车还应配备自动过分相装置，并根据需要装设弓网检测装置等。

根据需要机车还可配备车内通信、空调、卫生及供氧等设备。

1.3.3 机务设备

为保证机车处于良好的技术状态，应设置进行检修和整备作业的机务段、机车检修段等机务维修机构。

机务段宜设置在客、货列车始发终到较多，车流大量集散的枢纽地区，这有利于机车的集中配置使用。段内停放机车和整备作业的线路应平直，线路纵断面的坡度不得超过 1‰。

机务段、机车检修段根据承担机车运用、整备、检修的范围，配备必要的机车运用、整备、检查、检测、修理设备和设施。

机车整备根据需要应有股道管理自动化系统和整备库（棚）、检测棚、整备线检查坑和作业平台等设施，设置机车补充砂、水、润滑油、燃料，以及转向、检查、检测、清洗、保养、卸污、化验等机车整备设备；配备机车检修所需的设备、设施；电力机车整备线的接触网应有分段绝缘器、隔离开关设备及联锁标志灯等。

根据需要应有机车检修库和配件修理、辅助加工、动力、起重、运输、检测、试验、存储等厂房及设备，应设置行车安全设备检测、维修的设备和设施。

配属、支配使用内燃机车的机务段根据运用整备需要还应有 1～2 个月的机车燃料储存油库。

机务段对入段机车按规定进行整备、检测、维修。机车信号、列车运行监控装置（LKJ）、车载无线通信设备、机车列尾控制设备等须由相关专业维修机构进行检测，并及时互通信息。

各相关单位应对机车车载安全防护系统等行车安全设备记录的运行信息进行转储、分析。

1.3.4 机车检修

机车实行计划预防修，逐步推行基于大数据技术的预见性维修，开展机车主要部件的故障预测和健康管理，实施主要零部件的专业化、集约化、规模化集中检修。

检修周期应根据机车实际技术状态和走行公里或使用时间确定，机车检修周期及技术标准按国铁集团机车检修规程执行。

机车实行年度鉴定。

交流传动机车定期检修的修程分为 C1、C2、C3、C4、C5、C6 级修 6 个等级，其中 C1～C4 级修为段修修程，C5、C6 级修为高等级修程。直流传动机车定期检修的修程分为大修、中修、小修和辅修。

大修为厂修修程，一般在机车修理工厂进行，是对机车大范围解体、全面恢复性的修理，修后机车基本达到新车水平。

中修、小修和辅修为段修修程，在机务段进行。

中修是对机车主要部件的检查修理，主要针对走行部进行解体检修，恢复机车主要性能。小修是对机车关键部件的检查修理，小范围解体检修，有针对性地恢复机车运行要求，具备技术诊断条件时，可按其状态进行修理。辅修是对机车进行保养清扫，做故障诊断，按状态修理。

1.3.5 行车安全监测设备

铁路行车安全监测设备是保障铁路运输安全的重要技术设备，其具备监测、记录、报警、存取功能，应保持其作用良好、准确可靠，并定期进行计量校准。

铁路行车安全监测设备主要包括：

（1）机车车辆的车载监测设备；

（2）机车车辆的地面监测设备；

（3）轨道、通信、信号、牵引供电、电力等固定设备的移动检测设备；

（4）线路、桥梁、隧道、通信、信号、牵引供电、电力等固定设备的在线自动监测设备；

（5）车站行车作业监控设备；

（6）自然灾害综合监测预警设备；

（7）列车安全防护预警系统、道口及施工防护设备。

铁路行车安全监测设备应实现信息共享，为运输组织、行车指挥、设备检修、救援及事故分析等提供信息。

任务 1.4 铁 路 车 辆

铁路车辆是铁路运输的重要设备，是用来运送旅客、装运货物或作其他特殊用途的运载工具。它一般没有动力装置，必须把车辆连挂成列，由机车牵引才能沿线路运行。

1.4.1 车辆分类

铁路车辆按用途分为客车、货车和特种用途车（如试验车、发电车、轨道检查车、检衡车、除雪车等）三大类。

1. 客车

客车可分为运送旅客、为旅客服务和特种用途 3 种类型。

运送旅客的车辆包括硬座车、软座车、硬卧车、软卧车、合造车、双层客车、代用客车等。

为旅客服务的车辆主要包括餐车、行李车等。

特种用途的车辆包括邮政车、空调发电车、公务车、医疗车、卫生车、试验车、维修车、文教车、宿营车等。

2. 货车

货车是供运送货物的车辆，原则上编组在货物列车中使用。货车类型很多，按用途可分为通用货车、专用货车和特种货车。

通用货车可装载多种货物，主要有敞车、棚车、平车三种。

1）敞车

敞车车体两侧及端部均设有 0.8 m 以上的固定墙板、无车顶，主要用以装运散粒货物，如煤、焦炭等；可装运木材、集装箱等无需严格防止湿损的货物；也可加盖篷布，运输怕湿损的货物；还可装运重量不大的机械设备。因此敞车具有很大的通用性。敞车如图 1-9 所示。

图 1-9　敞车

2）棚车

棚车车体设有车顶、侧墙、端墙和门窗，用以装运各种需防止湿损、日晒或散失的货物，如布匹、粮食等。除运货外,大部分棚车还可以临时代替客车运送旅客。棚车如图1-10所示。

图1-10 棚车

3)平车

平车的底架承载面为一平面,通常两侧设有柱插,用来装运钢材、机器、设备、集装箱、汽车、拖拉机等。有的平车还设有可向下翻倒的活动矮侧墙和端墙,用来装运矿石、砂土等块粒状货物。平车如图1-11所示。

图1-11 平车

专用货车专供运送某些种类的货物,主要有罐车、保温车、煤车、矿石车、砂石车、长大货物车、家畜车、水泥车、活鱼车、集装箱车、漏斗车、毒品车等。

特种货车是具有特殊用途的车辆,主要有救援车、检衡车、发电车、除雪车等。

此外还有轨道检查车、轨道探伤车、隧道摄影车、限界检查车、锅炉车等特殊用途的车辆。

1.4.2 车辆标记

为便于对客、货车辆进行运用和管理,在车辆指定部位涂打的用于标明车辆的配属、用途、编号、主要参数、方向、位置等的文(数)字和代号称为车辆标记,电气化区段运行的客车、机械冷藏车等应有"电化区段严禁攀登"的标识。

车辆标记一般分为车型车号标记、产权制造标记、运用标记、特殊标记、检修标记等。

1. 车型车号标记

客、货车的车号标记均由基本型号、辅助型号及车辆制造顺序号码三部分组成。

1)基本型号

将车辆的车种称号简化,用一个或两个大写汉语拼音字母来表示,将这些拼音字母称为车辆的基本型号。部分车辆种类代号表如表1-8所示。

表1-8 部分车辆种类代号表

客 车			货 车		
顺号	车种	代号	顺号	车种	代号
1	软座车	RZ	1	敞车	C
2	硬座车	YZ	2	棚车	P
3	软卧车	RW	3	平车	N
4	硬卧车	YW	4	罐车	G
5	行李车	XL	5	保温车	B
6	邮政车	UZ	6	集装箱车	X
7	餐车	CA	7	矿石车	K
8	公务车	GW	8	长大货物车	D
9	卫生车	WS	9	毒品车	W
10	空调发电车	KD	10	家畜车	J
11	医疗车	YI	11	水泥车	U
12	试验车	SY	12	粮食车	L
13	简易座车	DP	13	特种车	T
14	维修车	EX	14	自翻车	KF
15	文教车	WJ	15	活鱼车	H
16	特种车	TZ	16	通风车	F
17	代用座车	ZP	17	守车	S
18	代用行李车	XP			

2）辅助型号

表示同一车种的客、货车的不同结构系列及内部有特殊设施或车体材质改变时，用一位或两位小号阿拉伯数字及小号汉语拼音字母表示，附在基本型号的右下角。将这些小号阿拉伯数字和小号汉语拼音字母称为车辆的辅助型号。例如 YZ_{25G}、YZ_{25K}、C_{62A}、C_{62B}、P_{63} 等中的"25G""25K""62A""62B""63"均为辅助型号。

例如：

C_{62B}：C（车种），62（重量系列），B（材质区别）；

N_{17A}：N（车种），17（顺序系列），A（结构区别）；

YW_{25G}：YW（车种），25（车长系列），G（结构区别）。

2. 产权制造标记

国徽标记：凡参加国际联运的客车，须在车体侧墙中部悬挂特制的国徽，表示中华人民共和国的车辆。

路徽：凡产权归国铁集团的车辆，均应在侧墙或端墙适当部位涂打路徽标记，路徽标记为"⚙"，含有人民铁道之意。在货车侧梁的适当部位还应装有人民铁道路徽的产权牌（用金属制作的椭圆形的路徽标志牌）。

制造标记：新造客车、货车应安装金属的制造厂铭牌，其内容包括制造厂厂名和制造年份，式样由制造单位确定。

配属标记：凡配属给指定局、段和有关单位管理的客车，在车体两端外墙板左侧应涂打配属单位的简称。如配属给北京铁路局北京车辆段的客车应涂打"京局京段"字样的配属标记。

3. 运用标记

客车的性能标记包括自重、载重、全长、换长、定员、容积（只用于行李车、邮政车）。客车的性能标记涂打在客车车体外端墙板左侧。

货车的性能标记包括自重、载重、容积、换长、冰重（只用于冰冷藏车）、整备重（只用于机械冷藏车组的发电乘务车）。货车的性能标记涂打在车体两侧外墙板右上角。

4. 特殊标记

特殊标记包括集中载重标记、货车结构特点标记、特殊标记等。

5. 检修标记

检修标记是便于车辆计划预修制度执行与管理的标记，包括定期修理标记、辅修标记，它记载本次修理时间、类型及检修责任单位并提醒下次修理在何时进行。

1.4.3　车辆设备配置

车辆须装有自动制动机和人力制动机。车辆的制动梁、下拉杆、交叉杆、横向控制杆及抗侧滚扭杆必须有保护装置。

客车应装有轴温报警装置，安装客车行车安全监测系统；最高运行速度 120 km/h 及以上的客车应装有盘形制动装置和防滑器，空气制动系统用风应与空气弹簧和集便装置等其他装置用风分离；最高运行速度 160 km/h 及以上的客车应采用密接式车钩和电空制动机。

客车内应有紧急制动阀及压力表，并均应保持作用良好，按规定时间进行检查、校对并施封。

货车应装有空重车自动调整装置，轴重 23 t 及以上的货车应装有脱轨自动制动装置。

车辆轮对在装配前，应对车轴各部位进行探伤检查。检修时，按规定对轴颈、防尘板座、轮座、制动盘座及轴身进行探伤检查。最高运行速度超过 120 km/h 客车的轮对装车前，应进行动平衡试验。

车辆轮对的内侧距离为 1 353 mm，其允许偏差为±3 mm，120 km/h<v≤160 km/h 客车其允许偏差为±2 mm。车辆轮辋宽度小于 135 mm 的，按国铁集团车辆检修规程执行。

1.4.4　车辆段设备

为了保证车辆具备良好的技术状态，应设置进行检修和整备作业的车辆段等车辆维修机构。

车辆段应设在编组站、国境站和枢纽，以及货车大量集散和始发终到旅客列车较多的地区。

车辆段可分为客车车辆段和货车车辆段。客车车辆段主要包括客修车间、库检（客车技术整备所）、客列检、客车乘务车间和动车所等几个部门。货车车辆段主要包括货修车间、站修所（线）、货列检、洗罐所等部门。

车辆段应有车辆修理库、油漆库、配件检修库、预修库、车辆停留线和轮对存放库，并按车辆检修作业要求配备相应的起重、动力、配件检修、储油、压力容器、试验、化验、探伤、照明及废油、污水和污物处理等设备和设施，以及检测、维修车辆运行安全监测系统、轴温报警装置、客车尾部安全防护装置和车辆信息化系统、车辆空调等的设备和设施。段内的车辆检

修、整备、停留的线路应平直，线路纵断面的坡度不得超过 1‰。

客车技术整备场所须有车辆停留线、整备库、临修库、材料配件库，并有相应的检修地沟、地面电源、污水和污物处理、车顶作业等满足检修要求的设备和设施，根据需要还须有带动力电源的空调检修库、轮对镟修、暖气预热等设备和设施，设置电动脱轨器、微机控制列车制动机试验设备和客车尾部安全防护装置检测设施。

车辆技术检查作业场所须设有值班室、待检室、待班室、材料配件库，以及站场对讲、广播、地面试风系统、集控联锁安全防护装置，客列检作业场所还须设置列车预确报、现在车管理等信息系统设备终端。有货车技术检查作业的车站或枢纽应设站修场所。

站修场所须有修车库、材料配件库、轮对存放库，并有满足车辆检修作业要求的设备及风管路、水管路、电焊回路、照明等设施；根据需要还应有轮对镟修设备。

配备车辆运行安全监测系统的线路按规定设置探测站。国铁集团设全路车辆运行安全监管中心，铁路局设车辆运行安全中心监测站和行调复示终端，车辆段设车辆运行安全管理工作站，货车技术作业场所设车辆运行安全中心复示站，根据需要设置动态检车室。

翻车机、散装货物解冻库应进行定期检修和测试。新设、大修及重大技术改造的翻车机、散装货物解冻库应符合规定的技术条件，并经检测合格后方可投入使用。其他装卸设备应满足爱护铁路车辆的有关要求。

车辆段、客车技术整备场所根据需要设置固定或移动卸污设备。

1.4.5　车辆检修

铁路车辆检修是指在铁路车辆运用过程中，车辆零部件会逐渐磨耗、腐蚀和损伤，为保证车辆经常处于良好的技术状态，稳定可靠地工作，必须进行有计划的检查和修理。实行流水作业，有利于降低修理费用，提高修理质量和劳动生产率。

车辆实行计划预防修，并逐步扩大实施状态修、换件修和主要零部件的专业化集中修。

客车和特种用途车实行以走行公里为主、时间周期为辅的计划预防修，最高运行速度不超过 120 km/h 的客车修程分为厂修、段修、辅修，最高运行速度超过 120 km/h 的客车修程分为 A4、A3、A2、A1 级修；货车修程分为厂修、段修、辅修。

检修周期及技术标准，按国铁集团车辆检修规程执行。

机械冷藏车在国铁集团指定的加油站及有上水设备的车站进行补油、上水，固定配属的成组专列油罐列车须定期施行整备维修。

1.4.6　动车组

为保证动车组处于良好的技术状态，应设置进行检修和整备作业的动车段、动车所等维修机构。

动车段、动车所应具备动车组运用检修、行车安全设备检修、客运整备能力及相应的存车条件；承担动车组三、四、五级修程的动车段还应具备动车组相应修程的检修能力。

动车段、动车所应设有动车组管理信息系统。

动车所应设置存车线、检查库、轨道桥、立体作业平台、临修库、洗车线、备件存放库、轮对故障动态检测棚、空压机室等设施，配备对转向架、车下设备、车上设备，以及车顶设备进行检查、维护、更换、检修和清洗等作业的相应设备，满足动车组一、二级检修需求。

动车段可根据需要设置检修库线、材料运输线、试验线、牵出线、解编线等线路，整车检修库、转向架检修库、车体检修库、油漆库、调试整备库、电机电器间、制动空压机间、空调检修间、备件立体存储库等设施；并应配备整列架车机、移动式接触网、大部件起重运输设备、电务车载设备，以及各类部件解体、清洁、测试、检修、组装、调试等设备，满足动车组相应级别检修需求。

动车组应有识别的标记：路徽、配属局段简称、车型、车号、定员、自重、载重、全长、最高运行速度、制造厂名和日期、定期修理日期、修程和处所。动车组应有"电化区段严禁攀登"的标识。

动车组应具有列车运行安全监控功能，对重要的运行部件和功能系统进行实时监测、报警和记录，并能及时向动车段、动车所传输。

动车组须配备机车综合无线通信设备（CIR）、列控车载设备、车载自动过电分相装置等，满足相应速度等级运行需要。

动车组重联或长编组时，工作受电弓间距为200～215 m。在特殊情况下，工作受电弓间距不满足200～215 m时，须校核分相布置及工作受电弓间距匹配情况，并通过上线运行试验确认。

动车组实行以走行公里周期为主、时间周期为辅的计划预防修，检修方式以换件修为主，主要零部件采用专业化集中修。动车组修程分为一、二、三、四、五级，检修周期及技术标准按国铁集团动车组检修规程执行。

动车组日常运用的上水、保洁、排污等整备作业一般应在动车所完成。不在动车所停留的动车组，需进行上水、保洁、排污等整备作业时，其停留地点根据需要应具备相应的条件。

1.4.7　自轮运转特种设备

自轮运转特种设备是在铁路营业线上运行的铁路轨道车、救援起重机及铁路施工、维修专用车辆（包括架桥机、铺轨机、接触网作业车、大型养路机械等）。

自轮运转特种设备须符合国家和铁道行业有关标准。轨道车等自轮运转特种设备按列车运行时，轨道车运行控制设备、列车无线调度通信设备应作用良好，在运行状态下应满足机车车辆限界的规定。

自轮运转特种设备的设计、制造、审查、监造、验收、试验、运用、检修及过轨技术检查，按有关规定执行。

任务 1.5　铁路牵引供电

为保持牵引供电设备良好的技术状态，保证牵引供电系统安全运行，应设供电段等供电维修机构。供电维修机构管辖范围应根据线路及供电设备条件确定。

牵引供电设备包括变电设备（变电所、开闭所、分区所、自耦变压器所）、接触网和远动系统。

牵引供电设备应保证不间断行车的可靠供电。牵引供电调度系统应具备对牵引供电设备状况实时远程监控的条件，并纳入调度系统集中统一管理。

1.5.1 牵引供电系统

牵引供电系统是指从电力系统或一次供电系统接受电能，通过变压、变相或换流后，向电力机车提供所需电流制式的电能，并完成牵引电能传输、配电等全部功能的完整系统。工频交流单相电力牵引供电系统主要由牵引变电所和牵引网两部分组成。

牵引网实行单相供电，由馈电线、接触网、轨道电路及回流线等组成。交流电气化牵引供电系统的构成可用图 1-12 所示的示意图说明，牵引供电构成的回路是：牵引变电所→馈电线→电力机车→钢轨和大地→回流线→牵引变电所。

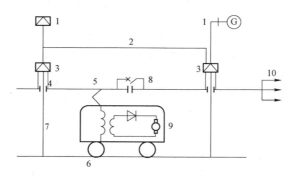

1—区域变电所或发电厂；2—高压输电线；3—变电所；4—馈电线；5—接触网；6—钢轨；

7—回流线；8—分区所（亭）；9—电力机车；10—开闭所

图 1-12 工频单相交流牵引供电系统示意图

1. 一次供电网络

一次供电网络是指直接向牵引变电所供电的地区变电所或发电厂及高压输电线路。输电线路一般分为两路，电压为 110 kV。近年来，也有采用 220 kV 的输电线路，如哈大线。

2. 牵引变电所

牵引变电所的作用是将电力系统引入的 110 kV 或 220 kV 三相交流电转换成 27.5 kV 或 2×27.5 kV 的单相交流电，通过馈电线送至铁路线上的接触网，供电力机车取用。

牵引变电所的主要设备有主变压器、动力变压器、自用电变压器、高压断路器、隔离开关，以及各种控制、监督、保护、信号显示和计量等设备。

牵引变电所须具备双电源、双回路受电。牵引变压器采用固定备用方式并具备自动投切功能。当一个牵引变电所停电时，相邻的牵引变电所能越区供电。运行期间平均功率因数不低于 0.9。

3. 牵引网

牵引网是由馈电线、接触网、钢轨、回流线组成的双导线供电系统。

馈电线是连接牵引变电所母线和接触网的架空铝绞线。馈电线一般采用钢芯铝绞线。

接触网是指悬挂于电气化铁道钢轨的上方并和钢轨顶面保持一定距离的输电线。电力机车的受电弓和接触网滑动接触，获取电能。

钢轨在电气化区段，除做列车导轨之外，还是牵引回归电流的导线，是牵引电路的组成部分，所以电气化区段轨道应该是导电的。

回流线是连接钢轨和牵引变电所中牵引变压器接地相之间的导线。它的作用是将轨道中的牵引回归电流引入牵引变电所。

4. 分区所

分区所也叫分区亭，在电气化铁道上，为了增加供电的灵活性，提高运行的可靠性，在两个相邻供电分区的分界处常用分相绝缘器断开。若是单线电气化区段，在分相绝缘器断开处设旁路隔离开关，以便实行一侧变电所发生事故时临时越区供电。若是复线电气化区段，则在断开处设置开关和相应的配电装置，组成分区所（亭），如图1-12中的8所示。

5. 开闭所

电气化铁道的枢纽站场（如编组站、客站、机车整备线等），均由接触网供电。为了提高供电的可靠性和灵活性，通常将其分组并独立供电，为此就需要增设开闭所，如图1-12中的10所示。

交流电力牵引系统开闭所，实际上是起配电作用的开关站，是在牵引网有分支引出时，为不影响电力牵引安全，保证可靠供电而设置带保护断路器等设施的控制场所。因此一般在枢纽站、编组站、电力机务段和折返段等处需设置开闭所。

开闭所的主要设备是断路器。电源进线一般设两条回路，复线时可由上、下行牵引网各引一回路，出线则按需要设置。当出线数量较多时，也可将开闭所母线实行分段。单线时如果就近无法取得第二电源，也可只引一路电源。

6. 自耦变压器站

自耦变压器站简称AT所，是AT牵引网的重要组成部分。将自耦变压器（AT）按一定间隔距离跨接在AT牵引网的接触网、正馈线和钢轨间，起支撑2×25 kV馈电系统的作用。

工频单相交流电气化铁道如采用自耦变压器（AT）供电方式时，在沿线需每隔10～15 km设置一台自耦变压器。

1.5.2 牵引变电设备

变电系统的电气设备可分为一次设备和二次设备两大类，一次设备是变配电系统的主体，二次设备是变配电系统安全可靠运行的重要保障。

1. 一次设备

在变配电所中，直接用来接收电能、改变电能电压和分配电能的所有设备，称为一次设备。

图1-13为牵引变电所一次设备实物图，从图中可看到变电所一次设备的概貌。一次设备按功能大致可分为以下类型。

图1-13 牵引变电所一次设备实物图

1）开关电器

开关电器是指用于正常控制主电路通断的设备，主要有断路器、隔离开关和负荷开关等。

2）变换电器

变换电器是指在变配电系统中用于改变电压或变换电流的设备，主要有电力变压器、电流互感器和电压互感器等。

3）保护电器

保护电器是指变配电系统中进行过电流保护、过电压保护或其他方式保护的设备，如熔断器、限流电抗器、抗雷线圈、阻波器和避雷线圈等。

4）补偿电器

补偿电器是指用于变配电系统中补偿无功功率、提高功率因数的设备，主要有电力电容器和同步补偿机等。

5）成套装置和组合电器

根据一次电路的要求，将各种一次设备（如断路器、隔离开关和互感器）组合为一个整体的电气装置称为成套装置，主要有各种成套的配电装置，如高压开关柜、低压成套电气装置及气体绝缘金属密封组合电器 GIS 等。

随着变电所综合自动化技术的发展，按单元（如一条电源进线或一条馈出回路）将一次设备和二次设备组合成一个整体电气装置，称为新型的成套装置，其在现代化变配电系统中得到越来越广泛的使用。

2. 二次设备

为了实现运行维护人员对一次设备进行监控，就必须配置与一次设备保持电气隔离的低电压、小容量的相应设备，这些设备统称为二次设备。二次设备通过互感器与一次设备取得电气联系。二次设备是指对一次设备的工作状态进行控制、保护、监察和测量的一系列低压、弱电设备，又称为辅助设备。如各种继电器、控制开关、成套继电保护装置等。二次设备是变配电系统的重要组成部分。将这些二次设备互相连接称为二次接线。

二次接线的基本任务：反映一次设备的工作情况，控制一次设备；当一次设备发生故障时，能将故障部分迅速退出工作，以保持电力系统处于最佳的运行状态。

二次接线按工作性质分为：监视、测量回路，控制回路，信号回路，调节回路，继电保护与自动装置，自动和远动装置，以及操作电源系统等几个部分。

1.5.3　接触网

接触网是电气化铁路牵引供电系统中的主要供电设备，它的功能是向走行在铁路线上的电力机车不间断地供应电能。接触网与一般的输电线路不同，它必须架设在线路的正上方成"之"字形排布，电力机车利用顶部的受电弓与接触线滑动摩擦而获得电能。

接触网标称电压值为 25 kV，最高工作电压为 27.5 kV，短时（5 min）最高工作电压为 29 kV，最低工作电压为 19 kV。

接触网主要由支柱、接触线、棒式绝缘子、直腕臂、承力索、定位器、吊弦、定位管支撑、定位管、斜腕臂等组成，如图 1-14 所示。

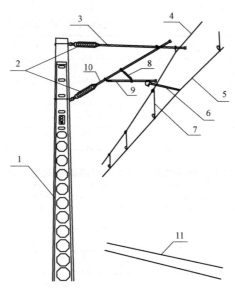

1—支柱；2—棒式绝缘子；3—直腕臂；4—承力索；5—接触线；6—定位器；7—吊弦；
8—定位管支撑；9—定位管；10—斜腕臂；11—钢轨

图1-14　接触网结构

由于接触网是露天设置的，受各种恶劣气象条件的影响，其工作状态又随着电力机车的运行而变化，而且没有备用，因而接触网的工作条件非常复杂，对它的要求非常严格。

接触网设置安全要求如下。

（1）接触网一般采用链型悬挂方式。接触网最小张力如表1-9所示。接触线一般采用铜或铜合金线。

表1-9　接触网最小张力

列车运行速度/（km/h）	综合张力/kN	接触线张力/kN
$v \leqslant 120$	25	10
$120 < v \leqslant 160$	28	13
$160 < v \leqslant 200$	30	15

（2）接触线距钢轨顶面的高度不超过6 500 mm；在区间和中间站，不小于5 700 mm（旧线改造不小于5 330 mm）；在编组站、区段站和个别较大的中间站站场，不小于6 200 mm；站场和区间宜取一致；双层集装箱运输的线路，不小于6 330 mm。

（3）接触网带电部分至固定接地物的距离，不小于300 mm；至机车车辆或装载货物的距离，不小于350 mm。跨越电气化铁路的各种建筑物与带电部分最小距离，不小于500 mm。当海拔超过1 000 m时，上述数值应按规定相应增加。

在接触网支柱及距接触网带电部分5 000 mm范围内的金属结构物须接地。天桥及跨线桥跨越接触网的地方，应按规定设置安全栅网。

有大型养路机械作业的线路，接触网支柱内侧距线路中心距离不小于3 100 mm。

（4）架空电线路跨越接触网时，应符合表1-10和表1-11的规定。

表 1-10　跨越接触网的架空电线路与接触网的垂直距离

跨越接触网的电力线路电压等级/kV	电力线路至接触网的垂直距离/mm
35 及以上至 110	≥3 000
220	≥4 000
330	≥5 000
500	≥6 000

表 1-11　跨越接触网的超高压架空电线路距轨面的最小垂直距离

跨越接触网的电力线路电压等级/kV	电力线路距轨面的最小垂直距离/mm
750	21 500
1 000	27 000（单回）
	25 000（双回）
直流±800	21 500

35 kV 以下的电线路（包括通信线路、广播电视线路等）不得跨越接触网，应由地下穿过铁路。

接触网支柱不应附挂通信、有线电视等非供电线路设施，特殊情况需附挂时，应经铁路局批准。

（5）为保证人身安全，除专业人员执行有关规定的作业外，其他人员（包括所携带的物件）与牵引供电设备带电部分的距离，不得小于 2 000 mm。

在设有接触网的线路上，严禁攀登车顶及在车辆装载的货物之上作业；如确需作业时，须在指定的线路上，将接触网停电接地并在采取安全防护措施后，方准进行。

在双线电气化铁路实行 V 形天窗作业时，为确保人身安全，应在设备、机具、照明、作业组织等方面采取相应措施。

牵引、电力变配电所控制室，应采取防雷措施，设置机房专用空调。控制、保护及通信设备，应装有防止强电及雷电危害的浪涌保护器等保护设备，电子设备应符合有关电磁兼容规定。

任务 1.6　铁路联锁及通信设备

1.6.1　联锁设备

联锁设备是保证车站内列车和调车作业安全，以及提高车站通过能力的一种铁路信号设备。

1. 联锁

为了保证车站内列车和调车作业安全，相关信号、道岔、进路之间建立的一种相互制约的关系称为联锁关系，简称联锁。

站内正线及到发线上的道岔，均须与有关信号机联锁。区间内正线上的道岔，须与有关信号机或闭塞设备联锁。各种联锁设备（驼峰除外）应满足下列条件。

（1）当进路上的有关道岔开通位置不对或敌对信号机未关闭时，防护该进路的信号机不能开放；信号机开放后，该进路上的有关道岔不能扳动，其敌对信号机不能开放。

（2）半自动闭塞、自动站间闭塞及三显示自动闭塞区段，正线上的出站信号机未开放时，进站信号机不能开放通过信号；主体信号机未开放时，预告信号机不能开放。

（3）装有转换锁闭器，电动、电液转辙机的道岔，当第一连接杆处的尖轨与基本轨间、心轨与翼轨间有 4 mm 及以上水平间隙时，不能锁闭或开放信号机。

（4）区间辅助所内正线上的道岔，未开通正线时，两端站不能开放有关信号机。设在辅助所的闭塞设备与有关站闭塞设备应联锁。

2. 联锁设备

联锁设备分为集中联锁（继电联锁和计算机联锁）和非集中联锁（臂板电锁器联锁和色灯电锁器联锁）。编组站、区段站和电源可靠的其他车站，均应采用集中联锁。列车调度指挥系统（TDCS）和调度集中系统（CTC）区段，车站应采用集中联锁。

集中联锁设备应保证：当进路建立后，该进路上的道岔不可能转换；当道岔区段有车占用时，该区段的道岔不可能转换；列车进路向占用线路上开通时，有关信号机不可能开放（引导信号除外）；能监督是否挤岔，并于挤岔的同时，使防护该进路的信号机自动关闭，被挤道岔未恢复前，有关信号机不能开放。

集中联锁设备，在控制台（或操纵、表示分列式的表示盘及监视器）上应能监督线路与道岔区段是否占用、监督进路开通及锁闭，复示有关信号机的显示。

非集中联锁设备，应保证车站值班员能控制接、发车进路和信号机的开放与关闭。

非集中联锁设备，在控制台上应有接、发列车的进路开通表示；采用色灯电锁器联锁时，还应有进站信号机的开放、关闭，以及出站信号机的开放表示；到发线设有轨道电路时，应有到发线的占用表示。

在作业繁忙的调车区域，根据需要，可采用调车区集中联锁。

信号设备联锁关系的临时变更或停止使用，须经铁路局批准。

1.6.2　列车运行自动控制系统

列车运行自动控制系统（automatic train control，ATC），是列车通过获取地面信息和命令，控制列车运行速度，并调整与前行列车之间的距离。列车运行自动控制系统由地面和车载两部分组成。列车运行自动控制系统地面系统原理图如图 1-15 所示。

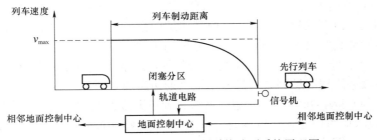

图 1-15　列车运行自动控制系统地面系统原理图

ATC 系统的作用：确保列车运行的安全，防止追尾和冲突；提高运行效率（在保证安全的前提下，缩短行车间隔）；实现列车运行的信息化和自动化。

ATC 系统由列车自动监控系统（automatic train supervision，ATS）、列车自动保护系统（automatic train protection，ATP）、列车自动运行系统（automatic train operation，ATO）组成。

三个子系统通过信息交换网络构成闭环系统，实现地面控制与车上控制结合、现地控制与中央控制结合，构成一个以安全设备为基础，集行车指挥、运行调整，以及列车驾驶自动化等功能于一体的列车自动控制系统。

ATC 系统具有五大功能：ATS 功能、联锁功能、列车检测功能、ATC 功能和 PTI（列车识别）功能。

1.6.3　铁路列车调度指挥系统

列车调度指挥系统（train operation dispatching command system，TDCS），由国铁集团、铁路局、车站三级构成，其应能实时自动采集列车运行及现场信号设备状态信息，并传送到国铁集团调度指挥中心和铁路局调度所，完成列车运行实时追踪、无线车次号校核、自动报点、正晚点统计分析、交接车自动统计、列车实际运行图自动绘制、阶段计划人工和自动调整、调度命令及行车计划下达、站间透明、行车日志自动生成等功能，实现各级运输调度的集中管理、统一指挥和实时监督。

TDCS 应能满足高安全、高可靠、高实时性的要求，建立维护管理体制，保证设备正常使用。

TDCS 配置独立的处理平台，关键设备采用冗余配置。TDCS 采用独立的业务专网，国铁集团调度指挥中心、铁路局调度所及车站采用双局域网。各级局域网通过专用数字通道组成双环形广域网。

1.6.4　调度集中系统

调度集中系统（centralized traffic control，CTC），由铁路局、车站两级构成。CTC 除实现TDCS 的全部功能外，还应实现列车编组信息管理、调车作业管理、综合维修管理、列车/调车进路人工和计划自动选排、分散自律控制等功能。

在调度集中区段，车站应设集中联锁，区间应设自动闭塞或自动站间闭塞。

调度集中系统原则上应将同一调度区段内、同一联锁控制范围内所有车站（车场、线路所）的信号、联锁、闭塞设备纳入控制范围。调度集中区段的两端站、编组站、区段站，以及调车作业较多、有去往区间岔线列车或中途返回补机的中间站，可不列入调度所中心控制，应能通过调度集中车站终端进行自动或人工控制。

CTC 应具备分散自律控制和非常站控两种模式。分散自律控制模式是通过调度集中设备，实现进路自动和人工办理的模式；非常站控模式是遇行车设备故障、施工、维修需要时，脱离调度集中系统控制转为车站联锁控制台人工办理的模式。

CTC 配置独立的处理平台，设备采用冗余配置，通信协议与 TDCS 一致。CTC 采用独立的业务专网，各级采用双局域网并通过专用数字通道组成双环形广域网。

CTC/TDCS 与 GSM-R 数字移动通信系统或列车无线调度通信设备结合，实现调度命令、接车进路预告信息、调车作业通知单等向司机的传送，并能通过无线通信系统获取车次号校核、调车请求及签收回执等信息。

1.6.5 CTCS 列控系统

CTCS 是 chinese train control system 的英文缩写，指中国列车运行控制系统。CTCS 系统有两个子系统，即车载子系统和地面子系统。

地面子系统由以下部分组成：应答器、轨道电路、无线通信网络（GSM−R）、列车控制中心（TCC）/无线闭塞中心（RBC）。其中 GSM−R 不属于 CTCS 设备，但其是整个系统的重要组成部分。

应答器是一种能向车载子系统发送报文信息的传输设备，既可以传送固定信息，也可以连接轨旁单元传送可变信息；轨道电路具有轨道占用检查、沿轨道连续传送地车信息功能，应采用 UM 系列轨道电路或数字轨道电路；无线通信网络（GSM−R）是用于车载子系统和列车控制中心进行双向信息传输的车地通信系统；列车控制中心是基于安全计算机的控制系统，它根据地面子系统或来自外部地面系统的信息产生列车行车许可命令，并通过车地信息传输系统传输给车载子系统，保证列车控制中心管辖范围内列车的运行安全。

车载子系统可由以下部分组成：CTCS 车载设备、无线系统车载模块。CTCS 车载设备是基于安全计算机的控制系统，通过与地面子系统交换信息来控制列车运行；无线系统车载模块用于车载子系统和列车控制中心进行双向信息交换。

CTCS 根据功能要求和设备配置划分应用等级，分为 0～4 级。

CTCS 应用等级 0（简称 C0）：由通用机车信号和列车运行监控装置组成，为既有系统。

CTCS 应用等级 1（简称 C1）：由主体机车信号和安全型运行监控记录装置组成，点式信息作为连续信息的补充，可实现点连式超速防护功能。

CTCS 应用等级 2（简称 C2）：是基于轨道传输信息并采用车−地一体化系统设计的列车运行控制系统，可实现行指−联锁−列控一体化、区间−车站一体化、通信−信号一体化和机电一体化。

CTCS 应用等级 3（简称 C3）：是基于无线传输信息并采用轨道电路等方式检查列车占用的列车运行控制系统。点式设备主要传送定位信息。

CTCS 应用等级 4（简称 C4）：是完全基于无线传输信息的列车运行控制系统。地面可取消轨道电路，由 RBC 和车载验证系统共同完成列车定位和完整性检查，实现虚拟闭塞或移动闭塞。

同条线路上可以实现多种应用级别，C2、C3 和 C4 可向下兼容。

1.6.6 铁路通信设备

铁路通信网是覆盖全国铁路的统一、完整的专用通信网，为运输生产和经营管理提供话音、数据和图像通信业务。

铁路通信应符合国家、国铁集团的相关技术标准和质量要求，确保全程全网安全、可靠、迅捷、畅通。

1. 通信设备配置

铁路通信应根据下列主要通信业务，配置相应通信设备。

（1）普通电话（固定、移动）；

（2）专用电话（固定、移动），包括调度电话、车站（场）电话、站间行车电话等；

（3）会议电话；

（4）广播；

（5）数据承载；

（6）数据终端（铁路电报、列车调度命令信息无线传送、车次号校核信息无线传送、列车尾部风压信息传送、列车安全防护预警信息传送等）；

（7）图像通信（会议电视、综合视频监控等）；

（8）应急通信；

（9）时钟、时间同步基准信号。

2. 铁路通信网组成

铁路通信网由承载网、业务网、支撑网组成。

承载网包括传输网和数据通信网等；业务网主要包括调度通信、电话交换、GSM-R数字移动通信、450 MHz 列车无线调度、会议电视、综合视频监控、应急通信等；支撑网主要包括时钟同步及时间同步系统、信令系统、通信网管系统及监测系统等。

列车（有线）调度电话准许列车调度员、机车（动车组）调度员、车辆调度员、机务段（客运段）调度员（值班员）、客运调度员、车站值班员（车站调度员）、供电（电力）调度员、电力牵引变电所值班人员、道口看守员加入通话，根据需要允许动车组随车机械师（简称随车机械师）、车辆乘务员、机车（动车组）司机、列车长、自轮运转特种设备司机、救援列车主任和施工负责人及巡守人员利用区间通信设施加入通话。

站间行车电话及扳道电话，禁止其他电话接入。

区间通话柱应尽量靠近线路，并安装在防护网内，与线路中心的水平距离应能保证使用人员的人身安全和养路机械的施工作业要求，每隔 1.5 km 左右安装一个；在自动闭塞区段，其安装位置尽量与通过信号机的位置相对应。

1.6.7 铁路信息系统

铁路信息系统是铁路运输生产和经营管理的重要手段。信息系统建设应坚持统一领导、统一规划、统一标准、统一建设、统一管理的原则，做到资源集中、互联互通、信息共享、应用集成、业务协同、安全可靠。

信息系统设备按其用途和性质分为两类。

一类设备：用于铁路运输生产和经营管理并且要求不间断运行的系统设备，主要为服务器端设备、网络设备和要求不间断运行的客户端设备等。其应具有高可用性和高可靠性，采用冗余和备份配置，采用监控诊断、数据备份与恢复、安全防护等技术措施和设备，应提供 7×24 h 技术支持与维护服务，保证系统安全、可靠运行。

二类设备：一类设备之外的其他设备。系统应配备一定比例的备用设备，采用相应的安全防护技术措施和设备，应提供不低于 5×8 h 技术支持与维护服务，保证设备的正常使用。

信息系统设备功能、性能和容量应满足当前需要并考虑适量预留。

铁路信息网络由国铁集团、铁路局、站段三级局域网及其互联的广域网构成。国铁集团、铁路局局域网分为安全生产网、内部服务网和外部服务网，站段局域网分为安全生产网、内部服务网。直接关系铁路运输生产的信息系统应部署在安全生产网，为铁路内部提供一般性服务的信息系统应部署在内部服务网，为社会提供公共服务的应用系统应部署在外部服务网。

安全生产网与内部服务网间实行逻辑隔离。安全生产网、内部服务网与外部服务网间实行安全隔离。禁止安全生产网和内部服务网直接与互联网连接，禁止外部服务网用户和设备直接访问安全生产网、内部服务网资源。

除国家有特殊要求的，不单独组建铁路业务专网。

复习思考题

1. 简述线路的种类。
2. 我国常规铁路线路上的道岔辙叉号数有哪些规定？
3. 车站按技术作业如何分类？其作业任务分别是什么？
4. 车站主要设备有哪些？
5. 简述机务设备的组成。
6. 行车安全监测设备应具有什么功能？
7. 简述车辆设备的组成。
8. 简述牵引供电系统的组成。
9. 简述联锁设备应满足的条件。
10. 简述 CTCS 的应用等级。

项目 2 铁路行车信号

 **项目摘要**

铁路行车信号是指以标志物、灯具、仪表和音响等向铁路行车人员传送机车车辆运行条件、行车设备状态和行车有关指示的技术设备。铁路行车信号是保证列车运行和调车作业安全、提高运输组织和线路通过能力的重要技术设备，有关行车人员必须严格执行铁路行车信号的相关规章。

通过对铁路行车信号的基本知识、固定信号、机车信号、移动信号、手信号、听觉信号、信号标志等进行学习，我们将对铁路行车信号有一个系统的认识和了解。本项目主要内容如下。

（1）铁路行车信号的基本知识；

（2）固定信号的设置及显示含义；

（3）机车信号的分类及显示含义；

（4）移动信号的设置及显示含义；

（5）手信号的使用及显示含义；

（6）听觉信号的鸣示方式及含义。

任务 *2.1* 铁路信号基本知识

各种信号机和表示器的灯光排列、颜色和外形尺寸，必须符合国家标准、铁道行业标准及国铁集团规定的标准。地区性联系用的手信号，由铁路局批准。

2.1.1 铁路信号的种类

铁路信号分为视觉信号和听觉信号两大类。

1. 视觉信号

视觉信号是以物体或灯光的颜色、形状、位置、显示数目等表示的信号，如信号机、信号灯（旗）、信号牌、火炬，以及信号表示器等表示的信号。

1）按使用时间分类

视觉信号按使用时间可分为昼间信号、夜间信号、昼夜通用信号。

在昼间遇降雾、暴风雨雪及其他情况，致使停车信号显示距离不足 1 000 m，注意或减速信号显示距离不足 400 m，调车信号及调车手信号显示距离不足 200 m 时，应使用夜间信号。

隧道内只采用夜间或昼夜通用信号。

2）按使用形式分类

视觉信号按使用形式可分为固定信号、移动信号、手信号。

固定信号是在固定地点安装的信号，如信号机、信号表示器等，机车信号也属于固定信号。固定信号又可分为绝对信号和容许信号。绝对信号是指列车和调车车列必须无条件遵守的停车信号。容许信号是设于区间通过信号机上的一种附属信号。

移动信号是在地面临时设置的信号，如用于防护线路施工地点的圆形黄牌、圆形绿牌、方形红牌。

手信号是手持规定的信号用具［昼间以红、黄、绿色信号旗（或以徒手），夜间以红、黄、绿、白色灯光的信号灯］，按规定的方式（动作）显示的信号。

2. 听觉信号

听觉信号又称"音响信号"，是通过不同强度、频率和时间长短的音响来表达信号的含义，用于列车司机与有关作业人员之间的联系、报警、引起注意和通知有关事项等。如号角、口笛、响墩发出的音响和机车、自轮运转特种设备的鸣笛声等。

2.1.2　铁路信号装置

铁路信号装置一般分为信号机和信号表示器两类。

1. 信号机的分类

（1）信号机按类型分为色灯信号机、臂板信号机和机车信号机。

色灯信号机是用灯光的颜色、数目及亮灯状态表示信号含义的信号机，具有昼夜显示一致、占用空间小等特点，但其需可靠的交流电源。色灯信号机按构造又分为探照式、透镜式和组合式。

臂板信号机是以信号臂板的形状、颜色、数目、位置表达信号含义的信号机。

机车信号机是在司机室内指示列车前方运行条件的信号机，作为地面信号机的辅助。它能自动反映列车运行前方地面信号机的显示状态和运行条件，指示列车运行，并与列车自动停车装置结合，确保列车的安全运行。

（2）信号机按安装位置可分为高柱信号机、矮型信号机、信号托架和信号桥四种，信号托架和信号桥如图 2−1 所示。

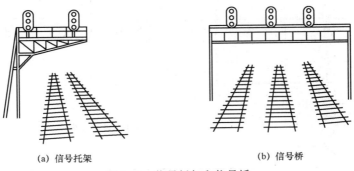

(a) 信号托架　　　　　　　　　　(b) 信号桥

图 2−1　信号托架和信号桥

高柱信号机的信号机构安装在信号机柱上，一般用于显示距离要求较远的情况，具有显示距离远、观察位置明确等优点。

矮型信号机设于建筑接近限界下部外侧的基础上，一般用于显示距离要求不远的情况。

当不能安装信号机柱时，用信号托架和信号桥代替。信号托架为托臂型结构建筑物，信号桥为桥型结构建筑物。

（3）信号机按用途分为进站、出站、通过、进路、预告、接近、遮断、驼峰、驼峰辅助、复示、调车信号机。其中进站、出站、进路、通过、驼峰、调车等信号机，能独立指示列车或调车车列运行的条件，称为主体信号机。预告、复试信号机不能独立存在，附属于主体信号机，称为从属信号机。

2. 信号表示器

信号表示器分为道岔、脱轨、进路、发车、发车线路、调车及车挡表示器。

2.1.3 铁路信号颜色

铁路信号通常用不同的颜色显示其含义。我国铁路信号的显示颜色由基本颜色和辅助颜色组成。

基本颜色有红色、黄色和绿色三种，其显示含义如下：

红色——停车；

黄色——注意或减速运行；

绿色——按规定速度运行。

辅助颜色主要有月白色、蓝色、白色、紫色四种，其应用场合如下：

月白色——用于引导信号及调车信号；

蓝色——用于容许信号及调车信号；

白色——用于表示器、手信号及列车标志；

紫色——用于道岔表示器。

铁路信号灯光的图形符号如表2-1所示。

表2-1 铁路信号灯光的图形符号

名称	图形符号	文字符号	名称	图形符号	文字符号
绿色	○	L	稳定灯光（如绿灯）	⊗	
黄色	⊘	U	闪光信号（如绿灯）	⊗	
红色	●	H	一般矮型信号	◖ ◗	
月白色	◎	B	一般高柱信号	⊢○ ○⊣	
蓝色	◉	A	接车性质的信号	⊢○○ ○○⊣	
紫色	Ⓩ	Z	空灯位	⊗	
白色	◑				
半绿半黄色	◓		这四种颜色显示仅限于机车信号		
半黄半红色	◓				
双半黄色	⊘				
带2字的黄色	②				

2.1.4 信号机设置

铁路信号机应采用色灯信号机。色灯信号机应采用高柱信号机，在下列处所可采用矮型信号机：

（1）不办理通过列车的到发线上的出站、发车进路信号机；

（2）道岔区内的调车信号机及驼峰调车场内的调车信号机；

（3）自动闭塞区段，隧道内的通过信号机。

特殊情况需设矮型信号机时，须经铁路局批准。

信号机应设在列车运行方向的左侧或其所属线路的中心线上空。反方向运行进站信号机可设在列车运行方向的右侧；其他特殊地段因条件限制，需设于右侧时，须经铁路局批准。

任何信号机不得侵入铁路建筑限界。

信号机设置的地点，应由电务部门会同运输、机务、工务等有关部门共同研究确定。在确定设置信号机地点时，除应满足信号显示距离的要求外，还应考虑该信号机不致被误认为邻线的信号机。

2.1.5 信号机及表示器显示距离

正常情况下的显示距离是指不受地形、地物、气候影响的情况下，司机在机车上能确认地面信号显示状态时，司机与信号机之间的最小距离。

各种信号机及表示器，在正常情况下的显示距离：

（1）进站、通过、接近、遮断信号机，不得小于 1 000 m；

（2）高柱出站、高柱进路信号机，不得小于 800 m；

（3）预告、驼峰、驼峰辅助信号机，不得小于 400 m；

（4）调车、矮型出站、矮型进路、复示信号机，容许、引导信号及各种表示器，不得小于 200 m；

（5）在地形、地物影响视线的地方，进站、通过、接近、预告、遮断信号机的显示距离，在最坏的条件下，不得小于 200 m；

（6）铁路沿线及站内，禁止设置妨碍确认信号的红、黄、绿色的装饰彩布、标语和灯光，如车站内已装有妨碍确认灯光的设备时，应拆除或采取遮光措施；

（7）在规定的信号显示距离内，不准种植影响信号显示的树木。对影响信号显示的树木，其处理办法，由铁路局规定。

2.1.6 信号机定位

信号机的定位是指信号机经常保持的显示状态。信号机的定位规定如下。

（1）进路、出站、进路、调车、驼峰、驼峰辅助信号机均以显示停车信号为定位；线路所的通过信号机以显示停车信号为定位，其他通过信号机以显示进行信号为定位。

（2）接近信号机、进站预告信号机、非自动闭塞区段通过信号机的预告信号机及通过臂板，以显示注意信号为定位。

（3）遮断、遮断预告、复示信号机以无显示为定位。

（4）在自动闭塞区段内的车站（线路所），如将进站、正线出站信号机及其直向进路内的进路信号机转为自动动作时，以显示进行信号为定位。

2.1.7 信号机关闭时机

信号机的关闭时机是指信号机的显示由允许信号变为禁止信号的时机。信号机的关闭时机如下。

（1）集中联锁车站的进站、进路、出站信号机及通过信号机，在机车或车辆第一轮对越过该信号机后自动关闭。

（2）调车信号机在调车车列全部越过调车信号机后自动关闭；当调车信号机外方不设轨道占用检查装置或设有轨道占用检查装置而占用时，应在调车车列全部出清调车信号机内方第一轨道区段后自动关闭，根据需要也可在调车车列第一轮对进入调车信号机内方第一轨道区段后自动关闭。

（3）引导信号应在列车头部越过信号机后及时关闭。

（4）非集中联锁车站的进站信号机及线路所通过信号机，在列车进入接车线轨道区段后自动关闭，出站信号机应在列车进入出站方面轨道区段后自动关闭。

（5）非集中联锁车站，由手柄操纵的信号机：进站信号机在确认列车全部进入接车线警冲标内方，出站信号机在列车全部越过最外方道岔并确认列车全部进入出站方面轨道区段后，恢复手柄，关闭信号。

（6）特殊站（场）执行上述规定有困难时，由铁路局规定。

2.1.8 信号机灯光熄灭、显示不明或显示不正确的处理

进站、出站、进路和通过信号机的灯光熄灭、显示不明或显示不正确时，均视为停车信号。

进站预告信号机或接近信号机的灯光熄灭、显示不明或显示不正确时，均视为进站信号机为关闭状态；非自动闭塞区段通过信号机的预告信号机的灯光熄灭、显示不明或显示不正确时，视通过信号机为关闭状态。

2.1.9 信号机无效标

新设尚未开始使用及应撤除尚未撤除的信号机，均应装设信号机无效标，并应熄灭灯光；如为臂板信号机，则还须将臂板置于水平位置。

信号机无效标为白色的十字交叉板。高柱色灯信号机的无效标装在机柱上，矮型色灯信号机的无效标装在信号机构上，臂板信号机的无效标装在臂板上，如图2-2所示。

在新建铁路线上，新设尚未开始使用的信号机（进站信号机暂用作防护车站时除外），可撤下臂板或将色灯机构向线路外侧扭转90°，并熄灭灯光，以示无效。

（a）高柱色灯信号机的　　　　　（b）矮型色灯信号机的　　　　　（c）臂板信号机的
　　无效标装在机柱上　　　　　　　无效标装在信号机构上　　　　　　无效标装在臂板上

图2-2 信号机无效标志

2.1.10　同方向相邻两架信号机间距小于制动距离的处理

特殊地段因条件限制，同方向相邻两架指示列车运行的信号机（预告、遮断、复示信号机除外）间的距离小于制动距离时，按下列方式处理。

（1）在列车运行速度不超过 120 km/h 的区段，当两架信号机间的距离小于 400 m 时，前架信号机的显示，必须完全重复后架信号机的显示；当两架信号机间的距离在 400 m 及以上，但小于 800 m 时，后架信号机在关闭状态时，则前架信号机不准开放。

（2）在列车运行速度超过 120 km/h 的区段，两架有联系的信号机间的距离小于列车规定速度级差的制动距离时，应采取必要的降级或重复显示措施。

任务 2.2　固定信号

固定信号是指固定地设置于某一地点用于指示列车运行及调车工作的信号。

固定信号包括：进站、出站、通过、进路（接车进路、发车进路、接发车进路）、预告、接近、遮断、驼峰、驼峰辅助、复示、调车、容许及引导信号（注：后两种不单独设置）。

2.2.1　进站色灯信号机

1. 进站色灯信号机的作用

（1）防护车站及车站与区间的界限；

（2）指示列车运行条件；

（3）锁闭接车进路上的敌对道岔及敌对信号，保证在信号开放后进站、进路的正确和安全可靠。

2. 进站色灯信号机的设置

车站必须设进站信号机。一般情况下，应满足一台机车挂 1～2 辆货车由一股道转向另一股道时，不致越过进站信号机，所以进站信号机应设于距列车进站时遇到的第一个道岔尖轨尖端（顺向为警冲标）不少于 50 m 的地点，如图 2-3 所示。

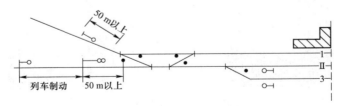

图 2-3　进站信号机位置

经常利用正线进行调车作业的车站，可适当延长进站信号机与进站道岔的距离，以便调车时调车车列不致越出进站信号机，减少办理越出站界调车的手续，但延长后，会影响咽喉区的通过能力，所以延长的距离原则上不超过 400 m。

进站信号机与其后方的第一架信号机（进路或出站）间必须大于规定的制动距离，特殊情况少于规定的制动距离时，进站信号机与进站道岔的距离应该适当加长，但原则上不超过400 m。

双线自动闭塞区间反方向运行，因进站信号机前方未设色灯预告信号机，应在进站信号机外方设预告标。预告标应设在进站信号机外方900 m、1 000 m及1 100 m处。

3. 进站色灯信号机的显示方式

进站色灯信号机的灯光排列从上到下为：黄、绿、红、黄、月白。

（1）三显示自动闭塞、半自动闭塞、自动站间闭塞区段进站色灯信号机。

① 一个绿色灯光：准许列车按规定速度经正线通过车站，表示出站及进路信号机在开放状态，进路上的道岔均开通直向位置，如图2-4所示。

② 一个绿色灯光和一个黄色灯光：准许列车经道岔直向位置，进入站内越过次一架已经开放的信号机准备停车，如图2-5所示。

图2-4　一个绿色灯光　　　　　图2-5　一个绿色灯光和一个黄色灯光
（进站色灯信号机）　　　　　　　（进站色灯信号机）

③ 一个黄色灯光：准许列车经道岔直向位置，进入站内正线准备停车，如图2-6所示。

④ 一个黄色闪光和一个黄色灯光：准许列车经过18号及以上道岔侧向位置，进入站内越过次一架已经开放的信号机且该信号机的进路经道岔直向位置或18号及以上道岔侧向位置，如图2-7所示。

图2-6　一个黄色灯光　　　　　图2-7　一个黄色闪光和一个黄色灯光
（进站色灯信号机）　　　　　　　（进站色灯信号机）

⑤ 两个黄色灯光：准许列车经道岔侧向位置（但不满足上述第④项条件），进入站内准备停车，如图2-8所示。

⑥ 一个红色灯光：不准列车越过该信号机，如图2-9所示。

图 2-8　两个黄色灯光　　　　　图 2-9　一个红色灯光
（进站色灯信号机）　　　　　　（进站色灯信号机）

（2）四显示自动闭塞区段进站色灯信号机。

① 一个绿色灯光：准许列车按规定速度经道岔直向位置进入或通过车站，表示运行前方至少有三个闭塞分区空闲，如图 2-4 所示。

② 一个绿色灯光和一个黄色灯光：准许列车按规定速度经道岔直向位置进入站内，表示次一架信号机经道岔直向位置开放一个黄灯，如图 2-5 所示。

③ 一个黄色灯光：准许列车按限速要求经道岔直向位置进入站内正线准备停车，如图 2-6 所示。

④ 一个黄色闪光和一个黄色灯光：准许列车经 18 号及以上道岔侧向位置，进入站内越过次一架已经开放的信号机且该信号机防护的进路经道岔直向位置或 18 号及以上道岔侧向位置，如图 2-7 所示。

⑤ 两个黄色灯光：准许列车按限速要求越过该信号机，经道岔侧向位置（但不满足上述④的条件）进入站内准备停车，如图 2-8 所示。

⑥ 一个红色灯光：不准列车越过该信号机，如图 2-9 所示。

（3）进站及接车进路、接发车进路色灯信号机引导信号。

进站及接车进路、接发车进路色灯信号机的引导信号显示一个红色灯光和一个月白色灯光：准许列车在该信号机前方不停车，以不超过 20 km/h 速度进站或通过接车进路，并须准备随时停车，如图 2-10 所示。

图 2-10　一个红色灯光和一个月白色灯光（进站色灯信号机）

2.2.2　出站色灯信号机

1. 出站色灯信号机的作用

防护区间或闭塞分区并指示列车运行条件；作为占用区间的行车凭证；闭锁发车进路上

的有关道岔及敌对信号，保证在信号开放后进路安全可靠；指示列车在站内的停车位置。

2. 出站色灯信号机的设置

在车站的正线和到发线上，应设出站色灯信号机。出站色灯信号机应设在每一发车线的警冲标内方（对向道岔为尖轨尖端外方）适当的地点。

在调车场的编发线上，必要时可设线群出站信号机。

3. 出站色灯信号机的显示方式

（1）半自动闭塞或自动站间闭塞区段。

① 一个绿色灯光：准许列车由车站出发，如图 2-11 所示。

图 2-11　一个绿色灯光（半自动闭塞或自动站间闭塞区段出站色灯信号机）

② 两个绿色灯光：准许列车由车站出发，开往次要线路，如图 2-12 所示。

图 2-12　两个绿色灯光（半自动闭塞或自动站间闭塞区段出站色灯信号机）

③ 一个红色灯光：不准列车越过该信号机，如图 2-13 所示。

图 2-13　一个红色灯光（半自动闭塞或自动站间闭塞区段出站色灯信号机）

④ 在兼作调车信号机时，一个月白色灯光：准许越过该信号机调车，如图 2-14 所示。

图 2-14　一个月白色灯光（半自动闭塞或自动站间闭塞区段出站色灯信号机）

（2）三显示自动闭塞区段。

① 一个绿色灯光：准许列车由车站出发，表示运行前方至少有两个闭塞分区空闲，如图 2-15 所示。

图 2-15　一个绿色灯光（三显示自动闭塞区段出站色灯信号机）

② 一个黄色灯光：准许列车由车站出发，表示运行前方有一个闭塞分区空闲，如图 2-16 所示。

图 2-16　一个黄色灯光（三显示自动闭塞区段出站色灯信号机）

③ 两个绿色灯光：准许列车由车站出发，开往半自动闭塞或自动站间闭塞区间，如图 2-17 所示。

图 2-17　两个绿色灯光（三显示自动闭塞区段出站色灯信号机）

④ 一个红色灯光：不准列车越过该信号机，如图 2−18 所示。

图 2−18　一个红色灯光（三显示自动闭塞区段出站色灯信号机）

⑤ 在兼作调车信号机时，一个月白色灯光：准许越过该信号机调车，如图 2−19 所示。

图 2−19　一个月白色灯光（三显示自动闭塞区段出站色灯信号机）

（3）四显示自动闭塞区段。

① 一个绿色灯光：准许列车由车站出发，表示运行前方至少有三个闭塞分区空闲，如图 2−20 所示。

图 2−20　一个绿色灯光（四显示自动闭塞区段出站色灯信号机）

② 一个绿色灯光和一个黄色灯光：准许列车由车站出发，表示运行前方有两个闭塞分区空闲，如图 2−21 所示。

图 2−21　一个绿色灯光和一个黄色灯光（四显示自动闭塞区段出站色灯信号机）

③ 一个黄色灯光：准许列车由车站出发，表示运行前方有一个闭塞分区空闲，如图2-22所示。

图2-22　一个黄色灯光（四显示自动闭塞区段出站色灯信号机）

④ 两个绿色灯光：准许列车由车站出发，开往半自动闭塞或自动站间闭塞区间，如图2-23所示。

图2-23　两个绿色灯光（四显示自动闭塞区段出站色灯信号机）

⑤ 一个红色灯光：不准列车越过该信号机，如图2-24所示。

图2-24　一个红色灯光（四显示自动闭塞区段出站色灯信号机）

⑥ 在兼作调车信号机时，一个月白色灯光：准许越过该信号机调车，如图2-25所示。

图2-25　一个月白色灯光（四显示自动闭塞区段出站色灯信号机）

2.2.3　进路色灯信号机

进路色灯信号机包括接车进路、发车进路和接发车进路色灯信号机。进路信号机位于进站信号机与接车线之间，为接车进路信号机。进路信号机位于发车线和出站信号机之间，为发车进路信号机。位于正线上的进路信号机，对本车场来说是发车进路信号机，对前方车场来说则是接车进路信号机，因此，这种信号机又叫作接发车进路信号机。

1. 进路色灯信号机的作用

接车进路色灯信号机：防护车场之间的进路；对到达列车指示运行条件；锁闭接车进路上的敌对道岔及敌对信号，保证在信号开放后进路安全可靠。

发车进路色灯信号机：指示列车能否由一个车场向另一个车场发车，即对出发列车指示运行条件。

2. 进路色灯信号机的设置

设有两个及以上车场的车站，转场进路应设进路色灯信号机。

（1）每一车场的出口或入口处适当地点，均应设置进路色灯信号机。

（2）接发车进路色灯信号机具有接车和发车进路色灯信号机的双重功能。接发车进路色灯信号机在接车和列车通过时按接车进路色灯信号机办理；在发车时按发车进路色灯信号机办理。

（3）当两个车场间线路紧密衔接，在车场入口处不能装设接车进路色灯信号机时，可在相邻车场出口处的正线上装设接发车进路色灯信号机。

（4）当两个车场间线路较长，为了提高站内通过能力，除在车场入口处的正线上装设接车进路色灯信号机以外，还应在相邻车场出口处的正线上装设接发车进路色灯信号机。

（5）进路色灯信号机不论是作接车、发车或接发车用，其设置位置均应设在其后方第一个道岔尖轨尖端前方（顺向为警冲标内方）的适当地点。进路色灯信号机与进站、出站信号机间的距离，原则上不得少于 800 m。

（6）接车进路色灯信号机和接发车进路色灯信号机必须采用进站色灯信号机的机构，即双机构带引导信号的形式。

3. 进路色灯信号机的显示方式

（1）接车进路及接发车进路色灯信号机的显示与进站色灯信号机相同。

（2）三显示自动闭塞、半自动闭塞、自动站间闭塞区段的发车进路色灯信号机显示下列信号。

① 一个绿色灯光：准许列车由车站经正线出发，表示出站和进路信号机均在开放状态，如图 2-26 所示。

图 2-26　一个绿色灯光（进路色灯信号机）

② 一个绿色灯光和一个黄色灯光：准许列车越过该信号机，表示该信号机列车运行前方次一架信号机在开放状态，如图 2-27 所示。

图 2-27　一个绿色灯光和一个黄色灯光（进路色灯信号机）

③ 一个黄色灯光：准许列车运行到次一架信号机之前准备停车，如图 2-28 所示。

图 2-28　一个黄色灯光（进路色灯信号机）

④ 一个红色灯光：不准列车越过该信号机，如图 2-29 所示。

图 2-29　一个红色灯光（进路色灯信号机）

（3）四显示自动闭塞区段发车进路色灯信号机显示下列信号。

① 一个绿色灯光：表示该信号机列车运行前方至少有两架信号机经道岔直向位置在开放状态，如图 2-26 所示。

② 一个绿色灯光和一个黄色灯光：表示该信号机列车运行前方次一架信号机经道岔直向位置在开放状态，如图 2-27 所示。

③ 一个黄色灯光：准许列车运行到次一架信号机之前准备停车，如图 2-28 所示。

④ 一个红色灯光：不准列车越过该信号机，如图 2-29 所示。

（4）接车进路、发车进路及接发车进路色灯信号机兼作调车信号机时，一个月白色灯光：准许越过该信号机调车，如图 2-30 所示。

图 2-30　一个月白色灯光（进路色灯信号机）

2.2.4　通过色灯信号机

1. 通过色灯信号机的作用

防护闭塞分区或所在区间，当信号机开放后，作为列车进入闭塞分区或所间区间的行车凭证，指示列车运行条件。

2. 通过色灯信号机的设置

通过色灯信号机应设在闭塞分区或所间区间的分界处。自动闭塞区段的通过色灯信号机，不应设在停车后可能脱钩、牵引供电分相的处所，也不宜设在起动困难的地点。

自动闭塞区段信号机设置位置和显示关系应根据列车牵引计算确定，并应满足列车运行速度规定的制动距离和线路通过能力的要求。

在自动闭塞区段内，当货物列车在设于上坡道上的通过信号机前停车后起动困难时，在该信号机上应装设容许信号。在进站信号机前方第一架通过信号机上，不得装设容许信号。

在三显示自动闭塞区段的进站信号机前方第一架通过信号机柱上，应涂三条黑斜线；四显示自动闭塞区段的进站信号机前方第一、第二架通过信号机的机柱上，应分别涂三条、一条黑斜线。

3. 通过色灯信号机的显示方式

（1）半自动闭塞及自动站间闭塞区段。

① 一个绿色灯光：准许列车按规定速度运行（显示方式参照图 2-31，但机构为二显示）。

② 一个红色灯光：不准列车越过该信号机（显示方式参照图 2-33，但机构为二显示）。

（2）三显示自动闭塞区段。

① 一个绿色灯光：准许列车按规定速度运行，表示运行前方至少有两个闭塞分区空闲，如图 2-31 所示。

② 一个黄色灯光：要求列车注意运行，表示运行前方有一个闭塞分区空闲，如图 2-32 所示。

③ 一个红色灯光：列车应在该信号机前停车，如图 2-33 所示。

图 2-31　一个绿色灯光　　　　图 2-32　一个黄色灯光　　　　图 2-33　一个红色灯光
（三显示自动闭塞区段通过　　（三显示自动闭塞区段通过　　（三显示自动闭塞区段通过
色灯信号机）　　　　　　　　　色灯信号机）　　　　　　　　　色灯信号机）

（3）四显示自动闭塞区段。

① 一个绿色灯光：准许列车按规定速度运行，表示运行前方至少有三个闭塞分区空闲，如图 2-34 所示。

② 一个绿色灯光和一个黄色灯光：准许列车按规定速度运行，要求注意准备减速，表示运行前方有两个闭塞分区空闲，如图 2-35 所示。

图 2-34　一个绿色灯光　　　　　　图 2-35　一个绿色灯光和一个黄色灯光
（四显示自动闭塞区段通过色灯信号机）　　（四显示自动闭塞区段通过色灯信号机）

③ 一个黄色灯光：要求列车减速运行，按规定限速要求越过该信号机，表示运行前方有一个闭塞分区空闲，如图 2-36 所示。

④ 一个红色灯光：列车应在该信号机前停车，如图 2-37 所示。

图 2-36　一个黄色灯光　　　　　　图 2-37　一个红色灯光
（四显示自动闭塞区段通过色灯信号机）　　（四显示自动闭塞区段通过色灯信号机）

（4）线路所防护分歧道岔的色灯信号机开放经道岔侧向位置的进路时显示下列信号。

① 一个黄色闪光和一个黄色灯光：表示分歧道岔为 18 号及以上，开往半自动闭塞或自动站间闭塞区间，或开往自动闭塞区间且列车运行前方次一闭塞分区空闲，如图 2-7 所示。

② 不满足（1）中条件时，显示两个黄色灯光，如图 2-8 所示。

防护分歧道岔的线路所通过信号机，其机构外形和显示方式，应与进站信号机相同，引导灯光应予封闭。该信号机显示红色灯光时，不准列车越过。

2.2.5 容许信号

容许信号设置在自动闭塞区段内、货物列车停车后起动困难的上坡道上的通过色灯信号机机柱上，采用方形背板，准许铁路局规定停车后起动困难的货物列车，在该通过信号机显示红色灯光的情况下不停车，按规定的限制速度通过该信号机，以保证行车安全，提高区间通过能力。

容许信号显示一个蓝色灯光：准许列车在通过色灯信号机显示红色灯光的情况下不停车，以不超过 20 km/h 的速度通过，运行到次一通过信号机，并随时准备停车，如图 2-38 所示。

图 2-38 一个蓝色灯光（容许信号）

容许信号灯光熄灭或容许信号和通过信号机灯光均熄灭时，司机在确认通过色灯信号机上装有容许信号时，仍按上述限制速度通过该信号机。在按上述规定运行时，要做好遇到障碍随时停车的准备。当发现该通过信号机内方有列车时，不得越过该信号机。

2.2.6 遮断色灯信号机

有人看守道口设遮断信号机；在有人看守的桥隧建（构）筑物及可能危及行车安全的坍方落石地点，根据需要设遮断信号机。该信号机距防护地点不得小于 50 m。

遮断色灯信号机采用方形背板，并在信号机柱上涂有黑白相间的斜线。

遮断色灯信号机显示一个红色灯光：不准列车越过该信号机，如图 2-39 所示；不点灯时不起信号作用。

图 2-39 一个红色灯光（遮断色灯信号机）

2.2.7　预告色灯信号机

1. 预告色灯信号机的设置

半自动闭塞区段、自动站间闭塞区段，进站信号机为色灯信号机时，应设色灯预告信号机。遮断信号机和半自动闭塞、自动站间闭塞区段线路所通过信号机，应装设预告信号机。

列车运行速度不超过 120 km/h 的区段，预告信号机与其主体信号机的安装距离不得小于 800 m，当预告信号机的显示距离不足 400 m 时，其安装距离不得小于 1 000 m。

2. 预告色灯信号机的显示方式

（1）一个绿色灯光：表示主体信号机在开放状态，如图 2-40 所示。

（2）一个黄色灯光：表示主体信号机在关闭状态，如图 2-41 所示。

（3）遮断信号机的预告信号机显示一个黄色灯光：表示遮断信号机显示红色灯光；不点灯时，不起信号作用，如图 2-42 所示。

图 2-40　一个绿色灯光　　图 2-41　一个黄色灯光　　图 2-42　一个黄色灯光
（预告色灯信号机）　　（预告色灯信号机）　　（预告色灯信号机）

2.2.8　接近色灯信号机

1. 接近色灯信号机的设置

列车运行速度超过 120 km/h 的区段，设置两段接近区段，在第一接近区段和第二接近区段的分界处，设接近信号机，在第一接近区段入口 100 m 处，设置机车信号接通标。

2. 接近色灯信号机的显示方式

（1）一个绿色灯光：表示进站信号机开放一个绿色灯光或一个绿色灯光和一个黄色灯光，如图 2-43 所示。

（2）一个绿色灯光和一个黄色灯光：表示进站信号机开放一个黄色灯光，如图 2-44 所示。

图 2-43　一个绿色灯光　　图 2-44　一个绿色灯光和一个黄色灯光
（接近色灯信号机）　　　　（接近色灯信号机）

（3）一个黄色灯光：表示进站信号机在关闭状态，或表示进站信号机显示两个黄色灯光或一个黄色闪光和一个黄色灯光，如图2-45所示。

图2-45　一个黄色灯光（接近色灯信号机）

2.2.9　调车色灯信号机

1. 调车色灯信号机的设置

调车色灯信号机是根据车站调车作业的实际需要，设置于经常进行调车作业的线路上（如车站咽喉区、到发线）及非联锁区（如调车场、机务段、货场、牵出线、专用线等）到联锁区的入口处，用以指示能否越过调车信号机进行调车作业。

2. 调车色灯信号机的显示方式

（1）一个月白色灯光：准许越过该信号机调车，如图2-46所示。

图2-46　一个月白色灯光（调车色灯信号机）

（2）一个月白色闪光灯光：装有平面溜放调车区集中联锁设备时，准许溜放调车，如图2-47所示。

图2-47　一个月白色闪光灯光（调车色灯信号机）

（3）一个蓝色灯光：不准越过该信号机调车，如图 2-48 所示。

图 2-48   一个蓝色灯光（调车色灯信号机）

（4）不办理闭塞的站内岔线，在岔线入口处设置的调车信号机，可用红色灯光代替蓝色灯光，如图 2-49 所示。

图 2-49   红色灯光代替蓝色灯光（调车色灯信号机）

（5）起阻挡列车运行作用的调车信号机，应采用矮型三显示机构，增加红色灯光或用红色灯光代替蓝色灯光，当该信号机的红色灯光熄灭、显示不明或显示不正确时，应视为列车的停车信号，如图 2-50 所示。

图 2-50   一个红色灯光（调车色灯信号机）

2.2.10   驼峰色灯信号机

1. 驼峰色灯信号机的作用

指示调车车列或调车机车如何进行调车作业。驼峰调车司机按不同的信号显示进行调车作业，以提高驼峰调车作业效率。

2. 驼峰色灯信号机的设置

在枢纽站或编组站、区段站内设置简易、非机械化、机械化、自动化驼峰设备，在峰顶上设置驼峰色灯信号机。

由于驼峰调车作业项目较多，车列的编组和解体计划要通过驼峰信号的显示体现出来。因此驼峰色灯信号机使用了红、黄、绿、月白4种颜色的灯光，并采用了灯光闪光的特点，组成了7种不同信号的显示，以提高驼峰调车作业的效率。

3. 驼峰色灯信号机的显示方式

（1）一个绿色灯光：准许机车车辆按规定速度向驼峰推进，如图2-51所示。

（2）一个绿色闪光灯光：指示机车车辆加速向驼峰推进，如图2-52所示。

图2-51　一个绿色灯光　　　　　　图2-52　一个绿色闪光灯光
（驼峰色灯信号机）　　　　　　　（驼峰色灯信号机）

（3）一个黄色闪光灯光：指示机车车辆减速向驼峰推进，如图2-53所示。

（4）一个红色灯光：不准机车车辆越过该信号机或指示机车车辆停止作业，如图2-54所示。

图2-53　一个黄色闪光灯光　　　　图2-54　一个红色灯光
（驼峰色灯信号机）　　　　　　　（驼峰色灯信号机）

（5）一个红色闪光灯光：指示机车车辆自驼峰退回，如图2-55所示。

（6）一个月白色灯光：指示机车到峰下，如图2-56所示。

图 2-55　一个红色闪光灯光　　　　图 2-56　一个月白色灯光
（驼峰色灯信号机）　　　　　　　　（驼峰色灯信号机）

（7）一个月白色闪光灯光：指示机车车辆去禁溜线或迂回线，如图 2-57 所示。

图 2-57　一个月白色闪光灯光（驼峰色灯信号机）

2.2.11　驼峰色灯辅助信号机

1. 驼峰色灯辅助信号机的作用

驼峰色灯信号机可装设驼峰色灯辅助信号机，复示驼峰色灯信号机的显示，以达到准确及时地进行调车作业，缩短作业时间，提高作业效率的目的；同时也可兼作出站或发车进路信号机，并根据需要装设进路表示器。

2. 驼峰色灯辅助信号机的设置

由于到达场线路较多，且调车时是推进车列运行，不利于调车司机瞭望信号，所以驼峰色灯辅助信号机设置在驼峰色灯信号机的前方。

3. 驼峰色灯辅助信号机的显示方式

（1）一个黄色灯光：指示机车车辆向驼峰预先推送，如图 2-58 所示。

图 2-58　一个黄色灯光（驼峰色灯辅助信号机）

（2）当办理驼峰推送进路后，其灯光显示与驼峰色灯信号机显示相同。

（3）驼峰色灯辅助信号机平时显示红色灯光，对列车起停车信号作用。

2.2.12 色灯复示信号机

1. 色灯复示信号机的设置

进站、出站、进路信号机及线路所通过信号机，因受地形、地物影响，达不到规定的显示距离要求时，应设复示信号机；设在车站岔线入口处的调车色灯信号机，达不到规定的距离时，根据需要可设调车复示信号机。进站、出站、进路、驼峰、调车色灯复示信号机均采用方形背板，以区别于一般信号机。

2. 色灯复示信号机的显示方式

（1）进站、接车进路、接发车进路信号机的色灯复示信号机。

进站、接车进路、接发车进路信号机的色灯复示信号机采用灯列式机构，显示下列信号。

① 两个月白色灯光与水平线构成60°角显示：表示主体信号机显示经道岔直向位置向正线接车的信号，如图2-59所示。

② 两个月白色灯光水平位置显示：表示主体信号机显示经道岔侧向位置接车的信号，如图2-60所示。

图2-59 两个月白色灯光与水平线构成60°角　　图2-60 两个月白色灯光水平位置
（色灯复示信号机）　　　　　　　　　　　（色灯复示信号机）

③ 无显示：表示主体信号机在关闭状态，如图2-61所示。

图2-61 无显示（色灯复示信号机）

（2）出站及发车进路信号机的色灯复示信号机显示下列信号。

① 一个绿色灯光：表示主体信号机在开放状态，如图 2-62 所示。

② 无显示：表示主体信号机在关闭状态。

图 2-62　一个绿色灯光（色灯复示信号机）

（3）调车色灯复示信号机显示下列信号。

① 一个月白色灯光：表示调车信号机在开放状态，如图 2-63 所示。

② 无显示：表示调车信号机在关闭状态。

图 2-63　一个月白色灯光（色灯复示信号机）

（4）驼峰色灯复示信号机。

驼峰色灯复示信号机如图 2-64 所示，灯光排列三显示区段为黄、绿、红、白，四显示区段为绿、红、黄、白，平时无显示，当办理驼峰推送进路后，其显示方式与驼峰色灯信号机相同。

图 2-64　驼峰色灯复示信号机

（5）驼峰色灯辅助信号机的复示信号机。

驼峰色灯辅助信号机的复示信号机平时无显示，如图 2-64 所示，当办理驼峰推送进路或驼峰预先推送进路后，其显示方式与驼峰色灯辅助信号机相同。

任务 2.3 机 车 信 号

2.3.1 机车信号概念

机车信号是利用设在机车司机室内的机车信号机自动反映运行条件，指示机车运行的显示信号。为实现机车信号而设置的整套技术设备称为机车信号设备。

机车信号能复示地面信号机的显示，改善司机的瞭望条件。当列车速度超过司机辨认地面信号机显示的临界速度（160 km/h）时，机车信号则作为主体信号来使用。

机车信号要求车站正线、到发线应实现电码化或采用与区间同制式轨道电路。

机车信号的显示，应与线路上列车接近的地面信号机的显示含义相符。机车停车位置，应以地面信号机或有关停车标志为依据。

机车信号作为行车凭证时，由车载信号和地面信号设备共同构成，必须符合故障导向安全原则。车载信号设备应具有运行数据记录的功能；地面信号设备应具有闭环检查功能，提供正确的信息。

2.3.2 机车信号分类

机车信号分为连续式和接近连续式两种。

自动闭塞区段应装设连续式机车信号，半自动闭塞和自动站间闭塞区段应装设接近连续式机车信号。

连续式机车信号用于自动闭塞区段。由于自动闭塞区段每个闭塞分区都装设轨道电路，地面信息能利用轨道电路不间断地向机车传送，使机车信号机可以连续地预告地面信号机的显示状态。

接近连续式机车信号用于半自动闭塞区段和自动站间闭塞区段。当机车到达进站信号机前方的接近区段，可以连续地得到由地面传输来的用以控制机车信号显示的信息。

2.3.3 机车信号显示方式

1. 三显示自动闭塞区段的连续式机车信号机

（1）一个绿色灯光：准许列车按规定速度运行，表示列车接近的地面信号机显示绿色灯光，如图 2-65 所示。

（2）一个半绿半黄色灯光：准许列车按规定速度注意运行，表示列车接近的地面信号机显示一个绿色灯光和一个黄色灯光，如图 2-66 所示。

图 2-65　一个绿色灯光

（三显示自动闭塞区段的连续式机车信号机）

图 2-66　一个半绿半黄色灯光

（三显示自动闭塞区段的连续式机车信号机）

（3）一个带"2"字的黄色闪光：要求列车注意运行，表示列车接近的地面信号机显示一个黄色灯光，并预告次一架地面信号机开放经 18 号及以上道岔侧向位置的进路，且列车运行前方第三架信号机开通直向进路或开放经 18 号及以上道岔侧向位置的进路，如图 2-67 所示。

（4）一个带"2"字的黄色灯光：要求列车注意运行，表示列车接近的地面信号机显示一个黄色灯光，并预告次一架地面信号机开放经道岔侧向位置的进路（但不满足上述第（3）项条件），如图 2-68 所示。

图 2-67　一个带"2"字的黄色闪光

（三显示自动闭塞区段的连续式机车信号机）

图 2-68　一个带"2"字的黄色灯光

（三显示自动闭塞区段的连续式机车信号机）

（5）一个黄色灯光：要求列车注意运行，表示列车接近的地面信号机显示一个黄色灯光，并预告次一架地面信号机处于关闭状态，如图 2-69 所示。

（6）一个双半黄色闪光：要求列车限速运行，表示列车接近的地面信号机开放经 18 号及以上道岔侧向位置的进路，且次一架信号机开通直向进路或开放经 18 号及以上道岔侧向位置的进路；或表示列车接近设有分歧道岔线路所的地面信号机开放经 18 号及以上道岔侧向位置的进路，显示一个黄色闪光和一个黄色灯光，如图 2-70 所示。

图 2-69　一个黄色灯光

（三显示自动闭塞区段的连续式机车信号机）

图 2-70　一个双半黄色闪光

（三显示自动闭塞区段的连续式机车信号机）

（7）一个双半黄色灯光：要求列车限速运行，表示列车接近的地面信号机开放经道岔侧向位置的进路（但不满足上述第（6）项条件），显示两个黄色灯光或其他相应显示，如图 2-71 所示。

图 2-71　一个双半黄色灯光（三显示自动闭塞区段的连续式机车信号机）

（8）一个半黄半红色闪光：表示列车接近的进站、接车进路或接发车进路信号机显示引导信号或通过信号机显示容许信号，如图 2-72 所示。

图 2-72　一个半黄半红色闪光（三显示自动闭塞区段的连续式机车信号机）

（9）一个半黄半红色灯光：要求及时采取停车措施，表示列车接近的地面信号机显示红色灯光，如图 2-73 所示。

（10）一个红色灯光：表示列车已越过地面上显示红色灯光的信号机，如图 2-74 所示。

图 2-73　一个半黄半红色灯光　　　　　　　图 2-74　一个红色灯光
（三显示自动闭塞区段的连续式机车信号机）　　（三显示自动闭塞区段的连续式机车信号机）

（11）一个白色灯光：不复示地面上的信号显示，机车乘务人员应按地面信号机的显示运行，如图 2-75 所示。

图 2-75　一个白色灯光（三显示自动闭塞区段的连续式机车信号机）

（12）无显示时，表示机车信号机在停止工作状态。

2. 四显示自动闭塞区段连续式机车信号机

（1）一个绿色灯光：准许列车按规定速度运行，表示列车接近的地面信号机显示绿色灯光，如图 2-76 所示。

（2）一个半绿半黄色灯光：准许列车按规定速度注意运行，表示列车接近的地面信号机显示一个绿色灯光和一个黄色灯光，如图 2-77 所示。

图 2-76　一个绿色灯光　　　　　　　　　图 2-77　一个半绿半黄色灯光
（四显示自动闭塞区段连续式机车信号机）　　（四显示自动闭塞区段连续式机车信号机）

（3）一个带"2"字的黄色闪光：要求列车减速到规定的速度等级越过接近的显示一个黄色灯光的地面信号机，并预告次一架地面信号机开放经 18 号及以上道岔侧向位置的进路，且列车运行前方第三架信号机开通直向进路或开放经 18 号及以上道岔侧向位置的进路，如图 2-78 所示。

（4）一个带"2"字的黄色灯光：要求列车减速到规定的速度等级越过接近的显示一个黄色灯光的地面信号机，并预告次一架地面信号机开放经道岔侧向位置的进路［但不满足第（3）项条件］，如图 2-79 所示。

图 2-78　一个带"2"字的黄色闪光　　　　图 2-79　一个带"2"字的黄色灯光
（四显示自动闭塞区段连续式机车信号机）　　（四显示自动闭塞区段连续式机车信号机）

（5）一个黄色灯光：要求列车减速到规定的速度等级越过接近的显示一个黄色灯光的地面信号机，并预告次一架地面信号机处于关闭状态，如图 2-80 所示。

图 2-80　一个黄色灯光（四显示自动闭塞区段连续式机车信号机）

（6）一个双半黄色闪光：要求列车限速运行，表示列车接近的地面信号机开放经 18 号及以上道岔侧向位置的进路，且次一架信号机开通直向进路或开放经 18 号及以上道岔侧向位置的进路；或表示列车接近设有分歧道岔线路所的地面信号机开放经 18 号及以上道岔侧向位置的进路、显示一个黄色闪光和一个黄色灯光，如图 2-81 所示。

（7）一个双半黄色灯光：要求列车限速运行，表示列车接近的地面信号机开放经道岔侧向位置的进路［但不满足上述第（6）项条件］，显示两个黄色灯光或其他相应显示，如图 2-82 所示。

图 2-81 一个双半黄色闪光
（四显示自动闭塞区段连续式机车信号机）

图 2-82 一个双半黄色灯光
（四显示自动闭塞区段连续式机车信号机）

（8）一个半黄半红色闪光：表示列车接近的进站、接车进路或接发车进路信号机显示引导信号或通过信号机显示容许信号，如图 2-83 所示。

图 2-83 一个半黄半红色闪光（四显示自动闭塞区段连续式机车信号机）

（9）一个半黄半红色灯光：要求及时采取停车措施，表示列车接近的地面信号机显示红色灯光，如图 2-84 所示。

（10）一个红色灯光：表示列车已越过地面上显示红色灯光的信号机，如图 2-85 所示。

图 2-84 一个半黄半红色灯光
（四显示自动闭塞区段连续式机车信号机）

图 2-85 一个红色灯光
（四显示自动闭塞区段连续式机车信号机）

（11）一个白色灯光：不复示地面上的信号显示，机车乘务人员应按地面信号机的显示运行，如图 2-86 所示。

图 2-86　一个白色灯光（四显示自动闭塞区段连续式机车信号机）

（12）无显示时，表示机车信号机在停止工作状态。

3. 接近连续式机车信号机

接近连续式机车信号机的显示方式与连续式机车信号机相同。

4. LKJ 屏幕显示器的机车信号

LKJ 屏幕显示器的机车信号显示应与机车信号机的显示含义相同。

任务 2.4 移动信号

移动信号是临时设置于某一地点，用于线路故障或施工及站内进行列车检查或车辆修理时，临时性禁止列车驶入或要求慢行的地段而设置的信号，或者是用于防护线路（桥隧）遇到灾害、发生故障或列车在区间发生事故、被迫停车等情况时，为防止与前方或后方开来的列车发生冲突或脱轨事故而临时设置的紧急停车信号。

2.4.1　停车信号

停车信号用于线路故障或区间施工时，临时性禁止列车驶入防护地段。设置在故障或线路施工地点前后，距防护地段至少 20 m 处。

停车信号显示方式如下。

昼间：表面有反光材料的红色方牌；夜间：柱上显示红色灯光，如图 2-87 所示。

(a) 昼间　　　　　(b) 夜间

图 2-87　停车信号

2.4.2 减速信号

减速信号用于线路故障排除后或施工中，以及施工前、后，线路状态低于正常运行速度，要求列车临时性慢行地段。应设置在故障或线路施工地点前后列车运行方向左侧，距减速地段不少于 800 m 处。

减速信号显示方式如下。

（1）表面有反光材料的黄底黑字圆牌，标明列车限制速度，如图 2-88 所示。

（2）施工及其限速区段，在减速信号牌外方增设的特殊减速信号牌为表面有反光材料的黄底黑"T"字圆牌，如图 2-89 所示。

图 2-88　减速信号　　　　图 2-89　特殊减速信号

2.4.3 减速防护地段终端信号

减速防护地段终端信号设置在距离减速地段不少于 800 m 处，与减速信号在同一个圆牌上，一面为黄色，另一面为绿色，夜间分别显示黄、绿色灯光，以适应对不同方向列车的要求。其告知司机列车尾部已越过减速地段，指示列车恢复正常运行速度。

减速防护地段终端信号的设置位置：双线区段为减速地点标的同侧；单线区段为列车前进方向的右侧。

减速防护地段终端信号显示方式如下。

（1）表面有反光材料的绿色圆牌，在单线区段，司机应看线路右侧减速信号牌背面的绿色圆牌，如图 2-90 所示。

图 2-90　减速防护地段终端信号

（2）在有 1 万 t 或 2 万 t（含 1.5 万 t）货物列车运行的线路增设的 1 万 t、2 万 t（含 1.5 万 t）减速防护地段终端信号牌为表面有反光材料的绿底黑"W"字（1 万 t）或黑"L"字（1.5 万 t 和 2 万 t）圆牌，如图 2–91 所示。

图 2–91　带"W"和"L"字的减速防护地段终端信号

2.4.4　带有脱轨器的检修车辆防护信号

在站内线路上检查、修理、整备车辆或进行装卸作业时，应在两端来车方向的左侧钢轨设置带有脱轨器的固定或移动信号牌（灯）进行防护，前后两端的防护距离均应不小于 20 m，如图 2–92 所示；不足 20 m 时，应将道岔锁闭在不能通往该线的位置。

带有脱轨器的检修车辆防护信号显示方式如下。

昼间：红色方牌；夜间：柱上显示红色灯光，如图 2–92 所示。

（a）昼间　　　　　　　　　　　（b）夜间

图 2–92　带脱轨器的检修车辆防护信号

旅客列车在到发线上进行车辆技术作业时，用红色信号旗（灯）进行防护，可不设脱轨器，红色信号旗（灯）应进行如下设置。

（1）机车摘挂相关作业时，在机次一位客车非站台侧设置。

（2）技术检查作业时，在机次一位客车前端非站台侧和尾部客车后端站台侧设置。车辆乘务员单班单人值乘列车，在无客列检车站进行站折技术检查作业时，仅在来车端一位客车前端站台侧设置。

（3）处理车辆故障时，在故障车辆站台侧设置。

2.4.5　响墩及火炬信号

线路（桥隧）因遇到灾害、发生故障或列车在区间内发生事故，以及其他原因被迫停车时，为防止与前方或后方开来的列车发生列车冲突或列车脱轨等事故而设置的临时紧急停车信号，包括响墩信号和火炬信号。

1. 响墩信号

响墩信号在使用时，每三个为一组，在距防护对象的规定距离处，来车方向左侧钢轨上放一个，然后向远离防护对象方向间隔 20 m 处右侧钢轨放置一个，再向远离防护对象方向间隔 20 m 处左侧钢轨放置一个，响墩放置完后，派防护人员在距防护对象最近的响墩内方 20 m 处手持信号旗进行防护，如图 2−93 所示。

图 2−93　响墩信号

2. 火炬信号

将火炬点燃，置于路心即可，如图 2−94 所示。打开火炬帽时，要防止附有擦燃剂的小盖丢失，点燃时不得朝向他人或自己面部，以免烧伤。桥梁上及隧道内禁止点燃火炬。

图 2−94　火炬信号

3. 运行要求

响墩爆炸声及火炬信号的火光，均要求紧急停车。停车后如无防护人员，机车乘务人员应立即检查前方线路，如无异状，列车以在瞭望距离内能随时停车的速度继续运行，但最高不得超过 20 km/h。在自动闭塞区间，运行至前方第一架通过（进站）信号机前，如无异状，即可按该信号机显示的要求执行；在半自动或自动站间闭塞区间，经过 1 km 后，如无异状，可恢复正常速度运行。

2.4.6　无线调车灯显信号

进行调车作业时应使用无线调车灯显设备，使用规定频率，其显示方式须符合有关要求。无线调车灯显信号如图 2−95 所示。

图 2−95　无线调车灯显信号

无线调车灯显信号显示方式如下。

（1）一个红灯——停车信号。

（2）一个绿灯——推进信号。

（3）绿灯闪数次后熄灭——起动信号。

（4）绿、红灯交替后绿灯长亮——连结信号。

（5）绿、黄灯交替后绿灯长亮——溜放信号。

（6）黄灯闪后绿灯长亮——减速信号。

（7）黄灯长亮——十、五、三车距离信号。

① 十车距离信号（加辅助语音提示）；

② 五车距离信号（加辅助语音提示）；

③ 三车距离信号（加辅助语音提示）。

（8）两个红灯——紧急停车信号。

（9）先两个红灯后熄灭一个红灯——解锁信号。

任务 2.5　手 信 号

　　手信号是指铁路行车有关人员在作业中，通过信号旗（灯）或直接用手臂，进行指挥、联系等工作的一种视觉信号，可以机动地指挥列车运行和调车作业，也可作为联系和传达行车有关事项的旗（灯）语。

　　在显示手信号时，左手持红旗，右手持绿旗（扳道员右手持黄旗），必须严肃、认真，姿势正确，做到横平、竖直、灯正、圈圆，不显示时应将信号旗拢起。

　　手信号按用途可分为：列车运行用手信号、调车用手信号、联系用手信号、列车制动机试验用手信号及临时升降弓用手信号五类。

2.5.1　列车运行用手信号

1. 停车信号

停车信号：要求列车停车。

昼间：展开的红色信号旗；夜间：红色灯光，如图 2-96 所示。

(a) 昼间　　　　　　　(b) 夜间

图 2-96　列车运行用停车手信号

昼间无红色信号旗时，两臂高举头上向两侧急剧摇动；夜间无红色灯光时，用白色灯光上下急剧摇动，如图2-97所示。

(a) 昼间无红色信号旗　　　　(b) 夜间无红色灯光

图2-97　列车运行用停车手信号（昼间无红色信号旗、夜间无红色灯光）

2. 减速信号

减速信号：要求列车降低到要求的速度。

昼间：展开的黄色信号旗；夜间：黄色灯光，如图2-98所示。

(a) 昼间　　　　　　　　(b) 夜间

图2-98　列车运行用减速手信号

昼间无黄色信号旗时，用绿色信号旗下压数次；夜间无黄色灯光时，用白色或绿色灯光下压数次，如图2-99所示。

(a) 昼间无黄色信号旗　　　　(b) 夜间无黄色灯光

图2-99　列车运行用减速手信号（昼间无黄色信号旗、夜间无黄色灯光）

3. 发车信号

发车信号：要求司机发车。

昼间：展开的绿色信号旗上弧线向列车方面作圆形转动；夜间：绿色灯光上弧线向列车方面作圆形转动，如图 2-100 所示。

(a) 昼间 (b) 夜间

图 2-100 列车运行用发车手信号

在设有发车表示器的车站，按发车表示器显示发车。

4. 通过手信号

通过手信号：准许列车由车站（场）通过。

昼间：展开的绿色信号旗；夜间：绿色灯光，如图 2-101 所示。

(a) 昼间 (b) 夜间

图 2-101 列车运行用通过手信号

5. 引导手信号

引导手信号：准许列车进入车场或车站。

昼间：展开的黄色信号旗高举头上左右摇动；夜间：黄色灯光高举头上左右摇动，如图 2-102 所示。

(a) 昼间 (b) 夜间

图 2-102 列车运行用引导手信号

6. 特定引导手信号

昼间：展开绿色信号旗高举头上左右摇动；夜间：绿色灯光高举头上左右摇动，如图2-103所示。

(a) 昼间   (b) 夜间

图2-103　列车运行用特定引导手信号

2.5.2　调车用手信号

调车用手信号仅在调车工作中指挥调车机车活动时使用。

1. 停车信号

停车信号：要求列车停车。

昼间：展开的红色信号旗；夜间：红色灯光，如图2-96所示。

2. 减速信号

减速信号：要求列车降低到要求的速度。

昼间：展开的绿色信号旗下压数次；夜间：绿色灯光下压数次，如图2-104所示。

(a) 昼间   (b) 夜间

图2-104　调车用减速手信号（绿色）

3. 指挥机车向显示人方向来的信号

昼间：展开的绿色信号旗在下部左右摇动；夜间：绿色灯光在下部左右摇动，如图2-105所示。

(a) 昼间　　　　　　　　　　(b) 夜间

图 2－105　指挥机车向显示人方向来的信号

4. 指挥机车向显示人方向稍行移动的信号

昼间：拢起的红色信号旗直立平举，再用展开的绿色信号旗左右小动；夜间：绿色灯光下压数次后，再左右小动，如图 2－106 所示。

(a) 昼间　　　　　　　　　　(b) 夜间

图 2－106　指挥机车向显示人方向稍行移动的信号

5. 指挥机车向显示人反方向去的信号

昼间：展开的绿色信号旗上下摇动；夜间：绿色灯光上下摇动，如图 2－107 所示。

(a) 昼间　　　　　　　　　　(b) 夜间

图 2－107　指挥机车向显示人方向去的信号

6. 指挥机车向显示人反方向稍行移动的信号

昼间：拢起的红色信号旗直立平举，再用展开的绿色信号旗上下小动；夜间：绿色灯光上下小动，如图2−108所示。

(a) 昼间　　　　　　　　　(b) 夜间

图2−108　指挥机车向显示人反方向稍行移动的信号

显示调车作业用手信号第2、3、4、5、6种信号的中转信号时，昼间可用单臂，夜间可用白色灯光依式中转。

2.5.3　联系用手信号

1. 道岔开通信号

道岔开通信号：表示进路道岔准备妥当。

昼间：拢起的黄色信号旗高举头上左右摇动；夜间：白色灯光高举头上，如图2−109所示。

(a) 昼间　　　　　　　　　(b) 夜间

图2−109　道岔开通信号

机车出入段进路道岔准备妥当后，显示如下道岔开通信号。

昼间：展开的黄色信号旗高举头上左右摇动；夜间：黄色灯光高举头上左右摇动，如图2−110所示。

(a) 昼间　　　　　　　　　(b) 夜间

图2−110　道岔开通信号（出入段）

2. 股道号码信号

股道号码信号：要道或回示股道开通号码。

（1）一道。昼间：两臂左右平伸；夜间：白色灯光左右摇动，如图 2-111 所示。

(a) 昼间　　　　　　　　　　(b) 夜间

图 2-111　股道号码信号（一道）

（2）二道。昼间：右臂向上直伸，左臂下垂；夜间：白色灯光左右摇动后，从左下方向右上方高举，如图 2-112 所示。

(a) 昼间　　　　　　　　　　(b) 夜间

图 2-112　股道号码信号（二道）

（3）三道。昼间：两臂向上直伸；夜间：白色灯光上下摇动，如图 2-113 所示。

(a) 昼间　　　　　　　　　　(b) 夜间

图 2-113　股道号码信号（三道）

（4）四道。昼间：右臂向右上方，左臂向左下方各斜伸45°角；夜间：白色灯光高举头上左右小动，如图2-114所示。

(a) 昼间　　　　　　　　　　(b) 夜间

图2-114　股道号码信号（四道）

（5）五道。昼间：两臂交叉于头上；夜间：白色灯光作圆形转动，如图2-115所示。

(a) 昼间　　　　　　　　　　(b) 夜间

图2-115　股道号码信号（五道）

（6）六道。昼间：左臂向左下方，右臂向右下方各斜伸45°角；夜间：白色灯光作圆形转动后，再左右摇动，如图2-116所示。

(a) 昼间　　　　　　　　　　(b) 夜间

图2-116　股道号码信号（六道）

（7）七道。昼间：右臂向上直伸，左臂向左平伸；夜间：白色灯光作圆形转动后，左右摇动，然后再从左下方向右上方高举，如图 2-117 所示。

(a) 昼间　　　　　　　　(b) 夜间

图 2-117　股道号码信号（七道）

（8）八道。昼间：右臂向右平伸，左臂下垂；夜间：白色灯光作圆形转动后，再上下摇动，如图 2-118 所示。

(a) 昼间　　　　　　　　(b) 夜间

图 2-118　股道号码信号（八道）

（9）九道。昼间：右臂向右平伸，左臂向右下斜 45°；夜间：白色灯光作圆形转动后，再高举头上左右小动，如图 2-119 所示。

(a) 昼间　　　　　　　　(b) 夜间

图 2-119　股道号码信号（九道）

（10）十道。昼间：左臂向左上方，右臂向右上方各斜伸 45°；夜间：白色灯光左右摇动后，再上下摇动成十字形，如图 2-120 所示。

(a) 昼间　　　　　　　　　(b) 夜间

图 2-120　股道号码信号（十道）

十一至十九道，须先显示十道股道号码，再显示所要股道号码的个位数信号。二十道及其以上的股道号码，各站根据需要自行规定，并纳入《车站行车工作细则》。

3. 连结信号

连结信号：表示连挂作业。

昼间：两臂高举头上，使拢起的手信号旗杆成水平末端相接；夜间：红、绿色灯光（无绿色灯光的人员，用白色灯光）交互显示数次，如图 2-121 所示。

(a) 昼间　　　　　　　　　(b) 夜间

图 2-121　连结信号

4. 溜放信号

溜放信号：表示溜放作业。

昼间：拢起的手信号旗两臂高举头上交叉后，急向左右摇动数次；夜间：红色灯光作圆形转动，如图 2-122 所示。

(a) 昼间　　　　　　　　　(b) 夜间

图 2-122　溜放信号

5. 停留车位置信号

停留车位置信号：表示车辆停留地点。

夜间：白色灯光左右小摇动，如图 2－123 所示。

图 2－123　停留车位置信号

6. 十、五、三车距离信号

十、五、三车距离信号：表示推进车辆的前端距离被连挂车辆的距离。

昼间：展开的绿色信号旗单臂平伸，夜间：绿色灯光，在距离停留车十车（约 110 m）时连续下压 3 次，五车（约 55 m）时连续下压 2 次，三车（约 33 m）时下压 1 次，如图 2－124 所示。

(a) 昼间　　　　　　　　　　(b) 夜间

图 2－124　十、五、三车距离信号

7. 取消信号

取消信号：通知将前发信号取消。

昼间：拢起的手信号旗，两臂于前下方交叉后，急向左右摇动数次；夜间：红色灯光作圆形转动后，上下摇动，如图 2－125 所示。

(a) 昼间　　　　　　　　　　(b) 夜间

图 2－125　取消信号

8. 要求再度显示信号

要求再度显示信号：前发信号不明，要求重新显示。

昼间：拢起的手信号旗右臂向右方上下摇动；夜间：红色灯光上下摇动，如图2-126所示。

(a) 昼间 (b) 夜间

图2-126 要求再度显示信号

9. 告知显示错误的信号

告知显示错误的信号：告知对方信号显示错误。

昼间：拢起的手信号旗两臂左右平伸同时上下摇动数次；夜间：红色灯光左右摇动，如图2-127所示。

(a) 昼间 (b) 夜间

图2-127 告知显示错误信号

2.5.4 列车制动机试验用手信号

为了保证列车制动机的作用良好，在列车到达后或始发前，必须按规定的制动机性能试验项目和要求，进行列车制动机试验。因检车人员不配备手信号旗和信号灯，所以规定昼间使用检查锤，夜间使用白色灯光，作为制动机试验时的手信号显示。

1. 制动

昼间：用检查锤高举头上；夜间：白色灯光高举，如图2-128所示。

(a) 昼间　　　　　　　　　(b) 夜间

图 2-128　试验制动机的手信号（制动）

2. 缓解

昼间：用检查锤在下部左右摇动；夜间：白色灯光在下部左右摇动，如图 2-129 所示。

(a) 昼间　　　　　　　　　(b) 夜间

图 2-129　试验制动机的手信号（缓解）

3. 试验结束

昼间：用检查锤作圆形转动；夜间：白色灯光作圆形转动，如图 2-130 所示。

(a) 昼间　　　　　　　　　(b) 夜间

图 2-130　试验制动机的手信号（试验结束）

车站人员显示上述信号时，昼间可用拢起的信号旗代替。司机应注意瞭望试验信号，并按规定（鸣笛）回答。

如列车制动主管未达到规定压力，试验人员要求司机继续充风时，按照缓解的信号同样显示。

2.5.5　临时升降弓用手信号

1. 降弓手信号

昼间：左臂垂直高举，右臂前伸并左右水平重复摇动；夜间：白色灯光上下左右重复摇动，如图 2-131 所示。

(a) 昼间　　　　　　　　　(b) 夜间

图 2-131　降弓手信号

2. 升弓手信号

昼间：左臂垂直高举，右臂前伸并上下重复摇动；夜间：白色灯光作圆形转动，如图 2-132 所示。

(a) 昼间　　　　　　　　　(b) 夜间

图 2-132　升弓手信号

任务 2.6 信号表示器

　　信号表示器用于表示与行车有关设备的位置和状态、信号机显示的某种附加含义，或表示行车人员的某种意图，其没有防护意义。

　　信号表示器分为道岔、脱轨、进路、发车线路、发车、调车及车挡表示器。

2.6.1　道岔表示器

　　道岔表示器设在所属道岔的旁侧，用于表示所属道岔的状态（即开通方向），以便有关行车人员能随时确认行车进路。

　　非集中操纵的接发车进路上的道岔，应装设道岔表示器；集中操纵的道岔、调车场及峰下咽喉的道岔，不装设道岔表示器；其他道岔根据需要装设道岔表示器；集中联锁调车区进行连续溜放作业的分歧道岔，设道岔表示器。

1. 道岔位置开通直向

　　昼间无显示，夜间为紫色灯光，表示道岔位置开通直向，如图 2–133 所示。

(a) 昼间　　　　　　　　(b) 夜间

图 2–133　道岔位置开通直向

2. 道岔位置开通侧向

　　昼间为中央划有一条鱼尾形黑线的黄色鱼尾形牌、夜间为黄色灯光，表示道岔位置开通侧向，如图 2–134 所示。

(a) 昼间　　　　　　　　(b) 夜间

图 2–134　道岔位置开通侧向

3. 溜放作业道岔表示器

在调车区为集中联锁时，进行连续溜放作业的分歧道岔应有道岔表示器，平时无显示，当进行溜放作业时，其显示方式如下。

（1）紫色灯光：表示道岔开通直向；

（2）黄色灯光：表示道岔开通侧向。道岔表示器（溜放作业）如图2–135所示。

（a）紫色灯光   （b）黄色灯光

图2–135　道岔表示器（溜放作业）

2.6.2　脱轨表示器

在集中联锁以外的脱轨器及引向安全线或避难线的道岔，应装设脱轨表示器，用以表示线路的开通或遮断状态。

脱轨表示器显示方式及含义如下。

（1）带白边的红色长方牌及红色灯光：表示线路在遮断状态，如图2–136所示。

图2–136　脱轨表示器（遮断状态）

（2）带白边的绿色圆牌及月白色灯光：表示线路在开通状态，如图2–137所示。

图2–137　脱轨表示器（开通状态）

2.6.3　进路表示器

进路表示器在其主体信号机开放时点亮，用于区别进路开通方向或双线区段反方向发车，不能独立构成信号显示。

出站信号机有两个及以上的运行方向，而信号显示不能分别表示进路方向时，应在信号机上装设进路表示器。

发车进路兼出站信号机，根据需要可装设进路表示器，区分进路方向。

双线自动闭塞区段，有反方向运行条件时，出站信号机设进路表示器。

1. 两个发车方向

两个发车方向，当信号机在开放的条件下，分别按左、右两个白色灯光，区别进路开通方向，如图 2−138 所示。

(a) 左白色灯光　　　　　　(b) 右白色灯光

图 2−138　进路表示器（两个方向）

2. 三个发车方向

（1）信号机在开放状态及表示器左方显示一个白色灯光：表示进路开通，准许列车向左侧线路发车，如图 2−139 所示。

（2）信号机在开放状态及表示器中间显示一个白色灯光：表示进路开通，准许列车向中间线路发车，如图 2−140 所示。

图 2−139　左方显示一个白色灯光　　图 2−140　中间显示一个白色灯光

（3）信号机在开放状态及表示器右方显示一个白色灯光：表示进路开通，准许列车向右侧线路发车，如图 2−141 所示。

图 2-141　右方显示一个白色灯光

3. 四个发车方向（由左至右 A、B、C、D 方向）

（1）信号机在开放状态及表示器左方横向显示两个白色灯光：表示进路开通，准许列车向左侧 A 方向线路发车，如图 2-142 所示。

（2）信号机在开放状态及表示器左方斜向显示两个白色灯光：表示进路开通，准许列车向左侧 B 方向线路发车，如图 2-143 所示。

图 2-142　左方横向显示两个白色灯光　　图 2-143　左方斜向显示两个白色灯光

（3）信号机在开放状态及表示器右方斜向显示两个白色灯光：表示进路开通，准许列车向右侧 C 方向线路发车，如图 2-144 所示。

（4）信号机在开放状态及表示器右方横向显示两个白色灯光：表示进路开通，准许列车向右侧 D 方向线路发车，如图 2-145 所示。

图 2-144　右方斜向显示两个白色灯光　　图 2-145　右方横向显示两个白色灯光

4. 五个发车方向（由左至右 A、B、C、D、E 方向）

（1）同四个发车方向的第（1）项：表示进路开通，准许列车向左侧 A 方向线路发车，如图 2-142 所示。

（2）同四个发车方向的第（2）项：表示进路开通，准许列车向左侧 B 方向线路发车，如图 2-143 所示。

（3）信号机在开放状态及表示器中间竖向显示两个白色灯光：表示进路开通，准许列车向中间 C 方向线路发车，如图 2-146 所示。

图 2-146　中间竖向显示两个白色灯光

（4）同四个发车方向的第（3）项：表示进路开通，准许列车向右侧 D 方向线路发车，如图 2-144 所示。

（5）同四个发车方向的第（4）项：表示进路开通，准许列车向右侧 E 方向线路发车，如图 2-145 所示。

5. 六个发车方向（由左至右 A、B、C、D、E、F 方向）

（1）信号机在开放状态及表示器左方竖向显示两个白色灯光：表示进路开通，准许列车向左侧 A 方向线路发车，如图 2-147 所示。

（2）信号机在开放状态及表示器左方横向显示两个白色灯光：表示进路开通，准许列车向左侧 B 方向线路发车，如图 2-148 所示。

图 2-147　左方竖向显示两个白色灯光　图 2-148　左方横向显示两个白色灯光

（3）信号机在开放状态及表示器左方斜向显示两个白色灯光：表示进路开通，准许列车向左侧 C 方向线路发车，如图 2-149 所示。

（4）信号机在开放状态及表示器右方斜向显示两个白色灯光：表示进路开通，准许列车向右侧 D 方向线路发车，如图 2-150 所示。

图 2-149　左方斜向显示两个白色灯光　　图 2-150　右方斜向显示两个白色灯光

（5）信号机在开放状态及表示器右方横向显示两个白色灯光：表示进路开通，准许列车向右侧 E 方向线路发车，如图 2-151 所示。

（6）信号机在开放状态及表示器右方竖向显示两个白色灯光：表示进路开通，准许列车向右侧 F 方向线路发车，如图 2-152 所示。

图 2-151　右方横向显示两个白色灯光　　图 2-152　右方竖向显示两个白色灯光

6. 七个发车方向（由左至右 A、B、C、D、E、F、G 方向）

（1）同六个发车方向的第（1）项：表示进路开通，准许列车向左侧 A 方向线路发车，如图 2-147 所示。

（2）同六个发车方向的第（2）项：表示进路开通，准许列车向左侧 B 方向线路发车，如图 2-148 所示。

（3）同六个发车方向的第（3）项：表示进路开通，准许列车向左侧 C 方向线路发车，如图 2-149 所示。

（4）信号机在开放状态及表示器中间竖向显示两个白色灯光：表示进路开通，准许列车向中间 D 方向线路发车，如图 2-153 所示。

图 2-153　中间竖向显示两个白色灯光

（5）同六个发车方向的第（4）项：表示进路开通，准许列车向右侧 E 方向线路发车，如图 2-150 所示。

（6）同六个发车方向的第（5）项：表示进路开通，准许列车向右侧 F 方向线路发车，如图 2-151 所示。

（7）同六个发车方向的第（6）项：表示进路开通，准许列车向右侧 G 方向线路发车，如图 2-152 所示。

7. 双线区段仅用于区分反方向发车

（1）信号机在开放状态且表示器不点亮——准许列车正方向发车，如图 2-154 所示。

（2）信号机在开放状态且表示器显示一个白色灯光——准许列车反方向发车，如图 2-155 所示。

图 2-154　表示器不点亮　　图 2-155　表示器显示一个白色灯光

2.6.4　发车线路表示器

设有线群出站信号机时，在线群每一条发车线路的警冲标内方适当地点，装设发车线路表示器。

发车线路表示器显示方式及含义如下。

（1）发车线路表示器在线群出站信号机开放后显示一个白色灯光：准许该线路上的列车发车，如图 2-156 所示。

图 2-156　发车线路表示器

（2）不许发车的线路，所属该线路的发车线路表示器不能点亮。

（3）发车线路表示器可用于驼峰调车场，作为调车线路表示器，显示一个白色灯光：准许调车。

2.6.5　发车表示器

发车信号辨认困难的车站，在便于司机瞭望的地点可装设发车表示器。

发车表示器显示方式及含义如下。

（1）发车表示器常态不显示。

（2）显示一个白色灯光，表示车站人员准许发车，如图 2-157 所示。

图 2-157　发车表示器

2.6.6　调车表示器

在作业繁忙的调车场上，因受地形、地物影响，调车机车司机看不清调车指挥人的手信号时，设调车表示器，用以指挥调车车列由牵出线到调车区，或由调车区向牵出线的进退，以及是否准许进行溜放。

调车表示器设于牵出线一侧，在调车司机辨认调车员手信号有困难的牵出线上才设置调车表示器，以代替调车员手信号。调车表示器双面均设置表示灯，向调车区方向设置一个，向牵出线方向设置两个。

调车表示器显示方式及含义如下。

（1）向调车区方向显示一个白色灯光：准许机车车辆自调车区向牵出线运行。

（2）向牵出线方向显示一个白色灯光：准许机车车辆自牵出线向调车区运行。

（3）向牵出线方向显示两个白色灯光：准许机车车辆自牵出线向调车区溜放。

调车表示器如图 2-158 所示。

(a) 向调车区方向显示一个白色灯光　　(b) 向牵出线方向显示一个白色灯光　　(c) 向牵出线方向显示两个白色灯光

图 2-158　调车表示器

2.6.7　车挡表示器

车挡表示器设置在线路终端的车挡上，安全线及避难线可不设置车挡表示器。

车挡表示器显示方式如下。

昼间一个红色方牌，夜间显示一个红色灯光，如图 2-159 所示。

(a) 昼间　　　　　　　　　　　　(b) 夜间

图 2-159　车挡表示器

任务 2.7　线路标志及信号标志

2.7.1　线路标志

线路标志，按计算公里方向设在线路左侧，距线路中心不少于 3.1 m 处。双线区段须另设线路标志时，应设在列车运行方向左侧。

线路标志包括：公里标、半公里标，曲线标，圆曲线和缓和曲线的始终点标，桥梁标，隧道（明洞）标，坡度标，以及铁路局、工务段、线路车间、线路工区和供电段的界标。

1. 公里标、半公里标

公里标、半公里标，设在一条线路自起点计算每一整公里、半公里处，如图2-160所示。

(a) 公里标　　　　　　　　(b) 半公里标

图2-160　公里标、半公里标

2. 曲线标

曲线标，设在曲线中点处，标明曲线中心里程、半径大小、曲线和缓和曲线长度，如图2-161所示。

图2-161　曲线标

3. 圆曲线和缓和曲线的始终点标

圆曲线和缓和曲线的始终点标，设在直缓、缓圆、圆缓、缓直各点处，标明所向方向为直线、圆曲线或缓和曲线，如图2-162所示。

(a) 圆曲线的始终点标　　　　　　(b) 缓和曲线的始终点标

图2-162　圆曲线和缓和曲线的始终点标

4. 桥梁标

桥梁标，设在桥梁两端桥头处，标明桥梁编号、中心里程和长度，如图2-163所示。

图 2-163 桥梁标

5. 隧道（明洞）标

隧道（明洞）标，直接标注在隧道（明洞）两端洞门端墙上，标明隧道号或名称，中心里程和长度，如图 2-164 所示。

图 2-164 隧道（明洞）标

6. 坡度标

坡度标，设在线路坡度的变坡点处，两侧各标明其所向方向的上、下坡值及其长度，如图 2-165 所示。

图 2-165 坡度标

7. 管界标

管界标，即铁路局、工务段、线路车间、线路工区和供电段的界标，设在该单位管辖地段的分界点处，两侧标明所向单位名称，如图 2-166 所示。

图 2-166 管界标

2.7.2 信号标志

信号标志，设在列车运行方向左侧（警冲标除外），双线区段的轨道电路调谐区标志设在线路外侧，内侧应设在距线路中心不少于 3.1 m 处。

信号标志包括：警冲标，站界标，预告标，引导员接车地点标，司机鸣笛标，电力机车禁停标，断电标、禁止双弓标、合电标，接触网终点标，准备降下受电弓标、降下受电弓标、升起受电弓标，作业标，减速地点标，补机终止推进标、机车停车位置标，四显示机车信号接通标，四显示机车信号断开标，轨道电路调谐区标志，级间转换标，通信模式转换标，以及通知操纵除雪机人员的临时信号标志等。

1. 警冲标

警冲标，设在两会合线路线间距离为 4 m 的中间。线间距离不足 4 m 时，设在两线路中心线最大间距的起点处。在线路曲线部分所设道岔附近的警冲标与线路中心线间的距离应按限界的加宽增加，如图 2-167 所示。

图 2-167　警冲标

2. 站界标

站界标，设在双线区间列车运行方向左侧最外方顺向道岔（对向出站道岔的警冲标）外不少于 50 m 处，或邻线进站信号机相对处，如图 2-168 所示。

图 2-168　站界标

3. 预告标

预告标，设在进站信号机及线路所通过信号机外方 900 m、1 000 m 及 1 100 m 处，如图 2-169 所示，但在设有预告或接近信号机及自动闭塞的区段，均不设预告标。

图 2-169　预告标

在双线区段,退行的列车看不见邻线的预告标时,在距站界外 1 100 m 处特设一个预告标,如图 2-170 所示。

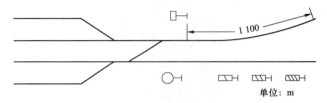

图 2-170　预告标设置示意图

4. 引导员接车地点标

列车在距站界 200 m 以外,不能看见引导人员在进站信号机或站界标处显示的手信号时,须在列车距站界 200 m 外能清晰地看见引导人员手信号的地点设置引导员接车地点标,如图 2-171 所示。

图 2-171　引导员接车地点标

5. 司机鸣笛标

司机鸣笛标,设在道口、大桥、隧道及视线不良地点的前方 500～1 000 m 处。在非限鸣区域,司机见此标志须长声鸣笛;在限鸣区域内,司机见此标志应开启灯显示警设备,除遇危及行车安全等情况外,限制鸣笛,如图 2-172 所示。

图2-172 司机鸣笛标

6. 电力机车禁停标

电力机车禁停标，设在站场、区间接触网锚段关节式电分段两端，电力机车（动车组）在该标志提示的禁停区域内不得停留，如图2-173所示。

图2-173 电力机车禁停标

7. 断电标、禁止双弓标、合电标

在电气化区段接触网电分相前方，分别设断电标［见图2-174（a）］、禁止双弓标（见图2-175）。对于最高运行速度大于120 km/h的旅客列车、特快货物班列及最高运行速度为120 km/h的货物列车、快速货物班列运行的线路，在断电标的前方增设特殊断电标［见图2-174（b）］。在接触网电分相后方设合电标（见图2-176）。断电标、禁止双弓标、合电标设置位置如图2-177所示。在双线电气化区段，在"合""断"电标背面，可分别加装"断""合"字标，作为反方向行车的"断""合"电标使用。

（a）断电标

（b）特殊断电标

图2-174 断电标及特殊断电标

图 2-175　禁止双弓标

图 2-176　合电标

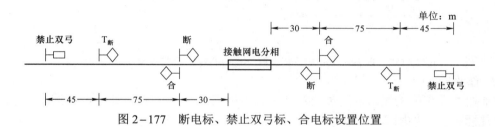
图 2-177　断电标、禁止双弓标、合电标设置位置

8. 接触网终点标

接触网终点标，设在站内接触网边界，如图 2-178 所示。

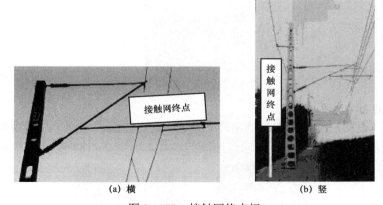

（a）横　　　　　　　　（b）竖

图 2-178　接触网终点标

9. 准备降下受电弓标、降下受电弓标、升起受电弓标

在电气化线路接触网故障降弓地段前方，分别设准备降下受电弓标（见图 2-179）、降下受电弓标 ［见图 2-180（a）］。对于最高运行速度大于 120 km/h 的旅客列车、特快货物班列及最高运行速度为 120 km/h 的货物列车、快速货物班列运行的线路，在降下受电弓标的前方增设特殊降弓标 ［见图 2-180（b）］。在降弓地段后方，设升起受电弓标（见图 2-181）。准备降下受电弓标、降下受电弓标、升起受电弓标设置位置如图 2-182 所示。

（a）降下受电弓标　　　　　（b）特殊降弓标

图 2-179　准备降下受电弓标　　　图 2-180　降下受电弓标及特殊降弓标　　　图 2-181　升起受电弓标

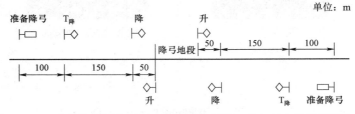

图 2-182　准备降下受电弓标、降下受电弓标、升起受电弓标设置位置

10. 作业标

作业标，设在施工线路及其邻线距施工地点两端 500～1 000 m 处，司机见此标志须长声鸣笛，注意瞭望，如图 2-183 所示。

图 2-183　作业标

11. 减速地点标

减速地点标，设在需要减速地点的两端各 20 m 处。正面表示列车应按规定限速通过地段的始点，背面表示列车应按规定限速通过地段的终点，如图 2-184 所示。

（a）正面　　　　　　　　（b）背面

图 2-184　减速地点标

12. 补机终止推进标、机车停车位置标

补机终止推进标（见图 2-185）、机车停车位置标（见图 2-186）设置位置由铁路局规定。

图 2-185　补机终止推进标

（a）站内　　　　　　　　　　（b）区间

图 2-186　机车停车位置标

13. 四显示机车信号接通标

四显示机车信号接通标（机车信号接通标）：涂有白底色、黑竖线、黑框的反光菱形板及黑白相间的立柱标志，如图 2-187 所示。

图 2-187　机车信号接通标

14. 四显示机车信号断开标

四显示机车信号断开标：涂有白底色、中间断开的黑横线、黑框的反光菱形板及黑白相间的立柱标志，如图 2-188 所示。

图 2-188　四显示机车信号断开标

15. 轨道电路调谐区标志

Ⅰ型轨道电路调谐区标志为反方向区间停车位置标，涂有白底色、黑框、黑"停"字、斜红道，标明调谐区长度的反光菱形板标志，如图 2-189 所示。

Ⅱ型轨道电路调谐区标志为反方向行车困难区段的容许信号标，涂有黄底色、黑框、黑"停"字、斜红道，标明调谐区长度的反光菱形板标志，如图 2-190 所示。

Ⅲ型轨道电路调谐区标志用于反方向运行合并轨道区段之间的调谐区或因轨道电路超过允许长度而设立分隔点的调谐区，为涂有蓝底色、白"停"字、斜红道、标明调谐区长度的反光菱形板标志，如图 2-191 所示。

以上 3 种调谐区标志均使用黑白相间的立柱。

图 2-189　Ⅰ型轨道电路　　　图 2-190　Ⅱ型轨道电路　　　图 2-191　Ⅲ型轨道电路
　　　调谐区标志　　　　　　　　调谐区标志　　　　　　　　调谐区标志

16. 级间转换标

在 CTCS-0/CTCS-2 级转换边界一定距离前方的级间转换应答器组对应的线路左侧设级间转换标志。该标志采用涂有白底色、黑框、写有黑"C0""C2"标记的反光菱形板及黑白相间的立柱，如图 2-192 所示。

(a) CTCS-0 级　　　　　　　(b) CTCS-2 级

图 2-192　级间转换标

17. 通信模式转换标

在始发站列车停车标内方或需要转换通信模式的相应地点设机车综合无线通信设备通信模式转换标，标志牌顶边距轨面 2.5 m。该标志标面采用涂有白底色、黑框、写有黑"通信转换"字样的方形板，如图 2−193 所示。

(a) 样式 1　　　　　　　　　(b) 样式 2

图 2−193　通信模式转换标

18. 通知操纵除雪机人员的临时信号标志

通知操纵除雪机人员的临时信号标志如下。

（1）除雪机工作阻碍标：表示前面有道口、道岔、桥梁等建（构）筑物，妨碍除雪机在工作状态下通过。

（2）除雪机工作阻碍解除标：表示已通过阻碍地点。

通知操纵除雪机人员的临时信号标志如图 2−194 所示。

单位：m

图 2−194　通知操纵除雪机人员的临时信号标志

2.7.3　列车标志

列车应根据其种类及运行的线路和方向，在头部和尾部分别显示不同的列车标志。

列车标志的显示方式，昼间与夜间相同，昼间可不点灯。

列车标志的显示方式如下。

（1）列车牵引运行时，机车前端一个头灯及中部两侧各一个白色灯光，如图 2−195 所示。列车尾部两个侧灯，向后显示红色灯光，向前显示白色灯光；挂有货物列车列尾装置时，为列尾装置向后显示红白相间的反射标志和一个红色闪光灯光，如图 2−196 所示。动车组以外的旅客列车尾部加挂客车时，侧灯位置不做调整，最后一辆客车的制动软管、总风软管须吊起。

图 2-195　牵引运行时机车前端标志

图 2-196　牵引运行时列车尾部标志

（2）列车推进运行时，列车前端两个侧灯，向前显示红色灯光，向后显示白色灯光；挂有货物列车列尾装置时，为列尾装置向前显示红白相间的反射标志和一个红色闪光灯光，如图 2-197 所示。机车后端中部两侧各一个红色灯光，如图 2-198 所示。

图 2-197　推进运行时列车前端标志

图 2-198　推进运行时机车后端标志

（3）列车后端挂有补机时，机车后端标志与第（2）款同。

（4）单机运行时，机车前端标志与第（1）款同；后端标志与第（2）款同。

（5）调车机车及机车出入段时，机车前端标志与第（1）款同；机车后端标志与第（2）款同。

（6）轨道车运行时，前端一个白色灯光，如图2-199所示；后端一个红色灯光，如图2-200所示。

图2-199 轨道车运行前端标志 　图2-200 轨道车运行后端标志

任务 2.8 听 觉 信 号

听觉信号是以不同的音响符号，通过口笛、号角、机车及轨道车的鸣笛等发出的音响而表示的一种信号。

司机鸣示听觉信号时，应严格按照音节长短及间隔的规定标准进行，以防发生混淆。

听觉信号，长声为3 s，短声为1 s，音响间隔为1 s。重复鸣示时，须间隔5 s以上。

机车、自轮运转特种设备作业中提示注意、相互联系等应使用通信设备方式。遇联系不通或危及行车人身安全时，应采用鸣笛方式。

2.8.1 机车、自轮运转特种设备鸣笛鸣示方式

机车、自轮运转特种设备鸣笛鸣示方式如表2-2所示。

表2-2 机车、自轮运转特种设备鸣笛鸣示方式

名称	鸣示方式	使用时机
注意信号	一长声 —	接近鸣笛标、行人时
退行信号	二长声 — —	列车、机车车辆、单机开始退行，遇通信设备联系不通时

续表

名称	鸣示方式	使用时机
召集信号	三长声 ———	要求防护人员撤回，遇通信设备联系不通时
牵引信号	一长一短声 — •	途中本务机车要求补机牵引运行，遇通信设备联系不通时（补机应以同样信号回答）
惰行信号	一长二短声 — • •	本务机车要求补机惰力推进或要求补机断开主断路器，遇通信设备联系不通时（补机应以同样信号回答）
途中降弓信号	一短一长声 • —	电力机车双机牵引中，本务机车司机要求补机降下受电弓，遇通信设备联系不通时（补机须以同样信号回答）
途中升弓信号	一短二长声 • ——	电力机车双机牵引中，本务机车司机要求补机升起受电弓，遇通信设备联系不通时（补机须以同样信号回答）
呼唤信号	二短一长声 • • —	1. 机车要求出入段，遇通信设备联系不通时 2. 在车站要求显示信号，遇通信设备联系不通时
警报信号	一长三短声 — • • •	发现线路有危及行车安全的不良处所时
试验自动制动机及复示信号	一短声 •	1. 试验制动机开始减压，遇联系不通时 2. 接到试验制动结束的手信号，回答试风人员，遇联系不通时 3. 调车作业中，表示已接受调车长所发出的手信号，遇联系不通时
缓解信号及溜放信号	二短声 • •	1. 试验制动机缓解，遇联系不通时 2. 要求列车乘务组缓解人力制动机，遇通信设备联系不通时 3. 复示溜放调车信号，遇通信设备联系不通时
拧紧人力制动机信号	三短声 • • •	1. 要求列车乘务组拧紧人力制动机，遇通信设备联系不通时 2. 要求就地制动，遇通信设备联系不通时
紧急停车信号	连续短声 • • • • • •	司机发现（或接到通知）邻线发生障碍，向邻线上运行的列车发出紧急停车信号时。邻线列车司机听到此种信号后，应紧急停车

2.8.2　口笛、号角鸣示方式

口笛、号角鸣示方式如表 2-3 所示。

表 2-3　口笛、号角鸣示方式

用途及时机	鸣示方式	
发车、指示机车向显示人反方向移动	一长声	—
指示机车向显示人方向移动	一短一长声	• —
试验制动机减压	一短声	•
试验制动机缓解	二短声	• •
试验制动机结束及安全信号	一短一长二短声	• — • •
一道	一短声	•
二道	二短声	• •

续表

用途及时机	鸣示方式	
三道	三短声	・・・
四道	四短声	・・・・
五道	五短声	・・・・・
六道	一长一短声	— ・
七道	一长二短声	— ・・
八道	一长三短声	— ・・・
九道	一长四短声	— ・・・・
十道	二长声	——
二十道	二短二长声	・・ ——
十、五、三车距离信号：十车	三短声	・・・
十、五、三车距离信号：五车	二短声	・・
十、五、三车距离信号：三车	一短声	・
连结及停留车位置	一长一短一长声	— ・ —
停车	连续短声	・・・・・・・
要求司机鸣笛	二长三短声	—— ・・・
试拉	一短声	・
减速	连续二短声	・・ ・・
溜放	三长声	———
取消	二长一短声	—— ・
再显示	二长二短声	—— ・・
列车接近通报信号：上行	二长声	——
列车接近通报信号：下行	一长声	—

复习思考题

1. 各种信号机及表示器在正常情况下的显示距离是多少？

2. 信号机的定位是如何规定的？

3. 进站色灯信号机显示一个黄色闪光和一个黄色灯光时，其显示含义是什么？

4. 四显示自动闭塞区段，进站色灯信号机显示一个绿色灯光和一个黄色灯光时，其显示含义是什么？

5. 进站及接车进路色灯信号机显示一个红色灯光及一个月白色灯光，该信号是什么信号？列车该如何运行？

6. 出站色灯信号机显示两个绿色灯光时，其显示含义是什么？

7. 容许信号是如何显示的？其显示含义是什么？

8. 进站色灯信号机的预告信号机显示方式有哪些？分别表示什么含义？

9. 自动闭塞区段，连续式机车信号机显示一个双半黄色灯光时，其显示含义是什么？

10. 三显示自动闭塞区段，连续式机车信号机显示一个带"2"字的黄色灯光的含义是什么？

11. 对运行中的列车，要求停车的手信号是如何表示的？

12. 听到响墩爆炸声或看见火炬信号火光，司机如何行车？

13. 调车手信号指挥机车向显示人方向稍行移动的信号是如何显示的？

14. 简述联系用的手信号中连结信号的显示含义及显示方式？

15. 十、五、三车距离信号的含义及显示方式是什么？

16. 紧急停车信号的鸣示方式及使用时机是什么？

项目 3 行车闭塞法

 **项目摘要**

　　行车闭塞法是通过对设在车站（线路所）的有关设备或通过信号机的控制，以保证在同一时间内，站间、所间、闭塞分区内只有一趟列车运行的方法。行车闭塞法的作用是控制列车之间保持一定距离，以保证列车运行的安全。

　　通过对行车闭塞法基本知识、自动闭塞、自动站间闭塞、半自动闭塞、电话闭塞等内容的系统学习，我们将全面掌握行车闭塞法等相关知识。本项目主要内容如下。

　　（1）站间区间、所间区间、闭塞分区的划分；

　　（2）闭塞设备的种类及设置条件；

　　（3）自动闭塞、自动站间闭塞、半自动闭塞正常情况下的行车凭证；

　　（4）自动闭塞、自动站间闭塞、半自动闭塞特殊情况下的行车凭证；

　　（5）电话闭塞法的行车凭证；

　　（6）电话中断时的行车办法。

任务 3.1 行车闭塞法基本知识

3.1.1　行车闭塞法的概念

　　为了安全、准确、迅速地完成运输任务，铁路线路设置有单线行车区段和双线行车区段。在单线行车区段运行时，上下行列车均在同一条线路上行驶。而在双线区段运行时，上下行列车分别在两条线路上行驶，但同方向线路上运行的列车往往由于列车等级及速度不同而发生让车和越行等情况。可见无论在单线区段运行或在双线区段运行，列车与列车之间必然存在发生正面冲突、追尾等事故的可能性。通过对设在车站（线路所）的有关设备或通过信号机的控制（包括在设备因故障失效后的联系制度），保证在同一时间内，站间、所间、闭塞分区内只有一趟列车运行的方法，称为行车闭塞法。保证一个区间或闭塞分区只准许运行一趟列车的设备，称为闭塞设备。

3.1.2 行车闭塞法的作用

行车闭塞法的作用是控制列车与列车之间保持一定的距离，以保证列车安全运行。列车运行的间隔制度主要分为两大类：一类是空间间隔法，另一类是时间间隔法。

1. 空间间隔法

在铁路正线上每相隔一定距离设立一个车站（或线路所，自动闭塞通过色灯信号机），把正线划分为若干个区间（或闭塞分区），在同一时间，同一空间（站间区间，所间区间或闭塞分区）内只准许一趟列车运行的方法，称为空间间隔法。即列车运行是以车站、线路所所划分的区间及自动闭塞区间的通过信号机所划分的闭塞分区作为间隔。

区间及闭塞分区的界限，按下列规定划分。

1）站间区间

站间区间是指车站和车站之间的区间。

（1）在单线上，车站与车站间以进站信号机柱的中心线为车站与区间的分界线，如图3-1所示。

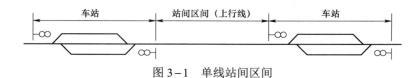

图3-1　单线站间区间

（2）在双线或多线上，车站与车站间分别以各线的进站信号机柱或站界标的中心线为车站与区间的分界线，如图3-2所示。

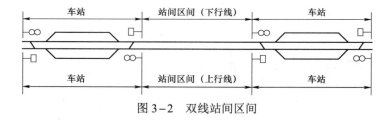

图3-2　双线站间区间

2）所间区间

两线路所间或线路所与车站间，以该线上的通过信号机柱的中心线为所间区间的分界线。设有进站信号机的线路所，所间区间的分界方法与站间区间相同。

（1）单线所间区间如图3-3所示。

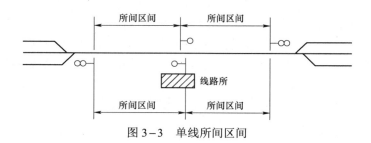

图3-3　单线所间区间

（2）双线所间区间如图 3-4 所示。

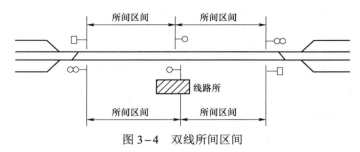

图 3-4　双线所间区间

3）闭塞分区

自动闭塞区间同方向相邻的两架色灯信号机间，以该线上的通过信号机柱的中心线为闭塞分区的分界线。

（1）单线闭塞分区如图 3-5 所示。

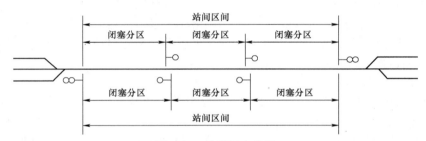

图 3-5　单线闭塞分区

（2）双线闭塞分区如图 3-6 所示。

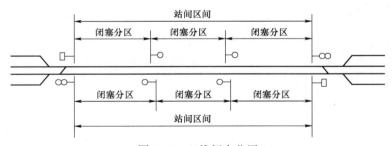

图 3-6　双线闭塞分区

4）空间间隔法的优点

（1）由于铁路线划分为很多的区间（或闭塞分区），在一定时间内每一区间都可开行列车，这样可提高行车能力。

（2）由于在各个车站上都有为列车到发、会让、越行而铺设的配线，可保证列车安全运行。

（3）由于在一个区间里只准许一趟列车运行，列车可按规定的速度在区间内运行，这样既能提高列车行车速度，又能加速机车车辆周转。

由于空间间隔法具有以上优点，根据国铁集团规定，在正常情况下，只采用空间间隔法。

2. 时间间隔法

时间间隔法是在一个区间里，用规定的时间将同方向运行的列车，彼此间隔开运行。时间间隔一般为在区间列车运行图规定的运行时分基础上增加 3 min。

由于用时间间隔法行车，没有设备上的控制，容易发生人为的事故，安全性较差。尤其采用这种间隔开行列车时，要求的条件也比较复杂，如区间内的坡道大了不行、瞭望条件差了不行，列车速度受限制，等等。所以采取这种间隔放行列车只有在特殊情况下（如临时性的缓和列车堵塞、事故起复后的车流疏散、战时行车、一切电话中断的行车等）采用，即在同一区间内前次列车开出后，相隔一定时间再向同一方向连发第二趟列车。

3.1.3　行车闭塞法的种类

各站均须装设基本闭塞设备。行车基本闭塞法有下列三种。

（1）自动闭塞；

（2）自动站间闭塞；

（3）半自动闭塞。

电话闭塞法是当基本闭塞法不能使用时，所采用的代用闭塞法。

原则上不使用隔时续行办法，如必须使用时，由铁路局规定。

闭塞设备分为自动闭塞、自动站间闭塞、半自动闭塞，具体设置条件如下。

（1）在单线区段，应采用半自动闭塞或自动站间闭塞，繁忙区段可根据情况采用自动闭塞。

（2）在双线区段，应采用自动闭塞。

在一个区段内，原则上应采用同一类型的闭塞方式。

《铁路技术管理规程》规定，行车的闭塞方法分基本闭塞法与代用闭塞法两类。

1. 基本闭塞法

我国铁路采用的行车基本闭塞法是自动闭塞、自动站间闭塞和半自动闭塞。其中自动闭塞以闭塞分区作为列车间隔。自动站间闭塞和半自动闭塞都是以站间（所间）区间作为列车间隔，这几种列车运行间隔均属于空间间隔法。

在列车运行速度超过 120 km/h 的双线区段，应采用速差式自动闭塞，列车紧急制动距离由两个及以上闭塞分区长度保证。

2. 代用闭塞法

当基本闭塞设备因故不能使用时，应根据调度命令采用电话闭塞作为代用闭塞法。电话闭塞是在没有机械、电气设备条件下，仅凭联系制度来保证实现列车运行的方法。由于安全程度较低，所以只有当基本闭塞设备不能使用时，其才作为临时代用的闭塞方法。

任务 3.2 自动闭塞

3.2.1　自动闭塞的特点及分类

1. 设备概况

自动闭塞是运行中列车自动完成闭塞作用的一种设备，将两端车站间的区间正线划分成若干个闭塞分区，每个闭塞分区的起点设置一个通过色灯信号机进行防护。由于每个闭塞分区都装设轨道电路，因而能够正确反映列车的运行和钢轨的完整与否，并及时传给通过色灯信号机显示出来（通过色灯信号机的显示是随着列车的运行通过列车自动控制的，不需要人工操纵），向接近它的列车指示运行条件。

车站值班室设有操纵台，操纵台上装有各种表示灯、信号机复示器及操作按钮等设备，如图 3-7 所示。双线三显示自动闭塞的原理如图 3-8 所示。

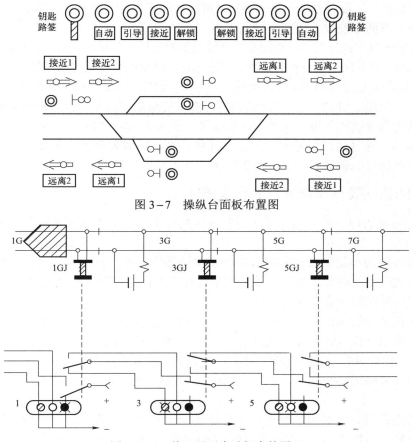

图 3-7 操纵台面板布置图

图 3-8 双线三显示自动闭塞的原理

由图 3-8 可见，每个闭塞分区构成一个独立的轨道电路，当分区内无列车占用时，轨道继电器得电吸合，其接点上移接通和分断相应电路。

2. 自动闭塞的主要优点

（1）由于区间划分为若干个闭塞分区，可以利用最小的运行间隔发出跟踪列车，从而缩短了列车的运行间隔，增加了行车密度。

（2）由于区间装设了轨道电路，可以反映运行列车所在位置、线路的状态，因此，通过色灯信号机能够不间断地向司机预告列车运行前方的线路状态，从而提高了列车运行速度，保证了行车安全，显著地提高了区间通过能力。

（3）通过色灯信号机根据列车运行情况而自动显示，简化了办理闭塞的手续，缩短了办理闭塞的时间，提高了车站的通过能力，改善了行车有关人员的劳动条件。

（4）由于轨道上全部装设了轨道电路，当区间有列车占用或钢轨折断时，都可以使通过信号机显示停车信号。

3. 自动闭塞的分类

（1）自动闭塞按轨道电路的特征分为交流计数电码自动闭塞、极频自动闭塞和移频自动闭塞。

（2）自动闭塞按通过信号机显示分为三显示自动闭塞和四显示自动闭塞。

三显示自动闭塞有三种灯光显示，即红灯、黄灯和绿灯。红灯显示说明其防护的分区被占用，也可能是该分区设备或线路发生故障；黄灯显示则说明它防护的闭塞分区空闲；绿灯显示则说明其前方有两个及以上闭塞分区空闲。

四显示自动闭塞是在三显示自动闭塞的基础上增加一种绿黄显示，它的显示意义为前方有两个闭塞分区空闲，要求高速列车和重载列车减速运行，以使列车在抵达黄灯时不大于规定的黄灯允许速度，保证在显示红灯的通过信号机前安全停车。而四显示绿灯的显示意义则为前方有三个及以上闭塞分区空闲。进站（含反方向进站）、接车进路信号机还能显示两个黄色灯光。

每一自动闭塞分区的长度。三显示自动闭塞一般为 1 200～3 000 m；四显示自动闭塞一般为 600～1 000 m。通过色灯信号机经常显示绿色灯光，随着列车驶入和驶出闭塞分区而自动转换。但进出站信号机的显示一般仍由车站实行人工控制。

3.2.2 自动闭塞区段正常情况下的行车凭证

使用自动闭塞法行车时，列车进入闭塞分区的行车凭证为出站或通过信号机显示允许运行的信号。

自动闭塞区段的车站，办理发车前应向接车站预告；单线自动闭塞区段的车站，还须得到列车调度员的同意（列车调度员已下达列车运行调整计划时除外）。已向接车站预告，但列车不能出发时，发车站须通知接车站取消。

使用自动闭塞法行车时，列车是根据进出站信号机和通过信号机的显示运行的，在运行过程中通过轨道电路检查闭塞分区的占用与空闲，并通过信号机显示的不同颜色的灯光指示续行列车的运行，由此来自动完成闭塞作用。这种方式不需要办理闭塞手续，又可以在同一区间内开行多列相互追踪运行的列车，并有必要的空间间隔，既保证了行车安全又提高了区间通过能力。

出站或通过信号机的显示，能表示闭塞分区空闲或占用的情况，所以规定以出站或通过信号机显示的允许运行的信号，即黄色灯光、绿黄色灯光或绿色灯光为列车占用闭塞分区的行车凭证。

由于自动闭塞区段个别区间长度较短，不具备划分闭塞分区的条件或因其他特殊原因未划分闭塞分区时，出站信号机在正常情况下只能显示黄色灯光，不具备特快旅客列车通过时所需要的绿黄色灯光或绿色灯光，所以在此种情况下，特快旅客列车由车站通过时的行车凭证由铁路局根据设备的具体情况规定。

自动闭塞区段的车站控制台上，在四显示和三显示区段分别有邻近车站的三个或两个闭塞分区的占用情况表示，即第一、第二或第三接近分区及第一、第二或第三离去分区的占用表示，车站值班员可以了解列车在邻近闭塞分区的运行情况。出站信号机的开放受第一、第二及第三离去占用的限制。车站值班员在开放出站信号机发出列车前，须确认第一、第二及第三离去分区的空闲情况。当闭塞分区空闲符合列车发车条件后，即可开放出站信号机准备发车。发车站在办理发车前，应向接车站通报列车车次，以使接车站做好接车准备，当接车站因特殊情况不能接车时，发车站可以及时停止发车，以防止列车在区间停车等待，造成运输堵塞。

在单线自动闭塞区段，列车是双方向运行的，为保持列车运行秩序或不影响某些重要列车的运行，车站值班员在发车之前，应得到列车调度员同意。

无论是在双线还是在单线自动闭塞区段，发车站在办理发车预告后，即确定了列车进入区间的顺序，接车站也应按此顺序做好接车准备。因此在列车预告后因特殊原因不能发出时，必须通知接车站取消发车预告，避免造成后续发出的列车与前次列车混淆，造成接车站接错车等事故的发生；避免接车站为接车做好准备后，却无列车到达，影响接车站的其他作业。

3.2.3　自动闭塞区段特殊情况下的行车凭证

自动闭塞区段遇特殊情况发车的行车凭证如表 3-1 所示。

表 3-1　自动闭塞区段遇特殊情况发车的行车凭证

列车出发情况	行车凭证	发给行车凭证的根据	附带条件
1. 出站信号机故障时发出列车	绿色许可证（见图 3-9）	1. 监督器表示第一个闭塞分区空闲，不表示时为接到前次列车到达邻站的通知或前次列车发出后不少于 10 min 的时间 2. 确认道岔位置正确及进路空闲 3. 单线须取得对方站确认区间内无迎面列车的电话记录号码	从监督器上不能确认第一个闭塞分区空闲时，车站应发给司机书面通知，司机以在瞭望距离内能随时停车的速度，最高不超过 20 km/h，运行到第一架通过信号机，按其显示的要求执行
2. 由未设出站信号机的线路上发出列车			
3. 超长列车头部越过出站信号机发出列车			
4. 发车进路信号机发生故障时发出列车		确认道岔位置正确及进路空闲	列车到达次一信号机按其显示的要求执行
5. 超长列车头部越过发车进路信号机发出列车			
6. 自动闭塞作用良好，监督器故障时发出列车	出站信号机显示的允许运行的信号		与邻站车站值班员及本站信号员联系
7. 双线双向闭塞设备的车站，反方向发出列车		1. 区间占用表示灯表示区间空闲 2. 双线反方向行车的调度命令	反方向发车进路表示器显示正确（进路表示器故障时通知司机）

注：在四显示区段，因设备不同，执行上述条款困难的，可按铁路局规定办理。

许可证

第..........号

在出站（进路）信号机故障、未设出站信号机、列车头部越过出站（进路）信号机的情况下，准许第..........次列车由..........线上发车。

站（站名印）车站值班员（签名）
年　　月　　日填发

注：1.绿色纸，复写一式两份，司机一份，存根一份；（规格90 mm×130 mm）
　　2.不用的字句抹消。

图 3-9　绿色许可证

表 3-1 规定的各项内容，为自动闭塞区段特殊情况下发车的行车凭证、发给行车凭证的根据及附带条件等。自动闭塞与半自动闭塞和自动站间闭塞在部分设备故障或特殊情况下行车的最大不同，就是不需停止基本闭塞法，采用一些特殊的方式发出列车，进入区间后按自动闭塞法行车，提高运输效率。

表 3-1 中的第 1、2、3 项，是在出站信号机不能开放或未设出站信号机的情况下发出列车，此时发车进路与信号机间失去了联锁关系或无联锁关系，也不能表示区间内闭塞分区的状态。车站值班员必须在做好下列工作后，方准填写绿色许可证，组织发出列车。

（1）确认监督器表示第一个闭塞分区空闲（办理特快旅客列车通过必须有两个闭塞分区空闲），不表示时为接到前次列车到达邻站的通知或前次列车发出后不少于 10 min 的时间。

（2）确认道岔位置正确及进路空闲。

（3）单线区间须取得对方站确认区间内无迎面列车的电话记录号码，并填记在《行车日志》记事栏内。

因为出站信号机不能开放，如果从监督器不能确认第一个闭塞分区空闲，第一闭塞分区情况不明时，此时发车人员必须发给司机书面通知，要求列车以在瞭望距离内能随时停车的速度运行，最高不超过 20 km/h，确保安全。当列车运行到第一架通过信号机时，按其显示的要求执行。

表中的第 4、5 项，是指发车进路信号机（同一发车进路上一架或多架进路信号机）因故不能开放的情况下发出列车时，车站值班员确认发车进路空闲、进路道岔位置正确并按规定加锁后，填发绿色许可证发出列车的作业方式。

表中的第 6 项，是指在自动闭塞作用良好，出站信号机能正常显示允许运行的信号，但监督器对离去闭塞分区的占用与空闲因故不能表示或表示不明时，发出列车。在此种情况下，由于出站信号机能够正常开放，自动闭塞设备可以确认闭塞分区的占用与空闲状态，车站值班员与邻站车站值班员联系确认区间列车运行情况，和本站信号员联系确认自动闭塞及监督器设备状态和发出列车情况后，即可组织按出站信号机的显示发出列车。

表中的第 7 项，是指在双线自动闭塞区间装设有双向闭塞设备，列车在正方向运行线路上运行时，可自动追踪运行，在线路反方向运行时，按站间间隔运行。由于我国铁路在双线区间实行左侧单方向行车制度，反方向行车时，应发布调度命令，在发车前必须确认无迎面列车运行，区间空闲，在控制台上确认区间占用表示灯表示区间空闲后，办理改变列车运行方向手续，排列反方向发车进路，组织反方向发出列车，列车进入区间的行车凭证为出站信号机显示的允许运行的信号。

为使发车人员和司机明确区别正、反方向发车进路，在出站信号机的正下方设有反方向发车进路表示器，当排列了反方向发车进路后，显示规定的白色灯光，外部发车人员和列车司机在反方向发车前必须确认显示正确。如遇反方向发车进路表示器故障时，发车人员应口头通知司机，使司机明确列车运行方向。

3.2.4 自动闭塞区间特殊情况下的行车规定

自动闭塞区间通过信号机显示停车信号（包括显示不明或灯光熄灭）时，列车必须在该信号机前停车，司机应使用列车无线调度通信设备通知车辆乘务员（随车机械师）。停车等候 2 min，该信号机仍未显示运行的信号时，即以遇到阻碍能随时停车的速度继续运行，最高不超过 20 km/h，运行到次一通过信号机（进站信号机），按其显示的要求运行。在停车等候的同时，必须与车站值班员、列车调度员联系，如确认前方闭塞分区内有列车时，不得进入。

装有容许信号的通过信号机，显示停车信号时，准许铁路局规定停车后起动困难的货物列车，在该信号机前不停车，按上述速度通过。当容许信号灯光熄灭或容许信号和通过信号机灯光都熄灭时，司机在确认信号机装有容许信号时，仍按上述速度通过该信号机。

装有连续式机车信号的列车，遇通过信号机灯光熄灭，而机车信号显示允许运行的信号时，应按机车信号的显示运行。

司机发现通过信号机故障时，应将故障信号机的号码通知前方站（列车调度员）。车站值班员（列车调度员）发现或得到区间通过信号机故障的报告后，在故障修复前，对尚未进入区间的后续列车，改按站间组织行车。

自动闭塞区间内的通过信号机显示停车信号及显示不明或灯光熄灭的原因主要有以下几项：

（1）显示红色灯光时，可能是前方闭塞分区内有列车或机车、车辆占用；也可能是由于线路上有障碍物引起轨道电路短路或钢轨折断；还可能是轨道电路故障所致；还可能是通过信号机的灯泡断丝而引起的灯光转移等。

（2）信号显示不明，可能是天气原因，如灯光被飘雪、扬沙所遮盖等，也可能是自动闭塞系统发生故障。

（3）灯光熄灭，可能是灯泡断丝或灯泡松动，也可能是临时断电。

通过信号机显示停车信号及显示不明或灯光熄灭时均视为停车信号，列车如果贸然进入前方闭塞分区，有危及行车安全的可能性，因而列车必须在该信号机前停车，同时司机应使用列车无线调度通信设备通知车辆乘务员（随车机械师）停车原因。

由于是自动闭塞区间，列车追踪运行，作业十分繁忙，同时由于通过信号机处于区间，修复时间将会延长，如果列车长时间在显示停车信号（包括显示不明或灯光熄灭）的通过色灯信号机前停车，将使后续多列列车在区间停车，打乱运行秩序，造成运输工作的混乱，也不利于列车的运行安全。因此规定，在列车停车等候 2 min 后，该通过信号机仍未显示允许运行的信号时，即以遇到阻碍能随时停车的速度进入该通过信号机防护的闭塞分区继续运行，但最高运行速度不得超过 20 km/h。停车等候 2 min，如有列车在该闭塞分区正常运行，则有一定的时间出清该闭塞分区；如该闭塞分区有前行列车被迫停车不能继续运行时，有关人员有一定的时间按规定设置防护和作业联系；而要求列车以遇到阻碍能随时停车的速度运行（最高不超过 20 km/h），即使进入闭塞分区后发现有列车或有危及行车安全的情况时，可随时停车，不致发生事故。

在这种情况下，列车限速进入闭塞分区后，必须在整个闭塞分区内限速运行，不能在见到前方通过信号机显示允许运行的信号时，就立即恢复相应速度运行。只有在列车头部越过次一通过信号机（进站信号机）后，才能按其显示的要求运行。

列车在显示停车信号及显示不明或灯光熄灭的通过信号机前停车等候的同时，司机必须使用列车无线调度通信设备与车站值班员或列车调度员联系，如确认前方闭塞分区内有列车占用后，不得进入该闭塞分区。

装有容许信号的通过色灯信号机显示停车信号时，准许停车后起动困难的货物列车不停车通过该信号机。由于各种货物列车牵引重量不完全相同，因此铁路局必须根据该区段使用的机车类型和线路坡度等情况，经过计算和试验，规定准许按容许信号运行的货物列车重量标准。装设容许信号的目的，主要是避免超过规定牵引重量的货物列车在此停车后起动困难，甚至请求救援，打乱运行秩序。因此，当容许信号灯光熄灭时，只要司机确认信号机装有容许信号，仍可按上述规定，不停车通过该信号机。列车通过该信号机后，必须在整个闭塞分区以遇到阻碍能随时停车的速度运行，但最高运行速度不得超过 20 km/h，到达次一通过色灯信号机后，

再按其显示的要求运行。

连续式机车信号的显示和通过信号机的显示，是通过同一个轨道电路传输的，通过信号机灯光熄灭而机车信号显示允许运行的信号时，表示前方闭塞分区处于空闲状态，设备良好，不危及行车安全，所以准许列车按机车信号的显示运行，不受停车和限速运行规定的限制。

任务 **3.3** 自动站间闭塞

3.3.1 自动站间闭塞的概念

自动站间闭塞是在半自动闭塞的基础上发展起来的新型闭塞设备，区间两端站的出站信号机和轨道检查装置构成联锁关系，采用轨道检查装置自动检查区间空闲，列车以站间区间为间隔运行，通过办理发车进路和检查列车出清区间的方式，自动实现区间闭塞和区间开通。

轨道检查装置主要有计轴设备和区间长轨道电路。

计轴设备通过设置在区间两端站的计轴磁头，对进入区间和车站的列车轴数进行记录，并经过传输线路将两端站所记录的轴数进行核对，当两端站记录的轴数一致时，即确认列车整列到达，区间空闲，自动开通区间。发出由区间返回的列车时，由发车站自行检查。当计轴设备记录进出区间的列车轴数不一致时，即判定区间占用。当计轴设备发生故障不能正常计轴或判定区间占用时，不能自动解除闭塞。

区间长轨道电路由三部分组成，包括上、下行接近区段轨道电路（双线时为接近和发车区段轨道电路）和中间区段轨道电路，通过轨道电路对区间是否占用、线路是否良好进行检查。在这三部分轨道电路都空闲时，排列发车进路，开放出站信号，自动完成闭塞；在列车到达前方站（返回发车站）三部分轨道电路都空闲后，自动开通区间。当区间任何一部分轨道电路处于占用状态时，不能开放出站信号机，自动办理闭塞；列车虽已到达前方站（返回发车站），但不能解除闭塞开通区间。出站信号机开放后，如果区间轨道电路因故障等原因处于占用状态时，便自动关闭。

由于自动站间闭塞发车前不需办理闭塞手续，排列发车进路开放出站信号后，即可发出列车，同时列车需按站间间隔行车。因此发车站在办理发车进路前，须确认区间空闲和接车站未办理同一区间或线路的发车进路，否则不能开放信号，形成自动站间闭塞。为使接车站做好接车准备工作，发车站应向接车站发出预告。

自动站间闭塞区间，发车站办理预告后即是"区间闭塞"，接车站必须做好接车准备。如果列车预告后因特殊情况不能发出时，发车站必须通知接车站取消预告，避免长时间占用区间，方便接车站进行其他作业，也能为其他列车运行提供条件。

3.3.2 自动站间闭塞法的行车凭证

使用自动站间闭塞法行车时，列车凭出站信号机或线路所通过信号机显示的允许运行的信号进入区间。

自动站间闭塞须与集中联锁设备结合使用，自动检查区间空闲，发车站办理发车进路后即自动构成站间闭塞。列车到达接车站或返回发车站并出清区间后，自动解除闭塞。

　　发车站在办理发车进路前，须确认区间空闲、接车站未办理同一区间的发车进路，并向接车站预告。发车站已向接车站预告，但列车不能出发时，在取消发车进路后，须通知接车站。

任务 *3.4* 半自动闭塞

3.4.1　半自动闭塞的概念

1. 作用原理

　　半自动闭塞是利用装在区间两端车站行车室内的半自动闭塞机和两站相对出站信号机之间实现相互控制的一种闭塞设备。此种设备的行车闭塞作用一部分是人工操纵的（办理闭塞及开放出站信号机），另一部分是靠运行列车自动完成的（出站信号机在列车进入闭塞轨道电路时自动关闭），故称为半自动闭塞。

　　目前，我国铁路主要采用 64 D 型单线继电半自动闭塞。其主要设备为：区间两端的车站各设一台闭塞机，一段专用的闭塞轨道电路和出站信号机，如图 3—10 所示。

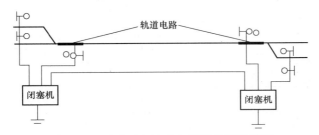

图 3—10　半自动闭塞电气联锁关系示意图

　　出站信号机不仅和发车进路上的道岔相互联锁，而且受本站闭塞机的控制。只有发车进路正确，区间空闲，经过两端车站值班员办理规定的闭塞手续后，出站信号机才能开放。列车进入区间后，出站信号机自动关闭，在列车未到达对方车站以前（区间有列车占用），两站相对出站信号机都不能开放，从而保证了"同一区间在同一时间内，只能有一趟列车占用"这一原则的实现。

2. 半自动闭塞程序

　　（1）单线半自动闭塞的简要办理过程如表 3—2 所示。

　　（2）取消闭塞的方法。

　　① 发车站已请求发车，发车表示灯及接车站接车表示灯亮黄灯，如一方需要取消闭塞，经两车站值班员联系同意后，由发车站拉出闭塞按钮（或按下复原按钮），两站闭塞表示灯熄灭，闭塞机复原。

　　② 接车站已按下闭塞按钮，发车表示灯亮绿灯，但发车站未开放出站信号机时，由发车

站拉出闭塞按钮（或按下复原按钮），闭塞表示灯熄灭，闭塞机复原。

③开放出站信号机后需要取消闭塞时，经两站联系，电气集中联锁车站确认列车没有出发后，发车站关闭出站信号机，拉出闭塞按钮（或按下复原按钮），双方闭塞表示灯熄灭，闭塞机复原。

表3-2 单线半自动闭塞的简要办理过程

发 车 站	接 车 站
1. 车站值班员用闭塞电话向接车站请求发车	
	2. 车站值班员同意接车
3. 按一下闭塞按钮，发车表示灯亮黄灯，电铃鸣响	
	4. 接车表示灯亮黄灯，电铃鸣响
	5. 按一下闭塞按钮，接车表示灯变为亮绿灯
6. 发车表示灯亮绿灯，电铃鸣响。车站值班员在发车进路准备妥当后开放出站信号机	
7. 列车出发进入发车轨道电路区段，出站信号机自动关闭，发车表示灯变为亮红灯	
	8. 接车表示灯亮灯，电铃鸣响。在进路准备妥当后，开放进站信号机
	9. 列车进入接车轨道电路区段，接车表示灯和发车表示灯均亮红灯
	10. 确认列车整列到达后，关闭进站信号机，按一下闭塞按钮，接车表示和发车表示灯均熄灭
11. 接车表示灯红灯熄灭，电铃鸣响	
	12. 通知邻站列车到达时刻

3.4.2 半自动闭塞正常情况下的行车凭证

使用半自动闭塞法行车时，列车凭出站信号机或线路所通过信号机显示的允许运行的信号进入区间。

开放出站信号机或通过信号机前，双线区段必须得到前次列车到达前方站的到达信号；单线区段必须得到接车站的同意闭塞信号。

发车站办理闭塞手续后，列车不能发出时，应将事由通知接车站，取消闭塞。

半自动闭塞是指通过两个相邻车站（线路所）的闭塞机、出站信号机（线路所通过信号机）和轨道电路构成的联锁关系。使用半自动闭塞设备时，出站或通过信号机显示进行信号，即表示区间已空闲、发车进路已被锁闭，当出发的列车压上出站方面的轨道电路，出站或通过信号机就立即自动关闭，在该列车运行到接车站，压上接车轨道电路之前，出站或通过信号机不能再开放。由于上述联锁关系，可以保证列车运行的安全，因此规定使用半自动闭塞方法行车时，列车凭出站或通过信号机显示的允许运行的信号进入区间。

出站（通过）信号机的开放条件如下。

（1）双线半自动闭塞区间，发车站必须得到前次列车到达前方站的到达表示后，才有权发车。因为前次列车驶过接车站接车轨道电路，闭塞机就可以解锁并开通区间。所以发车站（线路所）只要得到前次列车到达前方站的到达表示后，就可以开放出站或线路所通过信号机发车。

（2）单线半自动闭塞区间，发车站必须在闭塞机上得到接车站的同意闭塞信号后，才能开放出站或通过信号机。而接车站只能在区间空闲时，才能发出同意闭塞信号，并在其发出同意闭塞信号后，该站（线路所）向该区间的出站或通过信号机才能开放。这样就可避免同时向同一区间发出对向的列车。所以，在单线半自动闭塞区间任何一端车站（线路所），在开放出站或线路所通过信号机前，必须得到接车站的同意闭塞信号。

3.4.3　半自动闭塞特殊情况下的行车凭证

半自动闭塞区段，遇超长列车头部越过出站信号机而未压上出站方面的轨道电路发车时，行车凭证为出站信号机显示的允许运行的信号，并发给司机调度命令；遇发车进路信号机故障或超长列车头部越过发车进路信号机发车时，列车越过发车进路信号机的行车凭证为半自动闭塞发车进路通知书，如图3-11所示。

超长列车头部越过出站信号机，而未压上出站方面轨道电路时，因能使用半自动闭塞法，所以列车占用区间的行车凭证仍然为出站信号机显示的进行信号，但应发给司机准许列车头部越过出站信号机发车的调度命令。

如果列车头部压上出站方面轨道电路，因无法办理闭塞，所以必须停止基本闭塞法，改用电话闭塞法行车，列车占用区间的行车凭证为路票。

在有多个车场的车站，相互办理接发列车的车场之间，装设有发车进路信号机，使列车由一个车场发往另一个车场（一般为技术站或作业量较大的中间站）。因有关车场的设备条件相对复杂，不宜统一制定发车进路信号机故障时的行车办法，所以发车进路信号机故障时的行车办法，由铁路局规定，并应纳入《车站行车工作细则》。

半自动闭塞发车进路通知书

第_____号

1. 在列车头部越过发车进路信号机的情况下，准许第_____次列车由____线发车。
2. 在____发车进路信号机故障的情况下，准许第____次列车越过该发车进路信号机。

站（站名印）车站值班员（签名）
年　　月　　日填发

注：1. 白色纸，复写一式两份，司机一份，存根一份；　　　（规格90 mm×130 mm）
　　2. 不用的字句抹消。

图3-11　半自动闭塞发车进路通知书

任务 **3.5** 电话闭塞

3.5.1 电话闭塞法的使用条件

当基本闭塞法不能使用时,应根据列车调度员的命令采用电话闭塞法行车。遇列车调度电话不通时,闭塞法的变更或恢复,应由该区间两端站的车站值班员确认区间空闲后,直接以电话记录办理。列车调度电话恢复正常时,两端站车站值班员应及时向列车调度员报告。

遇下列情况,应停止使用基本闭塞法,改用电话闭塞法行车。

(1)基本闭塞设备发生故障(包括自动闭塞区间内两架及以上通过信号机故障或灯光熄灭)时。

(2)发出挂有由区间返回的后部补机的列车时,或自动闭塞区间发出由区间返回的列车时。

(3)无双向闭塞设备的双线区间反方向发车或改按单线行车时。

(4)半自动闭塞区间,发出须由区间返回的列车,由未设出站信号机的线路上发车,或超长列车头部越过出站信号机并压上出站方面轨道电路发车时。

(5)在夜间或遇降雾、暴风雨雪天气,为消除线路故障或执行特殊任务,开行轻型车辆时。

自动站间闭塞设备故障,半自动闭塞设备良好时,可根据调度命令改按半自动闭塞法行车。

自动闭塞设备发生故障,不能保证列车按自动闭塞方式行车时,应停止使用,改按电话闭塞法行车。自动闭塞区间两架及其以上通过信号机发生故障或灯光熄灭,列车虽可按《铁路技术管理规程》有关规定运行,但势必造成列车在区间一再停车,不仅会降低列车运行速度,而且危及行车安全。因此,遇两架及以上通过信号机故障或灯光熄灭时,比照自动闭塞设备发生故障办理,改按电话闭塞法行车。半自动闭塞设备故障,如出站信号机内方轨道电路故障、出站信号机故障或灯光熄灭,由于不能形成半自动闭塞控制条件或不能开放出站信号机作为列车占用区间的行车凭证,因此,应停止使用,改按电话闭塞法行车。

自动闭塞或半自动闭塞区间,发出挂有由区间返回后部补机的列车,车站从设备上无法控制在列车到达前方站后,补机返回前不再向该区间放行列车,自动闭塞区间发出由区间返回的列车时,在其返回前,车站从设备上,无法控制再向该区间放行列车,为防止人为失误造成严重后果,必须停止基本闭塞法,改按电话闭塞法行车。

无双向闭塞设备的双线区间反方向发车时,由于无反方向闭塞设备,必须改用电话闭塞法行车。无双向闭塞设备的双线区间改按单线行车时,虽然正方向闭塞设备可以使用,但反方向行车时无闭塞设备保证安全,办理上容易混淆,极易引发错误,所以也要停止使用基本闭塞法改按电话闭塞法行车。

半自动闭塞列车占用区间的行车凭证,为出站信号机显示的进行信号。发出须由区间返回的列车时,由于列车不进入前方站,不能压上接车站轨道电路,导致不能正常使用闭塞设备办理复原，列车返回发车站后须由车站值班员使用事故按钮办理人工复原，安全系数较低，因此须停止使用基本闭塞法，改按电话闭塞法行车；由未设出站信号机的线路上发车，或超长列车越过出站信号机压上出站方面轨道电路发车时，因无法取得占用区间的行车凭证，须改按电话闭塞法行车。

轻型车辆装有绝缘车轴，不能通过轨道电路确定其位置，为确保安全，轻型车辆仅限昼间封锁施工作业时使用，此时不按列车办理；同样为确保安全，在夜间或遇降雾、暴风雨雪天气等瞭望条件不好的情况下，为消除线路故障或执行特殊任务须使用轻型车辆时，应按列车办理，此时应停止基本闭塞法，改按电话闭塞法行车。

3.5.2 电话闭塞法的行车凭证

使用电话闭塞法行车时，列车占用区间的行车凭证为路票。当挂有由区间返回的后部补机时，另发给补机司机路票副页。

单线或双线反方向发车（正方向首列发车）时，根据《行车日志》查明区间已空闲，并取得接车站承认的电话记录号码，在发车进路准备妥当后，方可填发路票。双线正方向发车（首列除外）时，根据收到的前次发出的列车到达的电话记录号码，在发车进路准备妥当后，即可填发路票。

电话闭塞法是当基本闭塞法不能使用时，根据列车调度员命令所采用的代用闭塞法。由于此种闭塞方法全由人工控制，所以两站间的闭塞手续，必须严格根据《行车日志》等，查明区间确实空闲后，方可办理。

使用电话闭塞法行车时，列车占用区间的行车凭证，不论单线或双线均为路票。填写路票时，当发出挂有由区间返回后部补机的列车时，应填写一式两份（仅编号顺序不同），其中交给后部补机的路票的右上角须加盖"副"字戳记作为路票副页，作为补机司机返回发车站的凭证。

为避免相对方向的两端站同时发出迎面列车，规定单线或双线反方向发车时，除根据《行车日志》等查明区间空闲外，还必须取得接车站的承认后，方可填发路票。双线正方向首列发车时，为保证安全，除查明区间空闲外，也应在取得接车站的承认，并在发车进路准备妥当后，方可填发路票。双线反方向发车时，还必须有调度命令才能办理。

在双线正方向发车时（首列除外），不必取得接车站的承认，但应根据收到前次发出的列车已到达接车站的电话记录，在发车进路准备妥当后，方可填发路票。

3.5.3 电话闭塞法的办理手续

必须严格根据电话记录查明区间确实空闲后，方可办理电话闭塞手续。

1. 单线或双线反方向发车办理闭塞的简要程序（见表 3-3）

表 3-3 单线或双线反方向发车办理闭塞的简要程序

程 序	发 车 站	接 车 站
办理闭塞	1. 确认区间空闲后，请求闭塞："××次可否发车"	
		2. 确认区间空闲及接车线可以接车，答："电话记录×号，×时×分，同意接××次。"同时记入《行车日志》
	3. 复诵并记入《行车日志》	

续表

程序	发　车　站	接　车　站
发车与接车	4. 填发路票并进行自检及互检	
		5. 复诵并准备
	6. 将路票交给司机，指示发车。通知接车站："×× 次×时×分发车"并向列车调度员报点	
区间开通		7. 列车到达，收回路票，划"×"注销，向发车站办理区间开通手续："电话记录×号，×× 次×时×分到，区间开通"，并记入《行车日志》，向列车调度员报点
	8. 复诵电话记录，并记入《行车日志》	

2. 双线区间电话闭塞简要程序（见表3-4）

表3-4　双线区间电话闭塞简要程序

程序	发　车　站	接　车　站
预报发车	1. 预报开车："××次预计×点×分开"	
		2. 复诵："××次预计×点×分开"并准备进路
	3. 根据前次发出列车到达接车站的电话记录号码填写路票，并进行自检及互检	
发车与接车	4. 将路票交给司机，指示发车	
	5. 通知接车站："××次×点×分开"并报告列车调度员	
		6. 复诵："××次×点×分开。"准备进路，开放信号
区间开通		7. 列车到达，收回路票，划"×"注销。通知发车站："电话记录×号，××次×时×分到，区间开通"并记入《行车日志》，向列车调度员报点
	8. 复诵："电话记录×号，××次×时×分到，区间开通"并记入《行车日志》	

3.《行车日志》的填写

《行车日志》是车站记录列车运行情况的原始资料。凡是在车站办理列车到发、通过的一切列车（包括单机、各种轨道车），均须在《行车日志》内记载。《行车日志》有三个作用。

（1）记载列车到发时刻，作为填记登记簿（运统4）的依据。

（2）记载列车运行的实际情况，作为向铁路局列车调度员报告的资料。

（3）确认区间是否空闲的依据。

办理电话闭塞时，下列各项应发出电话记录号码，并记入《行车日志》。

（1）承认闭塞。

（2）列车到达，补机返回。

（3）取消闭塞。

（4）单线或双线反方向越出站界调车。

电话记录号码自每日 0 时起至 24 时止，按日循环编号，编号办法由铁路局规定。

3.5.4　路票的使用

1. 路票格式

路票如图 3-12 所示。

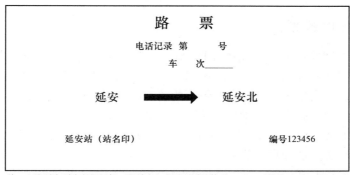

注：1.路票为预先印好区间（即站名）和编号的硬卡片；　（规格75 mm×88 mm）
　　2.加盖 ㊐ 字戳记者，为路票副页。

图 3-12　路票

2. 路票的填记与使用

路票应由车站值班员或指定的助理值班员填写。

对于填写的路票，车站值班员应根据《行车日志》的记录，认真进行核对，确认无误，并加盖站名印后，方可送交司机。

路票是使用电话闭塞法行车时列车占用区间的凭证。路票填写的正确与否，关系到列车是否能够安全运行。为了防止错填路票，原则上应由车站值班员亲自填写。因车站值班员作业繁忙或助理值班员室距离过远等原因不能亲自填写时，可由《车站行车工作细则》指定的助理值班员填写，但应经车站值班员审核（可使用电话复诵核对，具体由《车站行车工作细则》规定），方可交付使用。

填写路票时，内容要齐全，字迹要清楚，不得涂改，当填写错误时，应在路票上划"×"注销，重新填写。

使用路票必须选准使用的区间，正确填写电话记录号码、车次并加盖站名印。为防止双线反方向、两线或多线区间电话闭塞法行车时，错误办理列车方向，双线反方向行车时，应在路票上加盖"反方向行车"章，两线、多线区间使用路票时，应在路票上加盖"××线行车"章。

对由区间返回的列车，路票应填写往返车次。当发出挂有需由区间返回的后部补机的列车，应填路票一式两份（仅编号顺序不同），发给补机的路票右上角须加盖"㊐"字戳记作为副页，作为补机司机由区间返回时占用区间的行车凭证。

任务 3.6 一切电话中断时的行车办法

3.6.1 一切电话中断的概念

不论是采用基本闭塞法还是采用代用闭塞法，当车站办理行车工作时，均应通过闭塞机或行车闭塞电话与邻站办理闭塞手续，这些都离不开电话通信这一基本条件。现实中，由于自然灾害或其他原因，可能会发生一切电话中断的情况，而列车运行是不允许中断的。因此，为保证铁路运输的连续性，制定了一切电话中断时的行车方法。

一切电话中断是指车站行车室内的一切电话，如行车闭塞电话、调度电话、自动电话均告中断，使车站值班员无法使用电话办理行车联系事项。

一切电话中断时的行车方法，完全依靠严密的制度条例来办理列车的继续运行，无任何控制设备可借助，这就需要有关人员掌握一切电话中断时的行车方法的有关规定，并在作业中认真执行，以确保列车的运行安全。

3.6.2 一切电话中断时的行车办法

车站行车室内一切电话中断，单线行车按书面联络法，双线行车按时间间隔法。列车进入区间的行车凭证均为红色许可证，如图3-13所示。

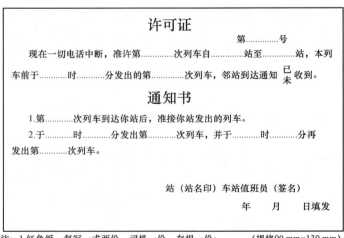

图3-13 红色许可证

在自动闭塞区间，当闭塞设备作用良好时，列车运行仍按自动闭塞法行车，但车站与列车司机应以列车无线调度通信设备直接联系（说明车次及注意事项等）。如列车无线调度通信设备故障时，列车必须在车站停车联系。

单线按书面联络法行车时，下列车站可以优先发车。

（1）已办妥闭塞而尚未发车的车站。

（2）未办妥闭塞时：

① 单线区间为发出下行列车的车站；

② 双线改为单线行车时，为该线原定发车方向的车站；

③ 同一线路同一方向运行的列车，有上下行两种车次时，铁路局规定优先发车的车站。

第一趟列车的发车权为优先发车的车站所有，如优先发车的车站没有待发列车时，应主动用红色许可证的通知书通知非优先发车的车站。非优先发车的车站，如有待发列车时，应在得到通知书以后方可发车。

第一趟列车的发车站，在发车前应查明区间已空闲，并在红色许可证的通知书上记明下一趟列车的发车权。如为第（1）项所规定的发车站发车时，持有行车凭证的列车，还应发给红色许可证的通知书；如无行车凭证，列车应持红色许可证开往邻站。以后开行的列车，均凭红色许可证的通知书上记明的发车权办理。

红色许可证的通知书，应采取最快的方法传送，优先方向车站如无开往区间的列车时，在确认区间空闲时，可使用重型轨道车或单机传送。

双线按时间间隔法行车时，只准发出正方向的列车。非自动闭塞区间发出第一趟列车时，在发车前应查明区间已空闲。

一切电话中断后，连续发出同一方向的列车时，两列车的间隔时间，应按区间规定的运行时间另加 3 min，但不得少于 13 min。

3.6.3　一切电话中断后禁止发出的列车

（1）在区间内停车工作的列车（救援列车除外）。这种列车在区间内停车工作，占用区间的时间较长，在失去联系的情况下，如因故超过指定时间，就有可能造成列车追尾冲突事故。另外，由于电话中断后，对列车的运行情况很难掌握，如果发出在区间内停车工作的列车，很可能延误邻站待发的重要列车的发出。因此，一切电话中断后，这种列车禁止开行。但为了排除区间内线路故障，准许发出到区间救援的列车。

（2）开往区间岔线的列车。这种列车如待其返回或继续开往前方站，再发出其他列车，则占用区间时间太长。又因其是否进入岔线不易掌握，如一旦未按预定时间进入岔线，再发出其他列车，就有可能发生列车追尾冲突事故；从岔线返回时，也很难和车站联系。因此，一切电话中断后，这种列车禁止开行。

（3）须由区间内返回的列车。这种列车由于在区间作业，占用区间时间长，返回时间不易掌握，将会延误其他的待发列车。因此，一切电话中断后，这种列车禁止开行。

（4）挂有须由区间内返回后部补机的列车。由于邻站无法掌握补机返回发车站的时间，邻站发出待发列车时，就不能确保行车安全。因此，一切电话中断后，这种列车禁止开行。

（5）列车无线调度通信设备故障的列车。考虑到列车无线调度通信设备的普及，以及通信中断的特殊情况，为确保安全，加强联系，列车无线调度通信设备故障的列车，不能进入区间。

3.6.4　封锁区间的行车办法

在一切电话中断时间内，如有封锁区间抢修施工或开通封锁区间时，由接到请求的车站

值班员以书面形式通知封锁区间的相邻车站。

单线区间的车站，经以闭塞电话、列车调度电话或其他电话呼唤 5 min 无人应答时，由列车调度员查明该站及其相邻两区间确无列车（包括单机、大型养路机械及重型轨道车）后，可发布调度命令，如图 3-14 所示，封锁两区间，按封锁区间办法向不应答站发出列车。

调度命令

..........年.......月.......日.......时.......分　第.......号

受令处所		调度员姓名	
内容			

（规格110 mm×160 mm）　　　　　　受令车站...........　车站值班员...........

图 3-14　调度命令

该列车应在不应答站的进站信号机外停车，判明不应答原因及准备好进路后，再行进站。司机（运转车长）或车站值班员应将经过情况报告列车调度员。

复习思考题

1. 闭塞设备分为哪几种？具体设置条件是什么？
2. 使用基本闭塞法行车时，列车进入区间或闭塞分区的行车凭证是什么？
3. 哪些情况使用绿色许可证发车？
4. 自动闭塞区间通过信号机显示停车信号（包括显示不明或灯光熄灭）时，司机应如何处理？
5. 哪些情况需要停止基本闭塞法，改用电话闭塞法行车？
6. 一切电话中断，在双线自动闭塞区间，如闭塞设备作用良好时，应如何行车？

项目4 编组列车

 **项目摘要**

编组列车是按列车种类、用途和运输性质，根据《铁路技术管理规程》、列车编组计划和列车运行图规定的编挂条件、车组、重量或长度编组，将车辆或车组选编成车列。编组列车中机车、车辆的编挂需符合《铁路技术管理规程》的相关要求。

通过对列车编组计划、机车的编挂、单机挂车、车辆的编挂、关门车的编挂等内容的系统学习，我们将全面掌握编组列车的相关知识。本项目主要内容如下。

（1）编组列车的一般要求；

（2）工作机车的编挂规定；

（3）单机挂车的规定；

（4）车辆的编挂规定；

（5）关门车的编挂规定。

任务 4.1 编组列车的一般要求

4.1.1 相关概念与基本要求

按《铁路技术管理规程》规定编组列车，是指车辆编入列车的技术条件、隔离限制、自动制动机数量、配挂要求、列车尾部挂车条件、编入列车的机车编挂位置等，必须符合《铁路技术管理规程》有关"编组列车"的规定。同时，对于各类危险货物、易燃普通货物及装载上述货物车辆编入列车的隔离限制，编挂装载超限货物车辆和特种车辆，还要执行《铁路危险货物运输管理规则》《铁路超限超重货物运输规则》等的有关规定及临时指示。

1. 列车的概念

列车是完成铁路运输任务的主要形式，是按种类、用途和运输性质，根据《铁路技术管理规程》、列车编组计划和列车运行图规定的编挂条件、车组、重量和长度，将车辆或车组选编而成，并挂有牵引机车和规定的列车标志的车列。也就是说，列车必须具备以下三个条件。

（1）按有关规定编成的车列。

（2）挂有牵引本次列车的机车。

（3）有规定的列车标志。

单机、大型养路机械及重型轨道车虽未完全具备列车条件，亦应按列车办理。

2. 对编成的列车的基本要求

列车重量应根据机车牵引力、区段内线路状况及其设备条件确定。编组超重列车时，编组站、区段站应商得机务段调度员同意，在中间站应得到司机的同意，并均须经列车调度员准许。

列车长度应根据运行区段内各站到发线的有效长，并须预留 30 m 的附加制动距离确定。超长列车运行办法，由铁路局规定。

动车组以外的旅客列车按列车编组表编组，机车后第一位编挂一辆未搭乘旅客的车辆作为隔离车。行李车、邮政车、发电车等非乘坐旅客的车辆应分别挂于机车后第一位和列车尾部，起隔离作用；在装设集中联锁的区段，并设有列车运行监控装置时，旅客列车可不挂隔离车。如隔离车在途中发生故障摘下时，可无隔离车继续运行。铁路局管内旅客列车经铁路局负责人批准，可不隔离。

军用列车的编组，按有关规定办理。

4.1.2　列车编组计划的作用及任务

在全国铁路的数万公里营业线路和数千个营业车站上，每天有数万辆货车在车站上进行装卸作业。重车要从装车站向卸车站运送，空车又需从卸车站向装车站回送。这些重、空车流的输送均需经过一系列的技术作业，编成列车后才能实现。列车编组计划就是把全路复杂的重、空车流按到站和去向，组织到不同种类的列车之中，有节奏地组织运输生产。制定列车编组计划时，还应考虑市场需求，尽量满足货主和企业对货物运输的要求。

铁路运输完成的货物"位移"是通过列车来实现的，但是，全路各站设备条件不同，能力不同，各技术站编组列车的种类和方法也不同。列车编组计划所要研究和解决的主要问题就是怎样编组列车、编组哪些列车和在哪些车站上编组的问题。

在解决上述问题的同时，还要考虑加速车辆解编、减少车站改编作业、合理运用调车设备等问题，加速货物的送达和机车车辆的周转。

正确的车流组织方法，应该是根据车流的大小和性质，结合设备条件，采取不同的组织形式。将装车量较大、流向集中的地点或邻近的几个装车站联合起来，组织装车地直达列车；对装车地直达列车剩余（或需继续运送）的车流，通过对车流各种组合方案的计算比较，确定既在编组站集结时间短，又在途中运行快的列车编组方法，按车辆去向的远近，由技术站分别编组技术直达、直通、区段列车；对到达中间站的车辆或中间站挂出的车辆，则一般编入摘挂列车。

列车编组计划的主要作用如下。

（1）列车编组计划把全路复杂的重、空车流，分别按到站和去向的不同，组织到不同种类的列车之中，有节奏地组织运输生产。

（2）列车编组计划规定了各站的作业任务、作业方法和使用车站技术设备的办法。

（3）列车编组计划规定了各站间的相互关系和联合动作，是全路车站分工的战略部署。

（4）列车编组计划是铁路与国民经济其他部门紧密联系的一个重要环节。

（5）列车编组计划与列车运行图有密切的联系，它是编制列车运行图的基础。没有列车编组计划的行车量和列车分类，则运行图难以铺画。同时，列车编组计划又有赖于列车运行图来体现。两者密切结合，成为行车组织工作的基本技术文件。

货物列车编组计划的主要任务包括以下方面。

（1）在装车站最大限度地组织直达列车和成组装车，以减少技术站的改编作业量。

（2）根据车流特点、设备条件和作业能力，正确规定装车站和技术站编组列车的办法，最大限度地减少车辆的改编作业次数、加速车辆周转。

（3）合理分配技术站的调车工作任务，尽量将调车作业集中到技术设备先进、解编能力大、作业效率高的路网性编组站上进行，以便充分发挥设备能力、减少人力消耗、降低运输成本。

（4）在具有平行经路的铁路方向上，按照运输里程及区段通过能力的使用情况，规定合理的车流经路，以平衡各铁路线路的任务、减轻主要铁路方向的负担。

（5）合理地组织管内零散车流，加速管内车流的输送。

4.1.3　列车重量（牵引定数）和长度的确定

1. 列车重量的确定

列车重量（牵引定数）是指根据机车牵引力、区段内线路状况及其设备条件，结合先进操作经验，经过周密计算和牵引试验后确定的重量。列车重量为列车运行图的牵引定数。

列车的实际重量，包括列车内编挂的所有车辆的自重和载重之总和，列车编挂的非工作机车、架桥机、检衡车等的重量也计算在内，但工作机车（本务机车、补机、重联机车等）和有火回送机车的重量不计算其重量。在实际工作中，为充分利用机车牵引力，原则上不准编开低于牵引定数的列车。

编组列车时，列车实际重量与图定重量不一定能完全相符。

超重列车：列车重量超过图定重量 81 t 及以上，连续运行距离超过机车乘务规定区段 1/2 的货物列车。

欠重列车：列车重量低于图定重量 81 t 及以上，同时换长 1.3 辆及以上，连续运行距离超过机车乘务规定区段 1/2 的列车。

超长列车：超过列车运行图规定的换长 1.3 辆及以上的列车。

欠长列车：低于列车运行图规定的换长 1.3 辆及以上的列车。

满轴：实际编成的列车，其牵引重量、列车长度有一项符合列车运行图规定的标准时，称为满轴。

2. 列车长度的确定

车辆全长：车辆两端的车钩在闭锁位时，钩舌内侧的距离，以米为单位。

换算长度：为了实际工作的方便，习惯上将车辆的长度换算成车辆的辆数，即以车辆全长除以 11 米所得的商即为换长（又称计长），即：

$$换长=\frac{车辆全长（m）}{11（m）}（辆）$$

计算中保留一位小数，尾数四舍五入。11 m 是 P1 型棚车的全长，以此作为换算的标准车长度。如 SS_4 型电力机车（单节）换长为 1.5 辆，HXD_3 型电力机车换长为 1.9 辆。

列车虽未超过图定区段计长，而实际超过停放该列车的到发线有效长时，应按超长列车办理。各铁路局制定超长列车运行办法时，必须考虑运行区段内的具体条件，编组超长列车的最大长度一般不得超过区段内两股最短到发线有效长之和，并不宜编挂超限及其他限速车辆。开行超长列车时，必须取得列车调度员的命令准许，事先向有关站、段布置，特别要注意列车

会让计划。单线区段应避免对开超长列车，以免给中间站会让带来困难。

4.1.4 禁止编入列车的机车车辆

为了保证行车安全，在编组列车时，对其编挂的机车车辆，在技术条件上必须有一定的要求。凡属下列情况之一的机车车辆，禁止编入列车。

（1）插有扣修、倒装色票的及车体倾斜超过规定限度的。

（2）曾经发生冲突、脱轨、火灾、爆炸或曾编入发生特别重大、重大、较大事故列车内及在自然灾害中损坏，未经检查确认可以运行的。

（3）装载货物超出机车车辆限界，无挂运命令的。

（4）装载跨装货物（跨及两平车的汽车除外）的平车，无跨装特殊装置的。

（5）平车及敞车装载货物违反装载和加固技术条件的。

（6）未关闭侧开门、底开门，以及平车未关闭端、侧板的（有特殊规定者除外）。

（7）由于装载的货物需停止自动制动机的作用，而未停止的。

（8）企业自备机车、车辆、自轮运转特种设备和城市轨道车辆、进出口机车车辆过轨时，未经铁路机车车辆人员检查确认的。

（9）缺少车门的（检修回送车除外）。

（10）超过定期检修期限的客车车辆（经车辆部门鉴定的回送客车除外）禁止编入旅客列车。

任务 **4.2** 列车中机车的编挂及单机挂车

4.2.1 对牵引列车的机车出段的基本要求

牵引列车的机车在出段前，必须达到运用状态，下列主要部件和设备必须作用良好并符合要求。

（1）机车的牵引、走行、制动系统，安全保护装置，照明和信号标志，行车安全设备。

（2）机车采用单元制动器的制动闸瓦与车轮踏面的缓解间隙为 4～8 mm，采用轮盘制动的闸片与制动盘的单边缓解间隙为 1～2 mm。

（3）车钩中心水平线距钢轨顶面高度为 815～890 mm。

（4）轮对：

① 轮对内侧距离为 1 353 mm，允许偏差不得超过±3 mm；

② 轮箍或轮毂不松弛；

③ 轮箍、轮毂、辐板（辐条）、轮辋无裂纹；

④ 轮缘的垂直磨耗高度不超过 18 mm，并无碾堆；

⑤ 车轮踏面擦伤深度不超过 0.7 mm；

⑥ 车轮箍踏面上的缺陷或剥离长度不超过 40 mm，深度不超过 1 mm；

⑦ 轮缘厚度在距踏面基线向上 *H* 距离处测量应符合表 4–1 的规定（轮缘原设计厚度在 25 mm 及以下，由铁路局规定）；

表 4–1　机车轮缘厚限度

序号	车轮踏面类型	测量点与踏面基线之间距离 *H*/mm	轮缘厚限度/mm
1	JM2、JM3	10	34～23
2	JM	12	33～23

⑧ 车轮箍踏面磨耗深度不超过 7 mm；采用轮缘高度为 25 mm 的磨耗型踏面时，其磨耗深度不超过 10 mm。

（5）电力机车的受电弓、牵引电机、辅助机组、高压电器、与操纵机车有关的低压电器、蓄电池组和主、辅控制电路。

4.2.2　工作机车的编挂

工作机车应挂于列车头部，正向运行（牵引小运转、路用、救援列车的机车除外）；无转向设备的，可逆向运行。

双机或多机牵引时，本务机车的职务由第一位机车担当。

补机原则上应挂于本务机车的前位或次位，在特殊区段或需途中返回时，经铁路局批准，可挂于列车后部，如后部补机不接软管时，由铁路局规定保证安全的办法。

4.2.3　回送机车的编挂

机车因配属、局间调拨或入厂、段检修，以及检修完毕后返回本段等原因，产生机车回送。

铁路局所属的机车跨牵引区段回送时，原则上应有动力附挂货物列车（电力机车经非电气化区段回送时除外）。在所担当的区段外单机运行时，应派带道人员添乘。杂小型及状态不良的，可随货物列车无动力回送。

旅客列车遇特殊情况须附挂跨铁路局的回送机车时，按国铁集团调度命令办理。

回送机车，应挂于本务机车次位，挂有重联机车时为重联机车次位。20‰及以上坡道的区段，禁止办理机车专列回送。

回送铁路救援起重机，应挂于列车后部。

为了充分利用牵引动力，电力机车在设有已通电的接触网区段、内燃机车在保证供给燃料的情况下，应尽量牵引货物列车回送。非铁路局所属的机车回送时，按货物托运附挂列车中。下列情况，准许单机或附挂货物列车回送。

（1）入厂、段修的主型机车，确因技术状态不良，并有机务段事先向有关铁路局机车调度员发出不宜牵引列车的电报。

（2）因运输任务较少等原因，12 h 内无牵引列车条件的。

（3）杂小型机车，遇牵引力与区段规定的牵引定数相差较大，为防止占用区段运行线，浪费区段通过能力，以附挂货物列车回送为宜。

（4）内燃机车在运行 1 000 km 或 40 h 内没有上油设备时。

当回送机车在所担任区段以外单机运行时，由于乘务员不熟悉该区段线路的坡道、曲线及有关行车设备情况，故须由担任该区段机车运用的机务段派出指导人员添乘，以确保列车安全、正点。

回送机车应采取与本务机车重联的方式。因为机车重量大，如挂于列车中部或后部，在列车制动时，容易发生断钩事故。

在电气化区段回送时内燃机车要关闭天窗。电传动内燃机车和电力机车回送时，牵引电动机碳刷须全部拔掉，拆除二、五动轴与测速发电机的机械连接；液力传动的内燃机车应拆除与动轮连接的万向轴；关闭重联塞门，制动机手柄置于运转位，开放无火装置塞门，制动缸活塞行程调整到最大标准，分配阀调整到 1.5～2.0 kPa。ND 型制动机手柄置于锁闭位。内燃机车排除冷却水和润滑油，冬季注意防冻。

铁路救援起重机回送前，回送单位应做好技术检查和整备工作。路外单位托运起重机前，应由铁路部门鉴定，无技术鉴定书时不能办理托运。对于铁路救援起重机所规定的不同回送速度，主要是考虑到起重机本身走行部分的弱点和其重心偏高，以及起重臂的横向摆动大等因素。为了确保铁路救援起重机回送安全，对常见的铁路救援起重机规定了回送的限制速度，如表 4-2 所示，《铁路技术管理规程》未明确规定的按设计文件要求速度回送，并挂于列车后部。

表 4-2　铁路救援起重机回送限制速度表

型　号	名　称	回送速度/（km/h）
NS2000	200 t 伸缩臂式铁路救援起重机	120
	吊臂平车	120
NS1600	160 t 伸缩臂式铁路救援起重机（1 680 t·m）	120
	吊臂平车	120
NS1600	160 t 伸缩臂式铁路救援起重机（1 600 t·m）	120
	吊臂平车	120
NS1601	160 t 伸缩臂式铁路救援起重机	120
	吊臂平车	120
NS1602	160 t 伸缩臂式铁路救援起重机	120
	吊臂平车	120
N1601	160 t 固定臂式铁路救援起重机	85
	吊臂平车	85
N1602	160 t 固定臂式铁路救援起重机	85
	吊臂平车	85
NS1601G	160 t 伸缩臂式铁路救援起重机	120
	吊臂平车	120
NS1602G	160 t 伸缩臂式铁路救援起重机	120
	吊臂平车	120
NS1251	125 t 伸缩臂式铁路救援起重机	120
	吊臂平车	120

型　号	名　称	回送速度/（km/h）
NS1252	125 t 伸缩臂式铁路救援起重机	120
	吊臂平车	120
NS1001	100 t 伸缩臂式铁路救援起重机	80
	吊臂平车	80
N1002	100 t 固定臂式铁路救援起重机	80
	吊臂平车	80
NS100G	100 t 伸缩臂式铁路救援起重机	80
	吊臂平车	80

4.2.4　单机挂车

单机是指未挂车辆在区间运行的机车。

为充分利用机车动力，加速机车车辆周转和货物送达，准许顺路机车连挂车辆，称为单机挂车。

单机挂车的辆数，在线路坡度不超过 12‰的区段，以 10 辆为限；在超过 12‰的区段，由铁路局规定。

单机挂车时，应遵守下列规定。

（1）所挂车辆的自动制动机作用必须良好，发车前列检（无列检时由车站发车人员）按规定进行制动试验；

（2）连挂前按规定彻底检查货物装载状态，并将编组顺序表和货运单据交予司机；

（3）在区间被迫停车后的防护工作由机车乘务组负责，开车前应确认附挂辆数和制动主管贯通状态是否良好；

（4）列车调度员应严格掌握，不得影响机车固定交路和乘务员劳动时间；

（5）不准挂装载爆炸品、超限货物的车辆。

单机挂车时，可不挂列尾装置。

单机挂车是为了充分利用机车牵引力，加速车辆周转的一种"捎带"运输，考虑到机车乘务组监护附挂车辆的条件限制，所以单机挂车不宜过多。

为了给单机挂车后在运行上创造必要条件和确保安全，应遵守下列规定。

（1）为了保证单机运行时有足够的闸瓦压力，全部车辆的自动制动机作用必须良好，不准编挂"关门车"。因此，发车前列检人员（无列检时由车站发车人员）应按规定进行制动试验。

（2）为了保证货物在运行途中的完整和行车安全，明确交接责任，连挂前由车站彻底检查货物装载状态，并将编组顺序表和货物运单交予司机。

（3）为保证行车安全，明确职责，区间被迫停车的防护工作，以及附挂车辆有无脱钩和关闭折角塞门等情况，均由机车乘务组负责。机车乘务组于开车前应确认附挂辆数、连结及通风状态是否良好。

（4）对单机挂车要严格控制，不能"因小失大"，因多挂几辆车影响机车计划交路耽误接车。列车调度员应严格掌握，不得因单机挂车影响机车固定交路和使乘务员超过劳动时间工作。

（5）鉴于爆炸品危险性较大，运行上要求隔离，超限货物在运行条件上有很多限制，司机在进行乘务工作的同时难以全面照顾，因而规定单机挂车不准挂装载爆炸品、超限货物的车辆。

单机挂车时因所挂车辆较少，车辆技术条件及货物装载状态好，运行安全有保障，但列尾装置的交接管理等一些具体问题不容易解决，因此，规定单机挂车时，可不挂列尾装置。在这种情况下，车站接发列车时，应有确认完整到达的办法，并于发车后通知邻站，以确保运行安全。

任务 *4.3* 列车中车辆的编挂

4.3.1 列车中车辆的编挂

1. 有关隔离与超限、特种车辆的编挂规定

装载危险、易燃等货物的车辆编入列车的隔离限制，按《铁路车辆编组隔离表》（《铁路技术管理规程》附件 10）执行。编挂超限货物车辆或特种车辆时，按国家及国铁集团规定或临时指示办理。

2. 旅客列车编挂的限制

旅客列车、回送客车底不准编挂货车，编入的客车车辆最高运行速度等级必须符合该列车规定的速度要求。

旅客列车中，与机车相连接的客车端门及编挂在列车尾部的客车后端门须加锁。动车组列车驾驶室与旅客乘坐席间的门须锁闭。

客车编入货物列车回送时，客车编挂辆数不得超过 20 辆，应挂于列车中部或后部。

装有密接式车钩的客车原则上应附挂旅客列车回送。需附挂货物列车回送时，不得超过 10 辆，其后编挂的其他车辆不得超过 1 辆。

客车与平车、平集共用车以外的货车连挂时，不得与货车有人力制动机端连挂；客车与平车、平集共用车人力制动机端连挂时，平车、平集共用车的人力制动机不得使用，处于非工作状态。

机械冷藏车组应尽量挂于货物列车中部或后部。

军用及其他对编挂位置有特殊要求的客车按有关规定办理。

4.3.2 列车中车辆的连挂

1. 车钩中心水平线的高度差

为保证列车中各车辆连挂时车钩高度的一致性，车钩中心水平线距轨面的高度范围规定为 815～890 mm，动车组以外的列车中相互连挂的车钩中心水平线的高度差，不得超过 75 mm。

车钩的高度差，主要是由于车辆的空重、弹簧的强弱、车轮圆周磨耗、心盘垫板的厚薄，以及运行中弹簧的振动、线路的状况等原因造成的。

如果车钩高度差超过规定的范围，当列车运行至道岔、路基松软地段时，车辆上下颠簸，

尤其在陡坡线路上，容易发生脱钩而造成列车分离，并且高度差过大时，车钩钩舌牵引面变小，局部钩舌的拉力承受不了牵引力，易发生断钩事故。

测量两车钩中心水平线高度差的方法示意图如图 4−1 所示。

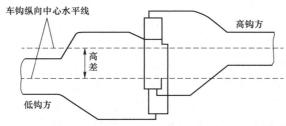

图 4−1　测量两车钩中心水平线高度差的方法示意图

2. 连挂责任分工

列车中车辆的连挂，由调车作业人员负责。软管的连结，有列检作业的始发列车由列检人员负责；无列检作业的，由调车作业人员负责。

动车组采用机车调车作业时，随车机械师或动车段（所）胜任人员负责过渡车钩和专用风管的安装与拆卸、电气连接线的连结与摘解并打开车门，调车人员负责车钩连结与摘解、软管摘结。

动车组无动力回送或被救援时，过渡车钩、专用风管的安装与拆卸由随车机械师负责，司机配合。

列车机车与第一辆车的连挂，由机车乘务员负责。单班单司机值乘的由列检人员负责；无列检作业的列车，由车辆乘务员负责；无车辆乘务员的列车，由车站人员负责。

列车机车与第一辆车的车钩摘解、软管摘结，由列检人员负责。无列检作业的列车，车钩、软管摘解由机车乘务员（单班单司机值乘的由车辆乘务员）负责，软管连结由车辆乘务员负责；无车辆乘务员的列车，由机车乘务员（单班单司机值乘的由车站人员）负责。

列车机车与第一辆车电气连接线的连结与摘解由客列检作业人员负责，无客列检作业人员时，由车辆乘务员负责。

货物列车本务机车在车站调车作业时，无论是单机或挂有车辆，与本列的车辆摘挂和软管摘结，均由调车作业人员负责。

旅客列车在途中摘挂车辆时，车辆的摘挂和软管摘结，由调车作业人员负责，密封风挡和电气连接线的连结与摘解由车辆乘务员负责，其他由列检作业人员负责，无列检作业人员时，由车辆乘务员负责，必要时打开车门，以便于调车作业。装有密接式车钩的客车车辆摘挂时，过渡车钩的安装与拆卸由列检人员负责，无列检人员时由车辆乘务员负责。

列车机车与动车组过渡车钩的连结与摘解、软管摘结、电气连接线的连结与摘解，由随车机械师负责。

两列动车组重联或解编时，由动车组机械师负责引导，司机确认。动车组重联时，被控动车组应退出占用，主控动车组使用调车模式与被控动车组连接。解编操作时，主控动车组转换为调车模式后，必须一次移动 5 m 以上方可停车。

4.3.3　列尾装置的使用

列尾装置全称为列车尾部安全防护装置，是货车取消守车后，在尾部无人值守情况下，为了保证列车运行安全而研制的，综合应用计算机编码、无线遥控、语音合成、计算机处理等

技术的专用安全防护设备，也是重要的铁路行车设备。

动车组以外的旅客列车应安装列尾装置。特殊情况下，无法安装或使用列尾装置时，应制定具体办法。

半自动闭塞区段货物列车尾部须挂列尾装置，其他区段货物列车尾部宜挂列尾装置。货物列车尾部未挂列尾装置时应以吊起尾部车辆软管代替尾部标志。尾部车辆软管的吊起，有列检作业的列车由列检人员负责，无列检作业的列车由车务人员负责。

旅客列车列尾装置尾部主机的安装与摘解、风管及电源的连结与摘解，由车辆部门负责。

货物列车列尾装置尾部主机的安装与摘解，由车务人员负责。软管连结，有列检作业的列车，由列检人员负责；无列检作业的列车，由车务人员负责。特殊情况，由铁路局规定。

列尾装置在使用前，必须按规定进行检测，合格后方可投入运用。

1. 列尾装置的作用

（1）使机车乘务员准确掌握列车尾部风压，确认列车完整。

（2）当列车主管因泄漏等原因风压不足时，可直接向司机报警。

（3）当车辆折角塞门被意外关闭时，司机可直接操纵列尾装置，强行排风，使列车制动停车。

（4）起到列车标志的作用，为接发列车人员确认列车完整提供依据。

2. 列尾装置的运用

主机使用前由列尾作业员、司机控制盒在机车出库前由电务人员按有关规定进行检测，主机、司机控制盒经确认合格后方可使用。经检测设备不良时，禁止机车出库牵引列车。

单机前往中间站挂运列车时，车站值班员通知列尾作业员（或助理值班员）将断开电源的主机送交机车，由司机负责运交挂车站。

为规范列尾装置的使用和管理，规定列尾装置尾部主机的安装与摘解，由车务人员负责。列尾装置尾部主机安装好后，对有列检作业的列车，因列检需进行列车自动制动机的试验等作业，尾部软管不能立即与列尾装置尾部主机连结，为提高作业效率，减少列尾装置作业人员的等待时间，规定尾部主机软管的连结，有列检作业的列车，由列检人员负责。对无列检作业的列车，尾部主机软管的连结，则由车务列尾作业员自行负责。

本务机车连挂列车后，机车乘务员必须通过司机控制盒查询机车号码是否正确输入主机，并检查确认列车制动主管贯通和风压是否达到标准，以及机车风压与主机风压是否同时升降，确认无误后方可开车。发现错误时，应通知车站值班员检查处理。

机车乘务员应按《机车操作规程》的要求，检查列车尾部风压。发现列尾装置故障、不能使用时，应立即通知前方站值班员及列车调度员，并在前方站停车处理。若发现主机风压低于列车主管风压报警后，机车乘务员必须停车检查，排除故障后方准继续运行；发现制动不正常时，机车乘务员采取机车制动的同时，可操作控制盒的排风键，停车后负责检查列车中折角塞门的开闭状态，并报告列车调度员，按其指示或命令办理。

无列检作业的列车简略试验由机车乘务员负责。

在中间站停运的列车，调度员应提前通知车站值班员，指派助理值班员及时从列车尾部摘下主机，断开电源，送交机车乘务员；在中间站始发（含保留停运再开）的列车，车站值班员根据机车到达情况通知助理值班员，及时从机车上取下主机进行安装，并通知机车乘务员主机号码；不更换本务机车的中转列车，如不更换主机，由继乘的机车乘务员对列尾主机进行确认；根据调度命令调整回送主机时，由车站列尾作业员填写回送单一式两份，与调度命令一并交机车乘务员，签字后一份存查，一份随主机至指定到站，调度员应及时通知到站，由列尾作业员与机车乘务员办理交接。

3. 列尾装置的操作

1）始发列车作业步骤

（1）列尾作业员使用确认仪提前将本务机车 4 位号码（注：不是车次）输入尾部主机中，随后通知司机：“××××机车司机，请检查尾部风压”（注：此时主机未充风，风压为 0）。

（2）司机应答：“××××机车司机明白”。并按“风压检查键”（绿键）检查尾部风压，随后通过控制盒自带的扬声器听到主机回示信息：“××××机车（该机车号）风压 000（kPa）。这表明机车已与尾部主机建立了“一对一”关系。如无回示，可再按绿键重复检查风压，如仍无回示，表明列尾作业员的机车号码输入有误。司机应立即与列尾作业员核对机车号码，并由后者重新进行确认（输入）。必要时司机应协助列尾作业员重新确认尾部主机。

（3）列尾作业员将主机安装完毕后，由列检作业员接通风管并打开折角塞门。司机可再次检查风压，如听到风压值仍为“000”（kPa 千帕），应立即与列尾作业员核对主机编号、股道，由后者重新安装到正确股道位置。

2）司机控制盒操纵方法

司机控制盒上有红、绿、黑三个按键，完成以下四项功能。一是检查风压（绿键）：用于查询列车尾部风压。按键后可听到回示：“××××机车风压×××（kPa）”。（注：机车乘务员按绿键可随时检查尾部风压，观察车头与车尾风压是否同步升降，从而判断列车风管是否贯通，尾部风压是否正常）二是尾部排风（红键）：用于对列车进行辅助制动。操纵前须先打开红键护盖，按键后可听到回示：“××××机车排风”。这表明尾部主机开始尾部排风。之后可听到回示“××××机车排风完毕”。三是确认（黑键）：用于将本务机车号码输入尾部主机中（即确认），从而建立本务机车与尾部主机“一对一”关系。按键后可听到回示：“××××机车确认完毕”。四是销号（绿键+黑键）：用于“机故”或中途更换机车时，解除主机与原机车（司机控制盒）的“一对一”关系。

司机控制盒操纵步骤如下。

（1）本务机车在停车状态下，按“绿键+黑键”，可听到回示：“××××（本务机车号码）机车销号成功”。这表明本务机车已经解除与尾部主机“一对一”关系，即销号。

（2）销号后尾部主机重新要求确认，救援机车可听到：“××××号（主机编号、救援机车号），等待确认”。随即按“确认键（黑键）”发出确认信号。

（3）如求援机车听到回示：“××××（救援机车号）机车确认完毕”。这表明尾部主机与救援机车建立了“一对一”关系。

对于救援机车还可以按绿键检查尾部风压，可听到回示：“××××机车（救援机车号）风压×××（kPa）”。这表明救援机车可与尾部主机正常沟通。

注意：操作销号功能时，列车必须在制动状态，尾部风压必须小于 450 kPa（600 kPa 定压时应小于 550 kPa），否则销号无效。

3）列尾装置使用时机

（1）凡是列车挂有列尾装置的区段，机车乘务员要严格执行列尾装置使用制度，按照列尾装置操纵的要求，除了确认“一对一”操作外，下列情况还应及时查询列车尾部风压。

① 始发站、中间站、区间停车再开，列尾三核对，并记录于手账。

② 中继阀排风终止，查询尾部风压。

③ 全列开车前及起动出站后。

④ 每站进站前查询尾部风压。

⑤ 运行中使用列车制动机调速前。

⑥ 调速减压后及缓解充风完毕，查询尾部风压。

⑦ 区间停车再开车，查询尾部风压。

（2）使用列尾装置进行检查时，如管压不符合标准或排风异常危及行车安全时，必须立即报告前方站并采取紧急停车措施或使用列尾装置停车。停车后立即检查、处理并报告车站，严禁盲目运行。

（3）列车在运行途中，司机发现列尾装置发出列车管压力不正常报警时，应迅速停止向列车管充风，解除机车牵引力，及时采取停车措施；如确认列车管折角塞门被关闭，立即按压列尾装置司机控制盒的红色按键，采取列尾装置主机排风制动措施。

4）发车检查办法

机车挂好后，听到列尾作业人员使用确认仪呼叫："××××司机，××××号列尾主机安装完毕，请检查尾部风压"。待操纵端输入完毕后，司机应答："××××机车司机明白"。按压司机控制盒的绿键检查风压，并将主机号记入手账。确认无误后再进行试风。

（1）充风过程中按压"绿"键检查风压，达到列车管定压再进行制动机试验。

（2）摆闸排风完毕按压"绿"键检查风压是否与机车减压量相符及保压过程中的漏泄量。

（3）保压完毕缓解后，再次按压"绿"键检查尾部风压是否与机车列车管风压同时上升。试风完毕具备发车条件后按规定发车。

5）列车运行注意事项

（1）列车在各站开车前，列车尾部软管压力应达到 585 kPa。列车进行简略试验时，司机施行减压 100 kPa。组合列车本务机车、中部机车采取同步减压量均为 100 kPa。列车主管贯通由本务机车负责确认。

（2）列车在长大坡道区间运行，在区间停车后，再开动前，司机应利用列尾装置确认列车管尾部压力。按照规定需要做简略试验而无法进行时，可在列车起动运行充满风时进行。

（3）列车运行中，机车乘务员按作业标准规定检查列车尾部风压，并注意列车尾部报警等情况，发现列尾主机风压低于列车主管定压并急剧下降报警后，必须停车检查，排除故障后方准继续运行。

如发现制动不正常时，机车乘务员在采取紧急制动的同时，应操纵控制盒的排风键辅助排风，停车后查明原因报告车站值班员，车站值班员向列车调度员汇报，按其指示或命令办理。

（4）列车运行途中，机车乘务员发现列尾装置故障但列车主管风压正常时，应及时通知前方站车站值班员和列车调度员。列车调度员发布准许继续运行的调度命令，车站值班员使用通信记录装置良好的列车无线调度通信设备传达给司机，并听取复诵，司机将命令号、调度员号记入手账，列车不停车继续运行，运行到前方技术站（有检测点的车站）更换列尾装置。

6）非正常报警提示及处理

（1）非正常报警的提示。

① 尾部风压异常（非正常泄漏或丢车）报警："注意！注意！××××机车，风压×××（kPa）"。

② 行驶中尾部主机电池欠压报警："注意！注意！××××机车，电压不足"。

③ 尾部主机传感器故障报警："注意！注意！××××机车，风压故障"。

（2）非正常报警的处理。

① 如遇折角塞门关闭或非正常泄漏造成尾部风压下降到低于限值 460 kPa（600 kPa 定压为 560 kPa）时，控制盒发出风压异常报警，以提醒司机注意尾部风压变化。司机可视情况操

作"红键"进行尾部排风，辅助机车制动。进行尾部排风时，应将闸把放置于制动区，防止因尾部车辆排风造成"撺钩"事故。尾部排风期间，尾部主机将不接受其他指令。

② 以上报警每隔 15 s 重复 1 次，按绿键检查风压可暂时中止报警。

7）列车运行中列尾装置设备故障的类型和故障后的运行办法

（1）列尾装置设备故障的类型。

① 机车列尾装置司机控制盒故障。

② 机车列尾装置司机控制盒与列尾主机"一对一"关系不能建立。

③ 列尾装置主机的列车车辆排风功能失效。

④ 列尾装置主机设备故障。

列车运行中发现列尾装置故障在站停车检查时，除检查主机外观结构、声音等状况外，应重新建立"一对一"关系进行试验（助理值班员断开主机电源、机车乘务员将列车风压降至 460 kPa 以下），确认列尾装置设备确实无法使用时，方可报告列车调度员，发布"列尾装置故障，准运行"的调度命令。

（2）列尾装置故障后的运行办法。

① 列车运行途中，遇列尾装置发生故障时，司机应立即使用列车无线调度通信设备报告车站值班员、列车调度员，并根据实际情况掌握运行速度。

② 区间停车再开前，严格确认充、排风时间。

4.3.4　货物列车中关门车的编挂

列车中的机车和车辆的自动制动机，均应加入全列车的制动系统。

货物列车中因装载的货物规定需停止制动作用的车辆，自动制动机临时发生故障的车辆，准许关闭截断塞门（简称关门车），但列检作业场所在站编组始发的列车中，不得有制动故障关门车。

编入列车的关门车辆数不超过现车总辆数的 6%（尾数不足一辆按四舍五入计算）时，可不计算每百吨列车重量的换算闸瓦压力，不填发制动效能证明书；超过 6% 时，按《铁路技术管理规程》第 261 条规定计算闸瓦压力，并填发制动效能证明书交予司机。

关门车不得挂于机车后部的三辆车之内；在列车中连续连挂不得超过两辆；列车最后一辆不得为关门车；列车最后第二、三辆不得连续关门。对于不适于连挂在列车中部但走行部良好的车辆，经列车调度员准许，可挂于列车尾部，以一辆为限，如该车辆的自动制动机不起作用时，须由车辆乘务人员采取安全措施，保证不致脱钩。

旅客列车、特快货物班列不准编挂关门车。在运行途中（包括在站折返）如遇自动制动机临时故障，在停车时间内不能修复时，准许关闭一辆，但列车最后一辆不得为关门车，120 km/h 速度等级及编组小于 8 辆的 140 km/h、160 km/h 速度等级列车按规定关门时需限速运行，车辆乘务员须向司机递交限速证明书。

编有货车的军用列车、路用列车编挂关门车时，除有特殊规定外，执行货物列车的规定。

4.3.5　紧急制动距离限值

列车紧急制动距离限值是指列车于使用制动前，以最大规定速度在限制下坡道运行，由开始使用紧急制动至列车完全停止的最长距离。

列车在任何线路上的紧急制动距离限值可参考表 4–3 的规定。

表4-3 列车紧急制动距离限值表

列车类型	最高运行速度/（km/h）	紧急制动距离限值/m
旅客列车（动车组列车除外）	120	800
	140	1 100
	160	1 400
特快货物班列	160	1 400
快速货物班列	120	1 100
货物列车（货车轴重<25 t，快速货物班列除外）	90	800
	120	1 400
货物列车（货车轴重≥25 t）	100	1 400

复习思考题

1. 对牵引列车出段的机车有哪些基本要求？
2. 工作机车的编挂有哪些规定？
3. 单机挂车时，应遵守哪些规定？
4. 列尾装置有什么作用？
5. 货物列车中编挂关门车时，在数量和位置上有何限制？

项目5 列车运行

 **项目摘要**

列车运行是铁路运输的重要环节，其是由调度、车站、机务、工务、供电、工务等部门相互协调配合才能完成的一项复杂的系统性工作。为实现铁路的安全运行，实现"多拉快跑"的目标，必须对列车运行提出要求，有关行车人员必须严格执行规章制度，确保列车安全运行。

通过对行车指挥、接发车、被迫停车处理、分部运行、退行、救援列车与路用列车的开行等内容的系统学习，我们将全面掌握列车运行的相关知识。本项目具体内容如下。

（1）列车运行中对司机的要求；

（2）列车运行时限制速度的规定；

（3）引导接车；

（4）列车在区间被迫停车后的处理及防护；

（5）列车分部运行的行车办法；

（6）列车退行的行车办法；

（7）救援列车与路用列车的开行办法。

任务 *5.1* 列车运行的基本要求

列车是编成的车列并挂有机车及规定的列车标志。动车组列车为自走行固定编组列车。单机、大型养路机械及重型轨道车，虽未完全具备列车条件，亦应按列车办理。

5.1.1 行车指挥

1. 基本原则

行车工作必须坚持集中领导、统一指挥、逐级负责的原则。运输、机务、车辆、工务、电务、供电、信息、房建等部门要发扬协作精神，主动配合，紧密联系，协同动作，组织均衡生产，不断提高效率，挖掘运输潜力，完成和超额完成铁路运输任务。

（1）局与局间由国铁集团，局管内各区段间由铁路局，一个调度区段内由本区段列车调度员统一指挥。

（2）车站由车站值班员，线路所由线路所的车站值班员统一指挥。凡划分车场的车站，各车场由该车场的车站值班员统一指挥；车场间接发列车进路互有关联的行车事项，由指定的车站值班员统一指挥。

（3）列车和单机由司机负责指挥。列车或单机在车站时，所有乘务人员应按车站值班员的指挥进行工作。

（4）在调度集中区段，调度集中控制车站有关行车工作由该区段列车调度员直接指挥；但转为车站控制时，由车站值班员指挥。

（5）铁路行车时刻：全国铁路的行车时刻，均以北京时间为标准，从零时起计算，实行24小时制。

铁路地面固定设备的系统时钟，当具备条件时，应接入铁路时间同步网；不具备条件时，可独立设置卫星授时设备。

铁路行车房舍内和办理行车工作的有关人员均应备有钟表。钟表的时刻应与调度所的时钟校对。

调度所的时钟及各系统的时钟须定期校准。钟表的配置、校对、检查、修理及时钟校准办法，由铁路局规定。

（6）列车运行方向：原则上以开往北京方向为上行，反之为下行。

全国各线的列车运行方向，以国铁集团的规定为准，但枢纽地区的列车运行方向，由铁路局规定。

（7）列车车次：列车须按规定编定车次。上行列车编为双数，下行列车编为单数。在个别区间，使用直通车次时，可与规定方向不符。

2. 行车指挥

指挥列车运行的命令（运行揭示调度命令除外）和口头指示，只能由列车调度员发布。有关行车人员必须执行列车调度员命令，服从调度指挥。列车调度员在发布命令之前，应详细了解现场情况，并听取有关人员意见。

列车调度员应负责组织实现列车运行图、编组计划、运输方案，为此必须：

（1）检查各站执行列车运行图和编组计划的情况，及时发布有关行车命令和口头指示。

（2）严格按列车运行图指挥行车，遇列车发生晚点时，应积极采取措施，组织有关人员恢复正点。

（3）注意列车在车站到发及区间内的运行情况，正确、及时地处理临时发生的问题。

遇表5-1所列情况，须发布行车调度命令。

表5-1　须发布行车调度命令项目表

顺序	命令项目	受令者	
		司机	车站值班员
1	封锁、开通区间		○
2	向封锁区间开行救援列车、路用列车	○	○
3	临时变更或恢复原行车闭塞法	○	○
4	双线反方向行车、由双线改为单线或恢复双线行车	○	○
5	变更列车径路	○	○
6	发出在区间内停车或由区间返回的列车	○	○

续表

顺序	命令项目	受令者	
		司机	车站值班员
7	开往区间内岔线的列车	○	○
8	发出临时由区间内返回后部补机的列车	○	○
9	列车需临时降弓运行	○	○
10	因行车设备故障、灾害或施工，以及列车中挂有限速的机车车辆等，需要使列车临时限速运行（纳入运行揭示调度命令或本务机车、动车组自身设备原因限速时除外）	○	○
11	动车组列车空调失效需打开部分车门限速运行	○	○
12	车站使用故障按钮、总辅助按钮		○
13	超长列车或列车挂有装载超限货物的车辆	○	○
14	单机附挂车辆	○	○
15	半自动闭塞区间，超长列车头部越过出站信号机（未压上出站方面的轨道电路）发车	○	○
16	在非到发线上接发列车	○	○
17	调度日（班）计划以外，临时加开或停运列车（单机除外）	○	○
18	双线区间在区间内进行跨线装卸作业时，对开入其邻线的列车	○	○
19	双线区间在区间内有除雪机、起重机工作时，对开入其邻线的列车	○	○
20	双线区间在区间内发生冲突、脱轨、火灾、爆炸事故，对开入其邻线的列车	○	○
21	列尾装置故障（丢失）的货物列车继续运行	○	○
22	改按天气恶劣难以辨认信号的办法行车或恢复正常行车	○	○
23	动车组列车转入或退出隔离模式（被救援时除外）	○	○
24	动车组列车在列控车载设备控车和列车运行监控装置控车之间人工转换	○	○
25	临时利用本务机车调车作业	○	○
26	利用天窗施工、维修作业		○
27	施工、维修作业较指定时间延迟结束		○
28	运行揭示调度命令与实际限速、行车方式或设备不符时	○	○
29	正线、到发线接触网停电或送电（接触网倒闸、跳闸后试送电、向中性区送电或弓网故障排查除外）		○
30	正线、到发线接触网停电后准许登顶作业	○	○
31	双管供风旅客列车运行途中改为单管供风	○	○
32	列车调度员认为有必要记录的上述以外的命令	有关人员	

注：1. 划○者为受令人员。

2. 天窗维修作业在指定的时间内完成并销记后，列车调度员不再发布维修作业结束恢复行车的调度命令。

3. 动车组列车改按列车运行监控装置方式运行需将列控车载设备隔离时，列车调度员仅发布改按列车运行监控装置方式行车的调度命令。

4. 因调车作业动车组控车模式转换，不发布调度命令。自动站间闭塞法行车转为半自动闭塞法行车及转回的调度命令，可不发给司机。

上述调度命令如涉及其他单位和人员时，应同时发送相关单位和人员。

列车调度员向司机发布调度命令时，应在列车进入关系区间（车站）前向司机发布或指定车站向司机交付，如来不及时应使列车停车进行发布或交付。

对于需向司机发布的调度命令，列车调度员可使用调度命令无线传送系统或按规定使用语音记录装置良好的列车无线调度通信设备向司机发布。由车站交付的调度命令，车站值班员可使用调度命令无线传送系统或按规定使用语音记录装置良好的列车无线调度通信设备向司机转达。

对跨局的列车，接车铁路局列车调度员可委托发车铁路局列车调度员发布调度命令。更换机车或变更限速条件时，应由有关铁路局列车调度员重新发给相关调度命令。途中乘务人员换班时，应将调度命令内容交接清楚。

使用计算机、传真机、调度命令无线传送系统发布调度命令时，命令接受人员确认无误后应及时反馈回执。使用电话发收调度命令时，应填记《调度命令登记簿》（《铁路技术管理规程》附件7），指定受令人员中一人复诵，并记录发收人员姓名及时刻。

有计划的施工，涉及限速、行车方式发生变化或设备变化时应发布运行揭示调度命令，司机按运行揭示调度命令执行。因施工提前、延迟或其他原因造成运行揭示调度命令与实际限速、行车方式或设备不符时，列车调度员应取消前发运行揭示调度命令，向有关车站值班员、司机、施工负责人重新发布全部内容的调度命令。

5.1.2　列车乘务组

为了完成列车运行中的各项作业，及时处理运行中发生的各种情况，以及在影响行车安全时及时采取有效措施，根据列车的任务、要求和运行条件，在列车上配备有直接为列车服务的人员，这些人员组成列车乘务组。列车乘务组按下列规定组成。

（1）动车组列车应有动车组司机，其他列车应有机车乘务人员。

（2）动车组列车应有随车机械师，其他旅客列车、特快货物班列和机械冷藏车组，均应有车辆乘务人员。

（3）旅客列车应有客运乘务组。

5.1.3　列车运行等级

1. 按运输性质

（1）旅客列车（动车组列车，特快、快速、普通旅客列车等）。

（2）特快货物班列。

（3）军用列车。

（4）货物列车（快速货物班列、快运、重载、直达、直通、冷藏、自备车、区段、摘挂、超限及小运转列车等）。

（5）路用列车。

2. 列车运行等级顺序

列车运行等级顺序原则上按速度等级从高到低排序，同速度等级的列车原则上按以下等级顺序。

（1）动车组列车。

（2）特快旅客列车。

（3）特快货物班列。

（4）快速旅客列车。

（5）普通旅客列车。

（6）军用列车。

（7）货物列车。

（8）路用列车。

开往事故现场救援、抢修、抢救的列车，应优先办理。特殊指定的列车或列车种类，其等级应在指定时确定。

5.1.4　列车运行中对动车组以外列车司机的要求

动车组以外的列车司机在列车运行中，应做到：

（1）列车在出发前将有关数据输入监控装置；按规定对列车自动制动机进行试验，在制动保压状态下列车制动主管的压力 1 min 内漏泄不得超过 20 kPa，确认列尾装置作用良好。

装备机车综合无线通信设备的机车，开车前司机要选定机车综合无线通信设备通信模式和运行线路。在 GSM-R 区段运行时，机车综合无线通信设备、GSM-R 手持终端按规定注册列车车次，并确认正确。

（2）遵守列车运行图规定的运行时刻和各项允许及限制速度。彻底瞭望，确认信号，执行呼唤应答制度，严格按信号显示要求行车，确保列车安全正点。遇有信号显示不明或危及行车和人身安全时，应立即采取减速或停车措施。

（3）机车信号、列车无线调度通信设备、列车运行监控装置（轨道车运行控制设备）和列尾装置必须全程运转，严禁擅自关机。

运行途中，遇列尾装置、机车信号、列车运行监控装置（轨道车运行控制设备）发生故障时，司机应立即使用列车无线调度通信设备报告车站值班员或列车调度员，并根据实际情况掌握速度运行；遇机车信号、列车运行监控装置（轨道车运行控制设备）发生故障时，司机应控制列车运行至前方站停车处理或请求更换机车，在自动闭塞区间，列车运行速度不超过 20 km/h；遇列车无线调度通信设备发生故障时，司机应在前方站停车报告。

（4）起动稳，加速快，精心操纵，停车准确，按规定鸣笛，防止列车冲动和断钩。

（5）随时检查机车总风缸、制动主管的压力。检查内燃机车柴油机的润滑油压力、冷却水的温度及其转数等情况。注意电力机车的各种仪表的显示及接触网状态。

（6）在区间内列车停车进行防护、分部运行、装卸作业或使用紧急制动阀停车后再开车时，司机必须检查、试验列车制动主管的贯通状态，确认列车完整，具备开车条件后，方可起动列车。

（7）单机、自轮运转特种设备在自动闭塞区间紧急制动停车或被迫停在调谐区内时，司机须立即通知后续列车司机、向两端站车站值班员（列车调度员）报告停车位置（具备移动条件时司机须先将机车移动不少于 15 m），并在轨道电路调谐区外使用短路铜线短接轨道电路。

（8）等会列车时，不准关闭空气压缩机，并应按规定显示列车标志。

（9）负责货运票据的交接与保管。

（10）将列车运行中发生的问题及使用紧急制动阀的情况，及时报告列车调度员。

5.1.5　列车运行中对动车组列车司机的要求

动车组列车司机在列车运行中，应做到：

（1）开车前司机要选定机车综合无线通信设备通信模式和运行线路，机车综合无线通信设备、GSM-R 手持终端按规定注册列车车次，并确认正确。装备列车运行监控装置的动车组列车还应按规定将有关数据输入监控装置。

（2）遵守列车运行图规定的运行时刻和各项允许及限制速度。彻底瞭望，确认信号，执行呼唤应答制度，严格按信号显示要求行车，确保列车安全正点。遇有信号显示不明或危及行车和人身安全时，应立即采取减速或停车措施。

（3）机车信号、机车综合无线通信设备、列车运行监控装置、列控车载设备必须全程运转，严禁擅自关机、隔离。运行途中，遇机车信号、列车运行监控装置（列控车载设备）发生故障时，司机应立即报告车站值班员或列车调度员。动车组列车按列车运行监控装置方式行车时，遇机车信号、列车运行监控装置发生故障，应根据实际情况掌握速度运行，运行至前方站停车处理；在自动闭塞区间，机车信号、列车运行监控装置发生故障时，列车运行速度不应超过 40 km/h。动车组列车按列控车载设备方式行车时，遇列控车载设备发生故障，应根据调度命令停车，转为列车运行监控装置控车方式或隔离模式运行；转为隔离模式运行时，列车运行速度不应超过 40 km/h。

（4）运行途中，司机不能使用机车综合无线通信设备进行通话时，应立即使用 GSM-R 手持终端或无线对讲设备报告车站值班员（列车调度员）；如 GSM-R 手持终端及无线对讲设备也不能进行通话，司机应在前方站停车报告。

（5）起动稳，加速快，精心操纵，停车准确，按规定鸣笛。

（6）注意操纵台各种仪表及车载信息监控装置的显示。

（7）正常情况下司机在列车运行方向最前端司机室操纵，非操纵端司机室门、窗及各操纵开关、手柄均应置于断开或锁闭位。关闭非操纵端司机室机车综合无线通信设备电源。

（8）动车组列车停车后，必须使列车保持制动状态。更换动车组司机（同向换乘除外）或司机室操纵端、使用紧急制动停车、重联或解编后再开车时，必须进行相关试验。

（9）等会列车时，不准关闭辅助电源装置，并应按规定显示列车标志。

（10）将列车运行中发生的问题及使用紧急制动装置的情况，及时报告列车调度员。

5.1.6 紧急制动阀的使用规定

车辆乘务员、客运乘务组等列车乘务人员发现下列危及行车和人身安全情况时，应使用紧急制动阀（紧急制动装置）停车。

（1）车辆燃轴或重要部件损坏。

（2）列车发生火灾。

（3）有人从列车上坠落或线路内有人死伤。

（4）其他危及行车和人身安全必须紧急停车时。

使用车辆紧急制动阀时，不必先行破封，立即将阀手把向全开位置拉动，直到全开为止，不得停顿和关闭。遇弹簧手把时，在列车完全停车以前，不得松手。在长大下坡道上，必须先看制动主管压力表，如压力表指针已由定压下降 100 kPa 时，不得再行使用紧急制动阀（遇折角塞门关闭时除外）。

动车组列车遇上述情况时，随车机械师、客运乘务组等列车乘务人员应立即报告司机采取停车措施；来不及报告时，应使用客室紧急制动装置停车。

列车乘务人员应将使用紧急制动阀（紧急制动装置）的情况报告司机。

5.1.7　列车运行时限制速度的规定

列车应按规定速度运行，确保列车安全、正点。列车运行限制速度规定如表 5-2 所示。

表 5-2　列车运行限制速度规定

项　　目	速度/（km/h）
四显示自动闭塞区段通过显示绿黄色灯光的信号机	在前方第三架信号机前能停车的速度
通过显示黄色灯光的信号机及位于定位的预告信号机	在次一架信号机前能停车的速度
通过显示一个黄色闪光灯光和一个黄色灯光的信号机	该信号机防护进路上道岔侧向的允许通过速度
通过减速地点标	标明的速度，未标明时为 25
推进	30
退行	15
接入站内尽头线，自进入该线起	30

动车组一般情况下不得通过半径小于 250 m 的曲线，通过曲线半径为 250 m 曲线时，限速 15 km/h；不得侧向通过小于 9 号的单开道岔和小于 6 号的对称双开道岔。

5.1.8　对行车有关人员的要求

行车有关人员，在任职、提职、改职前，必须按照铁路职业技能培训规范要求，进行拟任岗位资格性培训，并经职业技能鉴定和考试考核，取得相应职业资格证书和岗位培训合格证书后，方可任职。

在任职期间，须按照铁路职业技能培训规范等规定，定期参加岗位适应性培训和业务考试，考试不合格的，不得继续履职。

行车有关人员，在任职前必须经过健康检查，身体条件不符合拟任岗位职务要求的，不得上岗作业。

在任职期间，要定期进行身体检查，身体条件不符合任职岗位要求的，应调整工作岗位。

对行车有关人员，应进行日常安全生产知识和劳动纪律的教育、考核，并有计划地组织好在职人员的日常政治和技术业务学习。

驾驶机车、动车组、自轮运转特种设备（铁路救援起重机除外）的人员，必须持有国家铁路局颁发的驾驶证。变更驾驶机（车）型前，必须经过相应的技术培训并考试合格。

学习驾驶机车、动车组、自轮运转特种设备，操纵信号或重要机械、设备，以及办理行车作业的人员，必须在正式值乘、值班人员的亲自指导和负责下，方准操作。

行车有关人员在执行职务时，必须坚守岗位，穿着规定的服装，佩戴易于识别的证章或携带相应证件，讲普通话。

行车有关人员，接班前须充分休息，严禁饮酒，如有违反，立即停止其所承担的任务。

行车公寓是专为乘务人员服务的生产设施，应实行标准化管理。应有良好的通信、网络（铁路办公网）、叫班管理设备和乘务管理设备，有生活、服务、学习、文娱、健身等设施和接送乘务人员的交通工具。应保证乘务人员随到随宿，不间断地供给热食及开水。室内应有卫浴设施，经常保持适当的温度，整洁和安静的休息条件；室外应绿化、美化。

铁路各级领导应关心公寓工作，铁路局负责人每半年至少检查一次公寓工作。

任务 **5.2** 接车与发车

5.2.1 接发车对车站值班员的要求

车站应不间断地接发列车，严格按列车运行图行车。接发列车时，车站值班员应亲自办理闭塞、布置进路（包括听取进路准备妥当的报告）、开闭信号、交接凭证、接送列车、发车。由于设备或业务量关系，除布置进路（包括听取进路准备妥当的报告）外，其他各项工作可指派助理值班员、信号员或扳道员办理。

车站值班员接到邻站列车预告后，按《车站行车工作细则》规定及时通知有关人员到岗接车，站内平过道应加强监护。

车站值班员在办理闭塞时，应确认区间空闲。接车前，必须亲自或通过有关人员确认接车线路空闲、影响进路的调车作业已经停止后，方可准备进路、开放进站信号机，准备接车；发车前，必须亲自或通过有关人员确认影响进路的调车作业已经停止后，方可准备进路、开放出站信号机，交付行车凭证，在旅客上下、行包装卸和列检作业等完成后发车。

车站值班员下达准备接发车进路命令时，必须简明清楚，正确及时，讲清车次和占用线路（一端有两个及以上列车运行方向或双线反方向行车时，应讲清方向、线别），并要受令人复诵，核对无误。

接发列车时，按规定程序办理，并使用规定用语。

5.2.2 列车进站停车位置

列车进站后，应停于接车线警冲标内方，以防止侧面冲突及影响邻线接发列车和调车作业，如图 5-1 所示。

图 5-1 列车进站停车位置示意图

在设有出站（进路）信号机的线路，列车头部不得越过出站（进路）信号机，如图 5-2 所示。

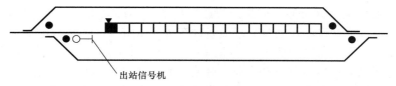

图 5-2 列车进站停车位置示意图［在设有出站（进路）信号机的线路］

如列车尾部停在警冲标外方或压轨道绝缘时，车站接车人员应使用列车无线调度通信设备等通知司机或显示向前移动的手信号，使列车向前移动。

当超长列车尾部停在警冲标外方，接入相对方向的列车时，在进站信号机外制动距离内进站方向为超过 6‰ 的下坡道，而接车线末端无隔开设备，须使列车在站外停车后，再接入站内。如在邻线上未设调车信号机，又无隔开设备，相对方向需要进行调车作业时，必须派人以停车手信号对列车进行防护，如图 5-3 所示。

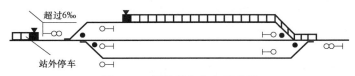

图 5-3　超长列车会车示意图

货物列车在中间站停车时，由于货物列车编组较长，为保持列车停车平稳和防止断钩事故，司机施行制动后，应将制动阀置于保压位停车。停车后，司机不得缓解列车制动，目的是防止列车或车辆溜走。列车处于长大下坡道地段时，为了冷却闸瓦，增加摩擦力，保持应有的制动力，由各铁路局规定的凉闸站可以不受上述限制。

发车前，司机施行缓解，在确认出站信号开放正确、行车凭证已交付并确认正确、发车信号已显示或得到车站的发车通知，以及无临时显示的停车信号等条件后，方可起动列车。

5.2.3　引导接车

进站、接车进路信号机不能使用时，应开放引导信号。引导信号不能开放或无进站信号机时，应派引导人员接车。

引导接车时，列车以不超过 20 km/h 速度进站，并做好随时停车的准备。由引导人员接车时，应在引导员接车地点标处（未设的，引导人员应在进站信号机、进路信号机或站界标外方），显示引导手信号接车。列车头部越过引导信号，即可关闭信号或收回引导手信号。

在无联锁的线路上接发列车时，车站值班员除严格按接发列车手续办理外，并应将进路上无联锁的有关对向道岔及邻线上防护道岔加锁。进路上无联锁的分动外锁闭道岔无论对向或顺向，均应对密贴尖轨、斥离尖轨和可动心轨加锁。具体加锁办法，由铁路局规定。

5.2.4　站内无空闲线路的接车办法

站内无空闲线路，是指由于事故等原因，造成站内正线、到发线及符合接车条件可用来接车的所有线路（如调车线、货物线），均被占用或存在故障而不能正常接车的情况。

（1）站内无空闲线路时，只准许接入为排除故障、事故救援、疏解车辆等所需的救援列车、不挂车的单机及重型轨道车。

（2）在接车办法上，所接列车和单机、重型轨道车应在进站信号机外停车，由接车人员将接车线路、接车线内停留车位置、本列车预定停车地点及其他有关注意事项通知司机，司机明了后再登乘机车（推进时为前部车辆），以调车手信号旗（灯），即昼间展开的绿色信号旗，夜间以绿色灯光将列车领入站内。此外，接车前，车站值班员应派人通知接车线内机车、动车组、重型轨道车司机，禁止移动其位置，防止与接入列车发生冲突。

5.2.5　列车发车规定

1. 动车组列车

动车组列车由列车长确认旅客上下完毕后，通知司机关闭车门；列车进站停车时，司机按动车组停车位置标停车，确认列车停稳、对准停车位置后开启车门。按钮不在司机操作台上的，由列车长通知随车机械师关闭车门；列车到站停稳后，由随车机械师开启车门。如自动开关门装置故障或特殊情况需单独开关车门时，由司机通知列车工作人员手动开关车门。

动车组列车在车站出发，动车组列车司机在确认行车凭证和开车时间，车门关闭后，即可起动列车。

2. 普通列车

列车在车站发车前，有关人员应按以下规定作业。

（1）发车进路准备妥当，行车凭证已交付，出站（进路）信号机已开放，发车条件完备后，车站值班员（助理值班员）方可显示发车信号。

（2）司机必须确认行车凭证及发车信号显示正确后，方可起动列车。

（3）语音记录装置良好的车站，准许使用列车无线调度通信设备发车。

5.2.6　列车在站内临时停车继续运行的规定

列车在站内临时停车，待停车原因消除且继续运行时，应按下列规定办理。

（1）司机主动停车时，自行起动列车。

（2）其他列车乘务人员使用紧急制动阀（紧急制动装置）停车时，由车辆乘务员（随车机械师）通知司机开车。

（3）车站接发车人员使列车在站内临时停车时，由车站按规定发车（动车组列车由车站通知司机开车）。

（4）其他原因的临时停车，车站值班员应组织司机、车辆乘务员（随车机械师）等查明停车原因，在列车具备运行条件后，由车站按规定发车（动车组列车由车站通知司机开车）。

上述第（1）、（2）、（4）项列车停车后，司机应立即报告车站值班员，并说明停车原因。

5.2.7　出站信号机故障时的行车办法

进站、出站、进路及线路所通过信号机发生故障时，应置于关闭状态，进站信号机及线路所通过信号机发生不能关闭的故障时，应将灯光熄灭或遮住。在将灯光熄灭或遮住，以及信号机灭灯时，夜间应在信号机柱距钢轨顶面不低于 2 m 处，加挂信号灯，向区间方面显示红色灯光。

出站信号机发生故障时，除按规定交递行车凭证外，对于通过列车，应向司机预告，并显示通过手信号。装有进路表示器或发车线路表示器的出站信号机，当该表示器不良时，由办理发车人员通知司机后，列车凭出站信号机的显示出发。

5.3 列车被迫停车后的处理及防护

列车在区间被迫停车是指列车在区间除有计划的（乘降、装卸、施工、救援）停车外，由于事故或行车设备故障等原因，造成列车在区间的停车。当列车在区间被迫停车后，不仅造成该线行车中断，还可能造成追踪列车的追尾、列车脱轨、颠覆或货物脱落，而且在双线区段还可能妨碍邻线行车。因此，在区间被迫停车时，要求司机应充分利用列车无线调度通信设备与有关部门密切联系，迅速防护，尽快处理，使线路及时复原开通。

5.3.1　列车在区间被迫停车后的处理

1. 被迫停车的处理

列车在区间被迫停车不能继续运行时，司机应立即使用列车无线调度通信设备通知两端站车站值班员（列车调度员）及车辆乘务员（随车机械师），报告停车原因和停车位置，根据需要迅速请求救援。需要防护时，列车前方由司机负责，列车后方由车辆乘务员（随车机械师）负责，无车辆乘务员（随车机械师）为列车乘务员负责。配备列车防护报警装置的列车应首先使用列车防护报警装置进行防护。单班单司机值乘的列车防护作业办法由铁路局规定。

如遇自动制动机故障，动车组以外的旅客列车司机应通知车辆乘务员立即组织列车乘务人员拧紧全列人力制动机，以保证就地制动；其他列车司机应立即采取安全措施，并向车站值班员（列车调度员）报告，请求救援。

对已请求救援的列车，不得再行移动，应按规定对列车进行防护。

车站值班员（列车调度员）接到司机通知后，应将区间内列车运行情况通知司机，并立即使用列车无线调度通信设备转告区间内有关列车。在停车原因消除前不得再放行追踪、续行列车。

需组织旅客疏散时，车站值班员得到列车调度员准许后，扣停邻线列车并通知司机，司机通知有关作业人员办理。

单机（包括专列回送的机车及自轮运转特种设备）在自动闭塞区间紧急制动停车后，按照先防护后报告的原则，司机须立即在调谐区外使用短路铜线短接轨道电路，然后向就近车站值班员或列车调度员报告停车位置，再将机车移动不少于 15 m；被迫停留在调谐区内时，司机须立即在调谐区外使用短路铜线短接轨道电路，然后向就近车站值班员或列车调度员报告停车位置。

2. 妨碍邻线的处理

列车被迫停车可能妨碍邻线时，司机应立即用列车无线调度通信设备通知邻线上运行的列车司机和两端站车站值班员（列车调度员），并与车辆乘务员（随车机械师）分别在列车的头部和尾部附近邻线上点燃火炬；在自动闭塞区间，还应对邻线来车方向短路轨道电路。配备列车防护报警装置的列车应首先使用列车防护报警装置进行防护。司机应亲自或指派人员沿邻线一侧对列车进行检查，发现妨碍邻线时，应立即派人按规定防护。如发现邻线有列车开来时，

应鸣示紧急停车信号。

单班单司机值乘的列车防护作业办法由铁路局规定。

车站值班员（列车调度员）接到列车被迫停车可能妨碍邻线的通知后，应立即通知邻线有关列车停车，在原因消除前不得向邻线放行列车。

5.3.2 列车在区间被迫停车后的防护

为确保列车在区间被迫停车后，本线及邻线上列车的安全，防止追踪运行列车及开来救援的列车与停留列车发生冲突，除按规定进行充分联系、处理外，还必须按规定进行防护。

当列车在区间被迫停车需要防护时，列车前方由司机负责，列车后方由车辆乘务员（随车机械师）负责，无车辆乘务员（随车机械师）为列车乘务员负责。配备列车防护报警装置的列车应首先使用列车防护报警装置进行防护。单班单司机值乘的列车防护作业办法由铁路局规定。

列车在区间被迫停车后，应根据下列规定设置响墩防护。

（1）已请求救援时，从救援列车开来方向（不明时，从列车前后两方向），距离列车不小于300 m 处防护，如图5-4所示。规定300 m，是因为已请求救援，列车调度员已在命令中指明了被迫停车列车的所在位置，所以救援列车司机心中有数，可以提前减速，能在300 m 内停车。

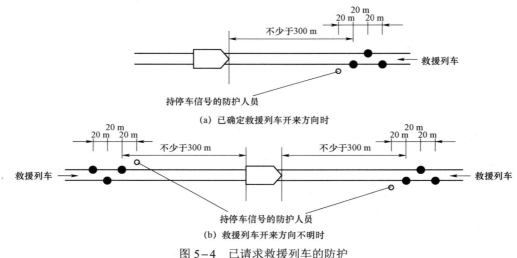

图5-4 已请求救援列车的防护

（2）一切电话中断后发出的列车（持有《铁路技术管理规程》附件3红色许可证通知书1的列车除外），应于停车后，立即从列车后方按线路最大速度等级规定的列车紧急制动距离位置处防护，如图5-5所示。

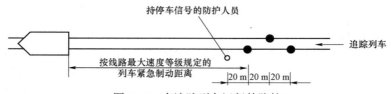

图5-5 有追踪列车运行的防护

电话中断后发出的列车有两种，一种是持有《铁路技术管理规程》附件3红色许可证通知书1的列车（后面无追踪列车）；一种是持有《铁路技术管理规程》附件3红色许可证通知书 2 的列车（后面有追踪列车）。在后面有追踪列车的情况下，因追踪列车对前行列车在区间停车没有准备，因此列车后部防护距离应不小于列车制动距离，此制动距离为该线路最大速度等级规定的列车紧急制动距离。

（3）对于邻线上妨碍行车地点，应从两方向按线路最大速度等级规定的列车紧急制动距离位置处防护，如图 5-6 所示；如确知列车开来方向时，仅对来车方向防护，如图 5-7 所示。

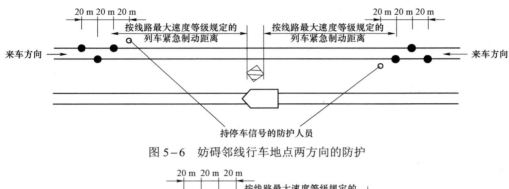

图 5-6　妨碍邻线行车地点两方向的防护

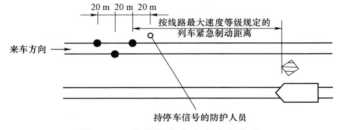

图 5-7　妨碍邻线来车方向的防护

（4）列车分部运行，机车进入区间挂取遗留车辆时，应从车列前方距离不小于 300 m 处防护，如图 5-8 所示。

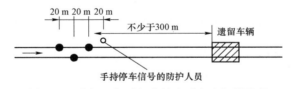

图 5-8　分部运行时机车挂取遗留车辆的防护

防护人员设置的响墩待停车原因消除后可不撤除（运行动车组列车的区段除外）。

任务 *5.4* 特殊情况下的行车

5.4.1　列车分部运行

列车分部运行指列车由于超重、断钩、制动主管破裂、货物倒塌及车辆脱轨等原因被迫停车后，司机将部分车辆遗留原地，而将列车前部车辆运行至前方站的行车办法。

1. 禁止分部运行的情况

列车在区间发生断钩、制动主管破裂、脱轨及坡停等事故，可采用分部运行办法，但以下情况不准分部运行。

（1）采取措施后可整列运行时。如发生坡停事故后，派救援机车以双机牵引或后部补推的方式运行至车站，或在区间因车辆故障停车后，可由车辆乘务人员对车辆进行临修后继续运行等。

（2）对遗留车辆未采取防护、防溜措施时。未采取防护、防溜措施可能造成停留车辆溜逸，酿成新的事故。

（3）遗留车辆无人看守时。遗留车辆无人看守时，可能造成闲杂人员撤除遗留车辆的防护、防溜措施，或损坏车辆、货物。

（4）司机与车站值班员及列车调度员均联系不上时。

（5）遗留车辆停留在超过6‰坡度的线路上时。

2. 分部运行的办法

（1）在不得已情况下，列车必须分部运行时，司机应使用列车无线调度通信设备报告前方站（列车调度员）。

（2）做好遗留车辆的防溜和防护工作。这是防止事故扩大，保证遗留车辆及追踪列车运行安全的关键环节。车辆溜逸事故，对行车安全危害极大，损失巨大。因此，对遗留车辆必须采取放风制动、拧紧两端车辆的手制动机，以铁鞋（止轮器、防溜枕木等）牢靠固定，并按规定对遗留车辆进行防护，如图5-9所示。

（3）司机在记明遗留车辆辆数和停留位置后，方可牵引前部车辆运行至前方站。在运行中仍按信号机的显示进行，但在半自动闭塞区间或按电话闭塞法行车时，该列车必须在进站信号机外停车（司机已用列车无线调度通信设备通知车站值班员列车为分部运行时除外），将情况通知车站值班员后再进站。

（4）车站值班员接到司机报告后，应立即报告列车调度员封锁区间，待将遗留车辆拉回车站，确认区间空闲后，方可开通区间。

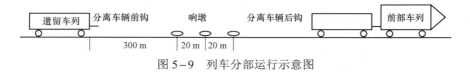

图5-9　列车分部运行示意图

5.4.2　列车退行

列车在区间运行时，由于坡停、前方线路中断及自然灾害等原因无法继续运行，而须退行至后方车站的行车办法称为列车退行。

1. 不准列车退行的情况

（1）按自动闭塞法运行时（列车调度员或后方站车站值班员确认该列车至后方站间无列车，并准许时除外）。

（2）在降雾、暴风雨雪及其他不良条件下，难以辨认信号时。

（3）一切电话中断后发出的列车（持有《铁路技术管理规程》附件3红色许可证通知书1的列车除外）。

挂有后部补机的列车，除上述情况外，是否准许退行，由铁路局规定。

2. 列车退行行车办法

（1）在不得已情况下，列车必须退行时，车辆乘务员或随车机械师（无车辆乘务员或随车机械师时为指派的胜任人员）应站在列车尾部注视运行前方，发现危及行车或人身安全时，应立即使用紧急制动阀或列车无线调度通信设备通知司机，使列车停车。

（2）列车退行时，监控装置转"调车"位，退行速度不得超过 15 km/h。

（3）未得到后方站（线路所）车站值班员准许，不得退行到车站的最外方预告标或预告信号机（双线区间为邻线预告标或特设的预告标）的内方，如图 5-10 所示。

图 5-10　列车退行示意图

（4）车站接到列车退行的报告后，除立即报告列车调度员外，根据线路占用情况，可开放进站信号机或按引导办法将列车接入站内。

3. 动车组退行

动车组列车在区间被迫停车后须返回后方站时，车站值班员确认动车组列车至后方站间已空闲后，经列车调度员同意，通知司机返回。司机根据车站值班员的通知，在动车组列车运行方向（折返）前端操作，运行速度不得超过 40 km/h，按进站信号机显示进站。

5.4.3　信号机显示距离不足 200 m 的应急处理

遇天气恶劣，信号机显示距离不足 200 m 时，司机或车站值班员须立即报告列车调度员，列车调度员应及时发布调度命令，改按天气恶劣难以辨认信号的办法行车。

（1）列车按机车信号的显示运行。当接近地面信号机时，司机应确认地面信号，遇地面信号与机车信号显示不一致时，应立即采取减速或停车措施。

（2）当无法辨认出站（进路）信号机显示时，在列车具备发车条件后，司机凭车站值班员列车无线调度通信设备（其语音记录装置须作用良好）的发车通知起动列车，在确认出站（进路）信号机显示正确后，再行加速。

（3）天气转好时，应及时报告列车调度员发布调度命令，恢复正常行车。

5.4.4　列车发生火灾、爆炸应急处理

（1）列车发生火灾、爆炸时，须立即停车（停车地点应尽量避开特大桥梁、长大隧道等，选择便于旅客疏散的地点），车站不再向区间放行列车，并通知邻线及后续相关列车停车。电气化区段，现场需停电时，应立即通知供电部门停电。

（2）列车需要分隔甩车时，应根据风向及货物性质等情况而定。一般为先甩下列车后部的未着火车辆，再甩下着火车辆，然后将机后未着火车辆拉至安全地段。

对甩下的车辆，在车站由车站人员负责采取防溜措施；在区间由司机、车辆乘务员负责采取防溜措施。

5.4.5　汛期暴风雨行车应急处理

（1）列车通过防洪重点地段时，司机要加强瞭望，并随时采取必要的安全措施。

（2）当洪水漫到路肩时，列车应按规定限速运行；遇有落石、倒树等障碍物危及行车安全时，司机应立即停车，排除障碍并确认安全无误后，方可继续运行。

（3）列车遇到线路塌方、道床冲空等危及行车安全的突发情况时，司机应立即采取应急性安全措施，并立刻通知追踪列车、邻线列车及邻近车站。配备列车防护报警装置的列车应首先使用列车防护报警装置进行防护。

5.4.6 列车（动车组列车除外）运行途中发生车辆故障应急处理

（1）发现客车车辆轮轴故障、车体下沉（倾斜）、车辆剧烈振动等危及行车安全的情况时，须立即采取停车措施。由车辆乘务员检查，对抱闸车辆应关闭截断塞门，排除工作风缸和副风缸中的余风，确认安全无误后，方可继续运行；如车轮踏面损坏超过限度或车辆故障不能继续运行时，应甩车处理。

（2）列车调度员接到热轴报告后，应按热轴预报等级要求果断处理。必要时，立即安排停车检查（司机应采用常用制动，列车停车后由车辆乘务员负责检查，无车辆乘务员的由司机确认能否继续安全运行）或就近到站甩车处理。

（3）遇客车安全监控系统报警或其他故障需要列车限速运行时，车辆乘务员应使用列车无线调度通信设备通知司机，司机根据要求限速运行并报告车站值班员（列车调度员）。

5.4.7 线路发生故障时的防护

线路发生故障时的防护办法如下。

（1）应立即使用列车无线调度通信设备通知车站值班员或列车司机紧急停车，同时在故障地点设置停车信号。

（2）当确知一端先来车时，应急速奔向列车，用手信号旗（灯）或徒手显示停车信号。

（3）如不知来车方向，应在故障地点注意倾听和瞭望，发现来车，应急速奔向列车，用手信号旗（灯）或徒手显示停车信号。

设有固定信号机时，应先使其显示停车信号。

站内线路、道岔发生故障时，应按规定设置停车信号防护。

5.4.8 在区间进行不影响行车作业的规定

在区间线路上进行不影响行车的作业，不需要以停车信号或移动减速信号防护，应在作业地点两端500～1 000 m处列车运行方向左侧（双线在线路外侧）的路肩上设置作业标，作业标设立位置如图5-11所示。列车接近该作业标时，司机须长声鸣笛，注意瞭望。

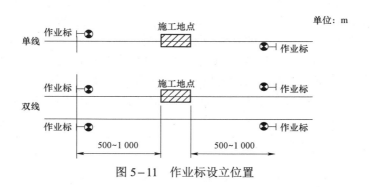

图5-11 作业标设立位置

铁路职工或其他人员发现设备故障危及行车和人身安全时，应立即向开来列车发出停车信号，并迅速通知就近车站、工务、电务或供电人员。

任务 5.5　救援列车与路用列车开行

5.5.1　救援列车

当区间或站内发生冲突、脱轨、颠覆及自然灾害危及行车安全时，为了消除事故障碍，尽快开通区间，恢复列车正常运行，派往事故现场专为事故救援、抢修、抢救的列车称为救援列车。其包括开往事故现场的单机、动车组、重型轨道车及事故救援列车。事故救援列车一般由起重吊车、修理车、工具车、宿营车、发电车等组成，并配有一定数量的救援人员。

救援列车不受列车等级的限制，应优先办理。

根据国铁集团的要求，在重点地区机务段设置的救援列车，接到出动命令时，应迅速做好准备，保证在 30 min 内出动。

1. 救援列车的请求与派遣

1）救援请求

救援列车的开行需由司机或工务、电务部门人员根据事故的具体情况，向车站值班员或列车调度员提出救援请求，车站值班员接到请求后，应立即报告列车调度员。

2）救援派遣

当列车调度员接到救援请求后，应向有关车站发出命令封锁区间，并派出救援列车。当列车调度电话不通时，应由接到救援请求的车站值班员根据救援请求办理。

2. 救援列车的开行

（1）当救援列车运行在非封锁区间时，仍按该区间的行车闭塞法运行，行车凭证为该行车闭塞法的行车凭证。

（2）救援列车进入封锁区间时，不办理行车闭塞手续，以列车调度员的调度命令，作为进入封锁区间的许可。当列车调度电话不通时，救援列车应以接到救援请求的车站值班员的命令，作为进入封锁区间的许可。调度命令的内容包括：往返车次、运行速度、事故地点、工作任务及要求等。

（3）救援列车的出发或返回，均应通知列车调度员及对方站。如事故现场设有临时线路所时，车站值班员应于发车前，商得线路所值班员的同意。

（4）采用机车救援动车组时，应进行制动试验。具备升弓供电条件时，允许动车组升弓供电。

3. 对救援列车乘务员的要求

（1）司机接到救援命令后，必须认真确认。命令不清、停车位置不明确时，不准动车。

（2）救援列车进入封锁区间后，在接近被救援列车或车列 2 km 时，要严格控制速度，同时，使用列车无线调度通信设备与请求救援的机车司机进行联系，或以在瞭望距离内能够随时停车的速度运行（最高不得超过 20 km/h），在防护人员处或压上响墩后停车，联系确认，并按要求进行作业。

（3）挂取被救援的列车或遗留车列时应做到：

① 确认连挂妥当并试拉；

② 接好制动主管，应做列车制动机和列尾装置试验；

③ 检查撤除防溜设施。

4. 救援列车进出封锁区间的联系

凡救援列车进出封锁区间，到发时刻、由区间拉回的车数及现场救援进度等情况均应通知列车调度员及对方站，以便列车调度员能及时掌握救援进度，合理安排人力、材料。

1）现场指挥

在事故调查组人员到达前，站长或车站值班员应随乘发往事故地点的第一列救援列车（分部运行时挂取遗留车辆的机车除外）到事故现场，负责指挥列车有关工作。

各有关部门接到事故通报后，必须以最快速度赶赴现场。所有人员必须服从救援现场指挥人的统一指挥。

2）区间开通

当列车调度员接到事故现场负责人关于列车可以安全通过的事故现场报告后，查明区间已无救援列车、机车、车辆等，区间确已空闲后，方可向两端车站发布开通区间的命令。若调度电话不通，由接到通知的车站值班员，在确认区间空闲后，可通知邻站办理区间的开通。

5.5.2 路用列车

路用列车是指不以营业为目的而专为运输铁路内部自用物资（如枕木、道砟、钢轨等）所开行的列车，一般在不影响路外运输的前提下开行。

1. 行车凭证

路用列车运行在非封锁区间时，仍按该区间的行车闭塞法运行，行车凭证为该行车闭塞法的行车凭证。

向施工封锁区间开行路用列车时，列车进入封锁区间的行车凭证为调度命令。该命令中应包括列车车次、运行速度、停车地点、到达车站的时刻等有关事项。

2. 注意事项

（1）向施工封锁区间开行路用列车，原则上每端只准进入一列，如超过时，其安全措施及运行办法由铁路局规定。

（2）路用列车应由施工单位指派胜任人员携带列车无线调度通信设备值乘于列车尾部，并在区间协助司机作业。

（3）路用列车或线路施工机械进入施工地段时，应在施工防护人员显示的停车手信号前停车，根据施工领导人的要求，按调车办法，进入指定地点。

3. 在区间装卸车的要求

由于施工需要，路用列车可能在区间内进行装卸车作业。

施工负责人应与指派的值乘人员、司机商定在区间停车、移动、发车等的联系办法，司机未见指派的胜任值乘人员的信号严禁动车。列车在区间装卸车时，装卸车负责人应指挥列车停于指定地点。装卸车完毕后，其负责人应负责检查装卸货物的装载、堆码状态，确认限界，清好道沿，关好车门，通知司机开车。

凡妨碍行车的施工及故障地点，均应设置防护。未设好防护，禁止开工。线路状态未恢复到准许放行列车的条件，禁止撤除防护。施工防护信号的设置与撤除，由施工领导人决定。

多个单位在同一个区间施工时，原则上应分别按规定进行防护，由施工主体单位负责划分各单位范围及分界。

5.5.3 遇有施工又必须接发列车时的处理办法

遇有施工又必须接发列车的特殊情况时，可按以下施工特定行车办法办理。

（1）车站采用固定进路的办法接发列车。施工开始前，车站须将正线进路开通，并对进路上所有道岔按规定加锁（集中联锁良好的道岔可在控制台上进行单独锁闭）。有关道岔密贴的确认及具体的加锁办法，由铁路局规定。

（2）引导接车并正线通过时，准许列车司机凭特定引导手信号的显示，以不超过 60 km/h 速度进站。

（3）准许车站不向司机递交书面行车凭证和调度命令。但车站仍按规定办理行车手续，并使用列车无线调度通信设备（其语音记录装置须作用良好）将行车凭证号码（路票为电话记录号码、绿色许可证为编号）和调度命令号码通知司机，司机复诵正确后，方可显示通过手信号。列车凭通过手信号通过车站。

其他具体安全行车办法，由铁路局规定。

复习思考题

1. 列车运行等级是如何规定的？

2. 在列车运行途中，遇机车信号、列车运行监控记录装置发生故障时，司机应如何处理？

3. 列车在站内临时停车，停车原因消除且继续运行时有何规定？

4. 列车在区间被迫停车后不能继续运行时，司机应如何处理？

5. 列车被迫停车可能妨碍邻线时，司机应如何处理？

6. 哪些情况列车不准分部运行？

7. 列车必须分部运行时，司机应如何处理？

8. 列车发生火灾、爆炸需要分隔甩车时，应如何处理？

9. 哪些情况列车不准退行？

10. 在不得已情况下，列车必须退行时，司机应如何行车？

11. 遇天气恶劣，信号机显示距离不足 200 m 时，司机应如何行车？

12. 列车在汛期暴风雨中行车时，司机应如何处理？

13. 向封锁区间开行救援列车有何规定？

14. 向施工封锁区间开行路用列车时，列车进入封锁区间的行车凭证是什么？包括哪些内容？

项目6 调车作业

 项目摘要

调车作业是完成铁路运输任务过程中的基本生产环节，是车站工作的主要内容之一。它对及时解体、编组列车和取送客货作业、检修作业的车辆，保证按运行图行车，缩短停留时间，加速车辆周转，完成车站的质量和数量指标任务，都有重要作用。

通过对调车指挥、调车计划及准备、调车作业实施等任务的学习，我们将系统地掌握调车作业相关知识。本项目主要内容如下。

（1）调车作业的领导权划分；

（2）调车作业计划；

（3）调车作业信号确认；

（4）调车作业速度限定；

（5）越出站界调车；

（6）跟踪出站调车。

任务 **6.1** 调车作业一般要求

调车作业是完成铁路运输任务过程中的基本生产环节，是车站工作的主要内容之一。其对及时取送客货列车车体，编组旅客列车，完成旅客列车车体技术检查、整备作业，保证旅客列车安全正点发车，全面提高客运服务质量，有着十分重要的意义。

6.1.1 调车工作基本要求

1. 对调车工作人员的要求

车站的调车工作，应按车站的技术作业过程及调车作业计划进行。参加调车作业的人员应做到：

（1）及时编组、解体列车，保证按列车运行图的规定时刻发车，不影响接车；

（2）及时取送客货作业和检修的车辆；

（3）充分运用调车机车及一切技术设备，采用先进的工作方法，用最少的时间完成调车任务；

（4）认真执行作业标准，保证调车有关人员的人身安全及行车安全。

2. 对调车工作的要求

调车工作要"固定"作业区域、线路、调车机车、人员、班次、交接班时间、交接班地点、工具数量及存放地点。

作固定替换用的调车机车及小运转机车，应符合调车机车的条件（有前后头灯、扶手把、防滑踏板等）。

调车工作繁忙、配线较多的车站，可划分为几个调车区。

没有做好联系和防护，不准越区或转场作业。

调车机车越区作业的联系和防护办法，应在《车站行车工作细则》内规定。

6.1.2　无线调车灯显设备

无线调车灯显设备是 20 世纪 90 年代初期推广使用的，具有调车作业指令无线传输功能，即将调车指挥人通过专用电台发出的调车指令以不同颜色的灯光显示在机车控制器上，指挥机车乘务员、调车组作业（通过语音合成技术，在将调车指令显示在机车控制器的同时，辅以语音提示）。其还具有调车组、机车乘务组及调车领导人之间通话的功能。

调车作业应采用无线调车灯显设备，并使用规定频率，其显示方式须符合有关要求。无线调车灯显设备应与列车运行监控装置配合使用，即将无线调车灯显设备的机控器与列车运行监控装置相联，使列车运行监控装置接收无线调车灯显设备发出的指令，并按指令的要求限制调车速度，对调车作业情况进行监控，必要时停车，在调车作业中能够有效地防止调车超速连挂、调车冲突等事故。

无线调车灯显设备正常使用时停用手信号，对灯显以外的作业指令采用通话方式；无线调车灯显设备发生故障时，改用手信号作业。

无线调车灯显设备及调车无线机车信号和监控系统的使用、维修及管理办法由铁路局规定。

动车段、动车运用所设动车组地勤司机，负责在动车段、动车运用所内进行调车、试运行等调移动车组作业。

6.1.3　调车作业领导及指挥

1. 调车作业领导

车站的调车工作，由车站调度员（未设车站调度员的由调车区长，未设调车区长的由车站值班员）统一领导。分场（区）时，各场（区）的调车工作，由负责该场（区）的车站调度员或该场（区）的调车区长领导。

动车段（所）调车工作的领导及指挥由铁路局规定。

调车作业由调车长单一指挥。利用本务机车进行调车作业时，可由车站值班员或助理值班员担任指挥工作。遇有特殊情况，可由经鉴定、考试合格取得调车长资格的胜任人员代替。

2. 调车长

调车长在调车作业前，必须亲自并督促组内人员充分做好准备，认真进行检查。在作业中应做到：

（1）组织调车人员正确及时地完成调车任务；

（2）正确及时地显示信号（发出指令），指挥调车机车的行动；

（3）负责调车人员的人身安全和行车安全。

铁路机务行车规章

3. 调车司机

调车司机在调车作业中应做到：

（1）组织机车乘务人员正确及时地完成调车任务；

（2）负责操纵调车机车，做好整备，保证机车质量良好；

（3）时刻注意确认信号，不间断地进行瞭望，认真执行呼唤应答制度，正确及时地执行信号显示（作业指令）和调车速度的要求，没有信号（指令）不准动车，信号（指令）不清立即停车；

（4）负责调车作业的安全。

任务 **6.2** 调车作业计划及调车作业

6.2.1 调车作业计划的编制

调车领导人应正确及时地编制、布置调车作业计划。布置调车作业计划，应使用调车作业通知单。中间站利用本务机车调车，应使用有示意图的调车作业通知单（示意图可另附）。使用无线调车灯显设备的车站，调车作业计划布置方法，由铁路局规定。

列车在到达线路内拉道口、对货位、直接后部摘车、本务机车（包括重联机车、补机）摘挂及转线、企业自备机车进入站内交接线整列取送作业，可不使用调车作业通知单。

自轮运转特种设备调车作业是否需要使用调车作业通知单由铁路局规定。

调车领导人与调车指挥人必须亲自交接计划。由于设备原因，亲自交接计划确有困难以及设有调车作业通知单传输装置的车站，交接办法在《车站行车工作细则》内规定。

调车指挥人应根据调车作业计划制定具体作业方法，连同注意事项，亲自向司机交递和传达；对其他有关人员，应亲自或指派连结员进行传达。具体传达办法，在《车站行车工作细则》内规定。

调车指挥人确认有关人员均已了解调车作业计划后，方可开始作业。

动车段（所）调车工作的计划编制及下达办法由铁路局规定。

一批作业（指一张调车作业通知单）不超过三钩或变更计划不超过三钩时，可用口头方式布置（中间站利用本务机车调车除外），有关人员必须复诵。变更股道时，必须停车传达。仅变更作业方法或辆数时，不受口头传达三钩的限制，但调车指挥人必须向有关人员传达清楚，有关人员必须复诵。

驼峰解散车辆，只变更钩数、辆数、股道时，可不通知司机，但调车机车变更为下峰作业或向禁溜线送车前，须通知司机。

6.2.2 调车作业准备

调车作业必须做好下列准备：

（1）提前排风、摘管，核对计划，确认进路，检查线路、道岔（集中联锁区除外）、停留车及车辆防溜等情况；

（2）人力制动机的选闸、试闸，系好安全带；

（3）准备足够的良好的制动铁鞋和防溜器具；

（4）无线调车灯显设备试验良好。

6.2.3　调车作业信号

调车作业时，调车人员必须正确及时地显示信号；机车乘务人员要认真确认信号，并回示。

推进车辆连挂时，要显示十、五、三车的距离信号，没有显示十、五、三车的距离信号，不准挂车，没有司机回示，应立即显示停车信号。

推送车辆时，要先试拉。车列前部应有人瞭望，及时显示信号。

当调车指挥人确认停留车位置有困难时，应派人显示停留车位置信号。

调车人员不足 2 人，不准进行调车作业。

在调车作业中，单机运行或牵引车辆运行时，前方进路的确认由司机负责；推进车辆运行时，前方进路的确认由调车指挥人负责，如调车指挥人所在位置确认前方进路有困难时，可指派调车组其他人员确认。

没有看到调车指挥人的起动信号，不准动车（但单机返岔子或机车出入段时，可根据扳道员显示的道岔开通信号或调车信号机显示的允许运行的信号动车）。无扳道员和调车信号机时，调车指挥人确认道岔开通正确（如为集中操纵的道岔，还须与操纵人员联系）后，向司机显示起动信号。

在非集中区调车作业中，要认真执行要道还道制度。扳道员之间的要道还道办法及集中区与非集中区间的作业办法，在《车站行车工作细则》内规定。连续溜放和驼峰解散车辆时，第一钩应实行要道还道制度（集中联锁设备除外），从第二钩起，按调车作业通知单的要求扳动道岔。

6.2.4　调车作业速度及安全距离

调车作业要准确掌握速度及安全距离，并遵守下列规定。

（1）在空线上牵引运行时，不准超过 40 km/h；推进运行时，不准超过 30 km/h。

（2）调动乘坐旅客或装载爆炸品、气体类危险货物、超限货物的车辆时，不准超过 15 km/h。

（3）接近被连挂的车辆时，不准超过 5 km/h。

（4）推上驼峰解散车辆时的速度和装有加、减速顶的线路上的调车速度，在《车站行车工作细则》内规定。经过道岔侧向运行的速度，由工务部门根据道岔具体条件规定，并纳入《车站行车工作细则》。

（5）在尽头线上调车时，距线路终端应有 10 m 的安全距离；遇特殊情况，必须近于 10 m 时，要严格控制速度。

（6）电力机车、动车组在有接触网终点的线路上调车时，应控制速度，距接触网终点标应有 10 m 的安全距离；遇特殊情况，必须近于 10 m 时，要严格控制速度。

（7）旅客未上下车完毕，除本务机车、补机摘挂作业外，不得进行旅客列车（车底）的连挂作业。

（8）遇天气不良等非正常情况，应适当降低速度。

6.2.5　调车作业的限制

为了保证调车作业的安全和有序，特规定了调车作业的一些限制因素。

1. 禁止溜放的车辆、线路及其他限制

（1）装有禁止溜放货物的车辆。

（2）非工作机车、铁路救援起重机、大型养路机械、机械冷藏车、凹型车、落下孔车、客车、动车组和特种用途车。

（3）乘坐旅客的车辆及停有该车辆的线路，停有动车组的线路。

（4）超过 2.5‰坡度的线路（为溜放调车而设的驼峰和牵出线除外）。

（5）停有正在进行技术检查、修理、装卸作业车辆的线路及无人看守道口的线路。

（6）停有装载爆炸品、气体类危险货物的车辆的线路。

（7）停留车辆距警冲标的长度，容纳不下溜放车辆（应附加安全制动距离）的线路。

（8）中间站正线、到发线及与其衔接而未设隔开设备的线路。

（9）调车组不足 3 人时，禁止溜放作业。

（10）不准采用牵引溜放法调车。

2. 调车摘车限定

调车作业摘车时，必须停妥，按规定采取防溜措施，方可摘开车钩；挂车时，没有连挂妥当，不得撤除防溜措施。

转场或在超过 2.5‰坡度的线路上调车时（驼峰作业除外），10 辆及以下是否需要连结软管及连结软管的数量，11 辆及以上必须连结软管的数量，以及以解散作业为目的的牵出是否需要连结软管，由车站和机务段根据具体情况共同确定，并纳入《车站行车工作细则》。

3. 其他限定

机车（调车机车除外）、铁路救援起重机、客车、动车组、大型养路机械、凹型车、落下孔车、钳夹车及其他涂有禁止上驼峰标记的车辆禁止通过驼峰。装载活鱼（包括鱼苗）、跨装货物的车辆（跨及两平车的汽车除外）等，是否可以通过驼峰，由车站会同车辆段等有关单位做出具体规定，并纳入《车站行车工作细则》。

如因迂回线故障等原因，机械冷藏车必须通过设有车辆减速器（顶）的驼峰时，以不超过 7 km/h 的速度推送过峰。不得附挂机械冷藏车溜放其他车辆（推峰除外）。

曲线外轨、调车场以外的线路和外闸瓦车、直径 950 mm 及以上的大轮车，严禁使用铁鞋制动。

线路两旁堆放货物，距钢轨头部外侧不得小于 1.5 m。站台上堆放货物，距站台边缘不得小于 1 m。货物应堆放稳固，防止倒塌。

不足上述规定距离时，不得进行调车作业。

6.2.6 手推调车

手推调车，须取得调车领导人的同意，人力制动机作用必须良好，有胜任人员负责制动。手推调车速度不得超过 3 km/h。下列情况，禁止手推调车。

（1）在正线、到发线及超过 2.5‰坡度的线路上（确需手推调车时，须经铁路局批准）。

（2）在停有动车组的线路上。

（3）遇暴风雨雪或夜间无照明时。

（4）接发列车时，与接发列车进路没有隔开设备或脱轨器的线路，向能进入接发列车进路的方向。

（5）装有爆炸品、气体类危险货物的车辆。

（6）电气化区段，接触网未停电的线路上的棚车、敞车类车辆。

6.2.7 动车组调车

动车组调车作业原则上采用自走行方式，并应执行下列规定。

（1）司机应在动车组运行方向的前端操作，前方进路的确认由动车组司机负责。在不得已情况下必须在后端操作时，应指派随车机械师或其他胜任人员站在动车组运行方向的前端指挥，发现危及行车或人身安全时，应立即使用紧急停车按钮（紧急制动装置）或通知司机停车。后端操作时，速度不得超过 15 km/h。

（2）禁止连挂其他机车车辆（救援机车、附挂回送过渡车、动车组无动力调车时的调车机车、公铁两用牵引车除外）调车。

任务 **6.3** 越出站界调车及跟踪出站调车

6.3.1　在正线、到发线上的调车作业

在正线、到发线上调车时，要经过车站值班员的准许。在接发列车时，应按《车站行车工作细则》规定的时间，停止影响列车进路的调车作业。

接发旅客列车时，与接发列车进路没有隔开设备或脱轨器的线路，不准向能进入接发列车进路的方向调车。本务机车在停留线路内摘挂、列车拉道口时除外。

有特殊困难的车站，确需调车时，制定安全措施，由铁路局批准。

6.3.2　越出站界调车

越出站界调车是指因受调车设备限制需越过进站信号机或站界标进入区间的调车。

在越出站界调车时，双线区间正方向，区间（自动闭塞区间为第一个闭塞分区）必须空闲；单线自动闭塞区间，闭塞系统必须在发车位置，第一个闭塞分区空闲，经车站值班员口头准许并通知司机后，方可出站调车。

在单线半自动闭塞区间和双线反方向出站调车时，须有停止使用基本闭塞法的调度命令，与邻站办理闭塞手续，并发给司机出站调车通知书，如图 6-1 所示。

```
┌─────────────────────────────────────────────┐
│                  出站                          │
│                  跟踪   调车通知书              │
│                                               │
│      对方站承认的号码第…………………………………号，      │
│                                               │
│          自    时   分 起             出站      │
│      准许          止 …………机车由车站向…………区间 跟踪 调车。│
│          至                                    │
│                                               │
│          站（站名印）车站值班（扳道）员（签名）   │
│                年   月   日填发               │
│                                               │
└─────────────────────────────────────────────┘
注：不用的字句抹消。              （规格90 mm×130 mm）
```

图 6-1　出站/跟踪调车通知书

6.3.3 跟踪出站调车

跟踪出站调车是指在列车由车站发出后，尚未到达前方站（线路所），间隔一定的距离或时间，即跟随列车越出站界在规定距离内进行的调车作业。

跟踪出站调车，只准许在单线区间及双线正方向线路上办理，并须经列车调度员口头准许，取得邻站值班员承认的电话记录号码，发给司机跟踪调车通知书，如图 6-1 所示。在先发列车尾部越过预告、接近信号机（或靠近车站的第一个预告标）或《车站行车工作细则》规定的间隔时间后，方可跟踪出站调车，但最远不得越出站界 500 m。

遇下列情况，禁止跟踪出站调车。

（1）出站方向区间内有瞭望不良的地形或有长大上坡道（站名表由铁路局公布）。

（2）先发列车需由区间返回，或挂有由区间返回的后部补机。

（3）一切电话中断。

（4）降雾、暴风雨雪时。

（5）动车组调车作业。

跟踪调车作业完毕，车站值班员确认跟踪调车通知书收回后，向邻站发出电话记录号码。列车虽已到达邻站，但跟踪调车通知书尚未收回时，禁止办理区间开通手续。

6.3.4 机车出入段走行

车站值班员要认真掌握机车出入段的经路。

有固定机车走行线时，出入段机车必须走固定走行线。机车固定走行线上禁止停留机车车辆。

没有固定走行线或临时变更走行线时，应通知司机经路（集中联锁的车站除外），司机按固定信号或扳道员显示的允许运行的信号行车。

6.3.5 机车车辆的停留

机车车辆必须停在警冲标内方。调车作业中，车辆临时停在警冲标外方时，一批作业完成后，应立即送入警冲标内方。因特殊情况需在警冲标外方进行装卸作业时，须经车站值班员、调车区长准许，在不影响列车到发及调车作业的情况下方可进行，装卸完了后，应立即送入警冲标内方。

安全线及避难线上，禁止停留机车车辆；在超过 6‰坡度的线路上，不得无动力停留机车车辆。

装载爆炸品、气体类危险货物的车辆及救援列车，必须停放在固定的线路上，两端道岔应扳向不能进入该线的位置并加锁；临时停留公务车线路上的道岔也应扳向不能进入该线的位置并加锁。集中操纵的道岔可在控制台上进行单独锁闭。

编组站、区段站在到发线、调车线以外的线路上停留车辆，不进行调车作业时，应连挂在一起，并须拧紧两端车辆的人力制动机，或以铁鞋（止轮器、防溜枕木等）牢靠固定。因装卸车对货位等情况，不能连挂在一起时，应分组做好防溜措施。

中间站停留车辆，无论停留的线路是否有坡道，均应连挂在一起，拧紧两端车辆的人力制动机，并以铁鞋（止轮器、防溜枕木等）牢靠固定。因装卸车对货位等情况，不能连挂在一起时，应分组做好防溜措施。一批调车作业中临时停留的车辆，须拧紧两端车辆的人力制动机或以铁鞋（止轮器）止轮。

编组站和区段站的到发线、调车线是否需要防溜，以及作业量较大中间站执行上述规定有困难时，由铁路局规定。

　　动车组无动力停留时，有停放制动装置的动车组，由司机负责将动车组设置于停放制动状态；动车组无停放制动装置或在坡度为 20‰以上的区间无动力停留时，由司机通知随车机械师进行防溜，防溜时使用铁鞋牢靠固定。动车段（所）内动车组的防溜办法由铁路局规定。

复习思考题

　　1. 调车作业的领导权是如何划分的？

　　2. 司机在调车作业中应遵守哪些规定？

　　3. 调车作业信号是如何规定的？

　　4. 调车作业的速度及安全距离有何规定？

　　5. 线路两旁堆放货物有何规定？

　　6. 越出站界调车有何规定？

　　7. 跟踪出站调车有何规定？

项目7　电力机车乘务员一次作业过程

 项目摘要

　　机车乘务员是铁路运输的主要技术工种，担负着驾驶机车，维护列车安全正点运行的责任。为使机车乘务员操纵列车规范化、标准化，铁路部门制订了《铁路机车操作规则》（简称《操规》）。机车乘务员和各级机务管理人员必须认真学习和严格执行该规则的规定，树立良好的职业道德，做到遵章守纪、爱护机车、平稳操纵、安全正点。

　　通过对段内作业、出段及挂车、途中作业、终点站与退勤、机车乘务员确认呼唤（应答）标准等的学习，我们将系统掌握电力机车乘务员一次作业过程等知识。本项目具体内容如下。

　　（1）段内接车作业内容；

　　（2）电力机车的操纵方法及安全注意事项；

　　（3）机车乘务员呼唤应答作业标准。

任务 7.1　段 内 作 业

7.1.1　待乘休息管理规定

　　机车乘务员一次出乘作业过程是指乘务员从出勤到退勤期间的牵引列车作业过程。

　　机车乘务员是铁路运输的主要技术工种，担负着驾驶机车，维护列车安全正点的责任。为保证乘务员有充沛的精力，安全、平稳和高效地完成牵引列车任务，在出乘前必须保证卧床休息时间，因此制定了待乘休息管理制度。

　　机车乘务员待乘卧床休息不少于 4 小时；非常预备乘务人员应等同待乘机班，纳入待乘管理范围。

7.1.2　出勤

　　机车乘务员出勤时应做到以下方面。

　　（1）出乘前必须充分休息，严禁饮酒，按规定着装，准时出勤。

　　（2）出勤时，机车乘务员应携带工作证、驾驶证、岗位培训合格证（鉴定期间由机务段

出具书面证明）和有关规章制度，到机车调度员处报到，接受指纹影像识别、酒精含量测试，按规定领取司机报单、司机手册、列车时刻表、运行揭示等行车资料和备品。

（3）认真阅读、核对运行揭示及有关安全注意事项，结合担当列车种类、天气等情况，做好安全预想，并记录于司机手册。认真听取出勤指导，将司机手册交机车调度员审核并签认。

（4）办理运行揭示和列车运行监控装置专用 IC 卡（以下简称"IC 卡"）交付时，必须实行出勤机班与出勤调度员双审核、双确认的检验签认把关制度。

7.1.3　接车检查

按职责分工进行交接。接车时，认真了解机车运用、检修情况，办理燃料、耗电、工具、备品交接。接车后，确认列车运行监控装置（以下简称"LKJ"）、机车信号、列车无线调度通信设备等行车安全装备合格证齐全、符合规定。将 IC 卡数据载入 LKJ 并确认无误。

1. SS$_4$型电力机车接车检查项目

SS$_4$型电力机车接车检查项目如表 7-1 所示。

表 7-1　SS$_4$型电力机车接车检查项目

序号	部　件	序号	部　件
1	行车安全装备	10	主变压器及附属装置
2	机车轴温报警装置	11	互感器及平波电抗器
3	走行部（包括车底部）	12	接线端子、插头、插座及电子板插件
4	基础制动装置和牵引装置	13	蓄电池组
5	空气压缩机、制动机及撒砂装置	14	照明装置和信号标志
6	硅整流和电阻制动装置	15	受电弓和各绝缘瓷瓶
7	各电气柜	16	各监督计量器具
8	各辅助机组	17	信号旗（灯）及防护用品
9	主断路器及附属装置	18	人力制动机紧固器、复轨器及止轮器

2. HXD$_3$型电力机车检查项目

HXD$_3$型电力机车检查项目如表 7-2 所示。

表 7-2　HXD$_3$型电力机车检查项目

机车走行部项目	
序号	部　件
1	头灯，副灯，标志灯，前窗玻璃，标志标记
2	扶手，脚踏板，重联插座，排障器，平均软管，总风软管，制动软管
3	车钩各部，车钩三态
4	车体侧墙
5	司机室门扶手，脚蹬，主电路、控制电路插座
6	机车信号，自动过分相，扫石器
7	砂箱，砂管，撒砂器，牵引杆固定情况

序号	部 件
8	动轮，轴箱，基础制动装置及指示件，轮缘润滑装置
9	二系悬挂装置，减震器，高圆弹簧，侧挡
10	变压器油箱各部及安装固定情况
11	辅助电路库用插座，转向架端梁，变压器油路
12	检查各轴箱轴承测温试纸温度显示符合要求

机车底部项目（实行专检专修的除外）

序号	部 件
1	车钩下部及缓冲装置
2	排障器，扫石器，车底照明灯具
3	总风管、制动主管、平均管管路
4	横向油压减震器，牵引杆固定情况
5	信号接收线圈，自动过分相
6	动轮及基础制动装置各单元，牵引电机及悬挂装置（其余各轮对检查同此项）
7	变压器油箱底部

机车中部项目

序号	部 件
1	司机室各仪表，司机操纵控制手柄，各扳钮开关，电子制动阀 EBV，紧急放风阀，接线端子柜，保安设备，司机室各辅助设备
2	各牵引通风机，复合冷却通风机组
3	机械间门，各电器柜门，主、辅变流器柜及外观
4	TCMS、ATP 装置，电器控制箱，受电弓、主断功能模块，自动过分相装置
5	空气压缩机，空气干燥系统，空气管路柜，各风缸
6	信号、防护用具及随车工具

机车车顶项目（实行专检专修的除外）

序号	部 件
1	受电弓，主断路器及接地开关，车顶其他设备

SS$_4$ 型、HXD$_3$ 型电力机车的高低压试验按照规定进行。

7.1.4 机车制动机试验

1. DK–1 电空制动机"五步闸"检查方法

DK–1 电空制动机"五步闸"检查方法如表 7–3 所示。

表 7-3　DK-1 型电空制动机"五步闸"检查方法

步骤	电空控制器						空气制动阀				检查内容
	过充位	运转位	中立位	制动位	重联位	紧急位	缓解位	运转位	中立位	制动位	
1		1 5				2	3	4			1. 确认列车管、均衡风缸和总风缸皆为规定压力，制动缸压力为 0； 2. 制动主管压力在 3 s 内下降至 0，制动缸压力在 5 s 内升至 400 kPa，最高压力为 450 kPa，并自动撒砂（有级位时切除主断路器）； 3. 空气制动阀手柄移至缓解位，同时下压手柄，制动缸压力应缓解到 0； 4. 制动缸压力不得回升； 5. 制动主管定为 500 kPa（或 600 kPa）时，压力升至 480 kPa（或 580 kPa）的时间不大于 9 s（或 11 s）；手柄停留 50 s 以上
2			7	6							6. 制动主管定压 500 kPa（或 600 kPa）时，均衡风缸减压 140 kPa（或 170 kPa）的时间为 5～7 s（或 6～8 s），制动缸压力 6～8 s 升至 360 kPa（或 7～10 s 升至 420 kPa），装有切控阀的机车为 140 kPa（或 170 kPa）； 7. 均衡风缸、制动主管因漏泄每分钟的压力下降分别不大于 5 kPa 和 10 kPa
3	8	9									8. 均衡风缸定压，制动主管超过规定压力 30～40 kPa，制动缸压力不变； 9. 120 s 左右过充压力消除，制动主管恢复定压，制动缸压力缓解为 0
4								12	11	10	10. 制动缸压力在 4 s 内升至 280 kPa，最高为 300 kPa； 11. 制动缸压力不变； 12. 制动缸压力在 5 s 内下降至 40 kPa 以下
5								13 16	13	15	14	13. 均衡风缸、制动主管为规定压力； 14. 同 6； 15. 同 7； 16. 均衡风缸、制动主管恢复规定的压力，制动缸压力为 0。 注：13～16 系空气位操作，应按有关规定进行电空位与空气位的转换。检查试验完毕后，恢复至电空位，将空气制动阀手柄移至运转位

2. CCB Ⅱ 制动机"五步闸"检查方法

CCB Ⅱ 制动机"五步闸"检查方法如表 7-4 所示。

表 7-4　CCBⅡ制动机"五步闸"检查方法

步骤	设置	自动制动手柄							单独制动手柄				检查内容
		运转	初制	制动	全制	抑制	重联	紧急	侧缓	运转	制动	全制	
1	本机/不补风	1						2　4		3			1. 总风压力为 750～900 kPa,制动缸压力为 0,均衡风缸压力为 500 kPa,制动主管压力为 500 kPa; 2. 制动主管压力在 3 s 内降为 0,制动缸在 3～5 s 内升至 200 kPa,并继续增压至 450 kPa,均衡风缸压力降为 0,紧急制动倒计时 60 s 开始; 3. 制动缸压力下降为 0,手柄复位后制动缸压力恢复; 4. 60 s 倒计时结束后操作,制动主管、均衡风缸、制动缸压力不变
2	本机/不补风	5　6　10		8	7	9							5. 均衡风缸增压至 500 kPa,制动主管增压至 480 kPa 不大于 9 s,制动缸压力下降为 0; 6. 等 60 s 使系统各风缸充满风; 7. 均衡风缸在 5～7 s 减压到 360 kPa,制动主管减压到均衡风缸压力±10 kPa,制动缸 6～8 s 增压到 360 kPa; 8. 保压 1 min,均衡风缸压力泄漏不大于 7 kPa,制动主管压力泄漏不大于 10 kPa,制动缸压力变化不大于 25 kPa; 9. 各压力无变化; 10. 均衡风缸增压至 500 kPa,制动主管压力为 500 kPa,制动缸压力下降为 0
3	本机/不补风	14	11				13			12			11. 充满风后,均衡风缸减压 50 kPa,制动主管减压到均衡风缸压力的±10 kPa,制动缸增压到 70～110 kPa; 12. 制动缸压力下降为 0,手柄复位后制动缸压力不恢复; 13. 均衡风缸以常用制动速率降为 0,制动主管减压至 55～85 kPa 后保持,制动缸增压至 450 kPa; 14. 均衡风缸增压至 500 kPa,制动主管压力为 500 kPa,制动缸压力下降为 0
4	本机/不补风				19				16　18	15	17		15. 阶段制动,制动缸压力阶段上升,全制动制动缸压力为 300 kPa; 16. 阶段缓解,制动缸压力阶段下降,运转位制动缸压力下降为 0; 17. 制动缸在 2～3 s 上升到 280 kPa,最终为(300±15) kPa; 18. 制动缸压力在 3～5 s 降到 35 kPa 以下; 19. 均衡风缸减压 100 kPa,制动主管减压到均衡风缸压力的±10 kPa,制动缸增压到 230～250 kPa
5	单机	22		20					21　24		23		20. 均衡风缸减压 140 kPa,制动主管压力保持不变,制动缸压力保持不变; 21. 制动缸压力下降为 0,手柄复位后制动缸压力不恢复; 22. 均衡风缸增压至 500 kPa,制动主管压力保持不变,制动缸压力保持不变; 23. 制动缸压力在 2～3 s 上升到 280 kPa,最终为 300 kPa; 24. 制动缸压力在 3～5 s 降到 35 kPa 以下

注:试验完毕,机车恢复本机/不补风状态设置

任务 *7.2* 出段及挂车

7.2.1　出段

机车整备完毕机班全员上车后，要道准备出段。

（1）确认调车信号或股道号码信号、道岔开通信号、道岔表示器显示正确，进行确认呼唤（应答），鸣笛动车（限鸣区段除外，下同）。

（2）移动机车前，应确认相关人员处于安全处所，防溜撤除，注意邻线机车、车辆的移动情况。段内走行严守速度规定。

（3）机车到达站、段分界点停车，签认出段时分（单班单司机签点办法由铁路局规定），了解挂车股道和经路，执行车机联控，按信号显示出段。

7.2.2　挂车

进入挂车线后，应严格控制机车速度，执行十、五、三车和一度停车规定，确认脱轨器、防护信号及停留车位置。

（1）距脱轨器、防护信号、车列 10 m 前必须停车。

（2）确认脱轨器、防护信号撤除后，显示连挂信号，以不超过 5 km/h 的速度平稳连挂。

（3）连挂时，根据需要适量撒砂，连挂后要试拉。

7.2.3　挂车后

挂车后，机车保持制动，司机确认机车与第一位车辆的车钩、软管连结和折角塞门状态。多机重联时，机车与车辆连挂状态的检查由连挂司机负责；列车本务司机应复检机车与第一位车辆的车钩、软管连结和折角塞门状态。

（1）正确输入机车综合无线通信设备（简称"CIR"）、LKJ 有关数据。采用微机控制制动系统的机车，核对制动机设定的列车种类。向运转车长或车站值班员（助理值班员）了解编组情况、途中甩挂计划及其他有关事项。

（2）货运票据、列车编组顺序表需由机车乘务组携带时，应按规定办理交接，并妥善保管。

（3）司机应在列车充风或列车制动机试验时，检查本务机车与列尾装置主机是否已形成"一对一"关系。

（4）制动主管达到定压后，司机按规定及检车人员的要求进行列车制动机试验，装有防折关装置的机车应确认制动主管贯通情况。

（5）发现充、排风时间短等异常或制动主管漏泄每分钟超过 20 kPa 时，及时通知检车人员（无检车人员时通知车站值班员）。

（6）制动关门车辆数超过规定时，发车前应持有制动效能证明书。

（7）列车制动机进行持续一定时间的保压试验，应在试验完毕后，接受制动效能证明书。

（8）司机接到制动效能证明书后，应校核每百吨列车重量换算闸瓦压力，不符合《铁路技术管理规程》及本区段的规定时，应向车站值班员报告。

（9）直供电列车连挂后，司机拔出供电钥匙与客列检人员（或车辆乘务人员）按规定办理交接、供电手续，电力机车还需断开主断路器。

7.2.4　列车制动机试验

1. 全部试验

1）试验时机

（1）货车列检对解体列车到达后施行一次到达全部试验，对编组列车始发前施行一次始发全部试验，对有调车作业中转列车到达后首先施行到达全部试验，发车前只施行始发全部试验中的漏泄试验。

（2）货车特级列检和安全保证距离在 500 km 左右的一级列检对无调车作业中转列车始发前施行一次始发全部试验。

（3）无列检作业场车站始发的列车，在途经第一个列检作业场进行无调车中转技术检查作业时施行一次始发全部试验。

（4）列检作业场对运行途中自动制动机发生故障的到达列车。

（5）旅客列车库内检修作业。

（6）在有客列检作业的车站折返的旅客列车。

2）试验方法

站内设有试风装置时，应使用列车试验器试验，连挂机车后只做简略试验。对装有空气弹簧等装置的旅客列车应同时检查辅助用风系统的泄漏。

列检作业场无列车制动机的地面试验设备或该设备发生故障时，机车对列车充满风后，司机应根据检车员的要求进行试验。

（1）自阀减压 50 kPa（编组 60 辆及以上时为 70 kPa）并保压 1 min，对列车制动机进行感度试验，全列车必须发生制动作用，并不得发生自然缓解，司机检查制动主管漏泄量，每分钟不得超过 20 kPa；手柄移至运转位后，全列车须在 1 min 内缓解完毕。

（2）自阀施行最大有效减压（制动主管定压 500 kPa 时为 140 kPa，定压 600 kPa 时为 170 kPa），对列车制动机进行安定试验，以便检车员检查列车制动机，要求不发生紧急制动，并检查制动缸活塞行程或制动指示器是否符合规定。

2. 简略试验

1）试验时机

（1）货车列检对始发列车、中转作业列车连挂机车后。

（2）客列检作业后和旅客列车始发前。

（3）更换机车或更换机车乘务组时。

（4）无列检作业的始发列车发车前。

（5）列车软管有分离情况时。

（6）列车停留超过 20 min 时。

（7）列车摘挂补机，或第一机车的自动制动机损坏交由第二机车操纵时。

（8）机车改变司机室操纵时。

（9）单机附挂车辆时。

（10）列车进行摘、挂作业开车前。

2）试验方法

在站简略试验：有列检作业的由列检人员负责，无列检作业的由车辆乘务员负责，无车辆乘务员的由车站人员负责。挂有列尾装置的列车由司机负责（挂有列尾装置的旅客列车，始发前、摘挂作业开车前及在途中换挂机车站、客列检作业站，有列检作业的由列检人员负责，无列检作业的由车辆乘务员负责）。

制动主管达到规定压力后，自阀减压 100 kPa 并保压 1 min，检查制动主管贯通状态，检车员、车站值班员或车站有关人员检查确认列车最后一辆车发生制动作用；司机检查制动主管漏泄量，每分钟不得超过 20 kPa。

3. 持续一定时间的保压试验

1）试验时机

有列检作业场的车站发出的货物列车运行前方途经长大下坡道区间的，在始发、中转作业时应进行持续一定时间的全部试验，列检应填发制动效能证明书交给司机；在有列检作业场车站至长大下坡道区间间的各站始发或进行摘挂作业的列车，是否进行持续一定时间的全部试验并填发制动效能证明书交给司机，由铁路局规定。具体试验和凉闸的地点、办法，由铁路局规定。

旅客列车出库前应进行持续一定时间的全部试验，在接近长大下坡道区间的车站，是否进行持续一定时间的全部试验，由铁路局规定。

2）试验方法

在长大下坡道前方的列检作业场需进行持续一定时间的保压试验时，应在列车制动机按全部试验方法试验后，自阀减压 100 kPa 并保压 3 min，列车不得发生自然缓解。

4. 其他

列车制动机试验时，司机应确认并正确记录充、排风时间，检查制动主管压力的变化情况，并作为本次列车操纵和制动机使用的参考依据。装有列尾装置的列车，进行列尾风压查询；装有防折关装置的机车，注意观察其状态；CCB Ⅱ 型、法维莱等微机控制的制动机，注意观察显示屏上充风流量信息。

7.2.5　发车准备及发车

司机根据发车时间，做好发车准备工作。货物列车起动困难时，可适当压缩车钩，但不应超过总辆数的三分之二。压缩车钩后，在机车加载前，不得缓解机车制动。

起动列车前，必须二人及以上（单司机值乘区段除外）确认行车凭证、发车信号显示正确，准确呼唤应答，执行车机联控，鸣笛起动列车。

（1）起动列车前使用列尾装置检查尾部制动主管压力是否与机车制动主管压力基本一致。

（2）列车起动时，应检查制动机手柄是否在正常位置及各仪表的显示状态，做到起车稳、加速快、防止空转。

（3）内燃机车提手柄、电力机车进级时，应使柴油机转速及牵引电流稳定上升。当列车不能起动或起动过程中空转不能消除时，应迅速调整主手柄位置，重新起动列车。

（4）列车起动后，应进行后部瞭望确认列车起动正常。单司机单班值乘的不进行后部瞭望。

任务 7.3 途中作业

机车途中运行作业，是乘务组一次乘务作业过程中的主要阶段，它包括司机依照列车操纵示意图操纵列车安全运行、调车作业、呼唤应答及学习司机的走廊巡视等作业内容。这一阶段的作业质量直接影响行车的安全和正点。所以，要求乘务员熟悉各种规章及业务，遇事不慌乱，正确及时地处理，保证行车安全。

7.3.1 列车操纵示意图

机务段应根据担当的牵引区段、使用机型、牵引定数、区间运行时分等编制列车操纵示意图、列车操纵提示卡。在编制过程中，应利用 LKJ 运行数据对其进行校核优化。

列车操纵示意图应包括以下内容。

（1）列车速度曲线。

（2）运行时分曲线。

（3）线路纵断面和信号机位置。

（4）站场平面示意图。

（5）提、回手柄地点。

（6）动力制动使用和退回地点。

（7）空气制动减压量和缓解地点及速度。

（8）区间限制速度及区段内各站道岔的限制速度。

（9）机械间、走廊巡视时机。

（10）接触网分相区地点。

（11）各区间注意事项。

铁路局按照列车操纵示意图相关内容，针对担当区段的安全关键，编制操纵提示卡，明确区间公里、运行时分、平均速度、具体提回手柄地点、提回手柄级位或柴油机转速、制动机使用操作、电力机车过分相操作、特殊困难区段操作，以及含到发线有效长度、道岔限速、站中心公里、股道有无接触网等内容的中间站站场示意图等内容和安全注意事项。

7.3.2 列车操纵与安全注意事项

（1）机车司机在运行中必须严格执行"彻底瞭望、确认信号、准确呼唤、手比眼看"的"十六字令"，依照机车乘务员一次出乘作业标准、《列车操纵示意图》、《列车操纵提示卡》正确操纵列车，并规范执行确认呼唤（应答）和车机联控制度。

严格遵守每百吨列车重量换算闸瓦压力限制速度，列车限制速度，线路、桥隧、信号容许速度，机车车辆最高运行速度，道岔、曲线及各种临时限制速度，以及 LKJ 速度控制模式设定的限制速度的规定。列车运行中，当列尾装置主机发出电池欠压报警、通信中断等异常情况时，司机应及时通知就近车站值班员或列车调度员，旅客列车应同时通知车辆乘务员。

（2）设有两端司机室的机车，司机必须在运行方向前端司机室操纵（调车作业推进运行时除外）。机车信号转换开关置于正确位置。非操纵端与行车无关的各开关均应置于断开位并锁闭，取出制动机手柄或置于规定位置；列车无线调度通信设备和列尾装置司机控制盒置于关闭位。安装双套 LKJ 主机的机车，非操纵端 LKJ 应关闭。

（3）操纵机车时，未缓解机车制动不得加负荷（特殊情况除外）；运行中或未停稳前，严禁换向操纵。设有速度工况转换装置的机车，车未停稳，不准进行速度工况转换。

机车负载运行中，内燃机车提手柄，电力机车进级时，应使柴油机转速及牵引电流稳定上升，遇天气不良时应实施预防性撒砂，当机车出现空转不能消除时，应及时调整主手柄位置；具有功率自动调节控制功能的和谐型机车运行在困难区段出现空转时，不得盲目退回手柄。

（4）内燃机车提、回手柄应逐位进行，使牵引电流、柴油机转速稳定变化。负载运行中，当柴油机发生喘振、共振时，司机应及时调整主手柄位置。退回手柄时，主手柄回至"1"位需稍做停留再退回"0"位。

主手柄退回的过程中，若柴油机转速不下降，为防止柴油机"飞车"，禁止手柄回"0"位，立即采取停止燃油泵工作、打开燃油系统排气阀、按下紧急停车按钮等措施。

（5）装有列尾装置的列车出发前、进站前、进入长大下坡道前和停车站出站后，应使用列尾装置对制动主管的压力变化情况进行检查，发现制动主管的压力异常时，应立即停车，停车后，查明原因妥善处理，并通知就近车站值班员或列车调度员。

（6）列车或单机停留时，不准停止柴油机、劈相机及空气压缩机的工作，并保持制动状态。

① 进站停车时，应注意车站接车人员的手信号。

② 货物列车应保压停车，直至发车前出站（发车进路）信号机开放或接到车站准备开车的通知后，方能缓解列车制动。

③ 夜间等会列车时，应将机车头灯灯光减弱或熄灭。

④ 中间站停车，有条件时应对机车主要部件进行检查。

⑤ 机车乘务员必须坚守岗位，不得擅自离开机车。

（7）内燃、电力机车在附挂运行中，换向器的方向应与列车运行方向相同，主接触器在断开位。禁止进行电气动作试验。

（8）机车各安全保护装置和监督、计量器具不得盲目切（拆）除及任意调整其动作参数。内燃、电力机车各保护电器（油压、水温、接地、过流、柴油机超速、超压等保护装置）动作后，在未判明原因前，不得强迫启动柴油机及切除各保护装置。机车保护装置切除后，应密切注视机车各仪表的显示，加强机械间的巡视。

（9）运行中，应随时注意机车各仪表的显示。发现机车故障处所和非正常情况，要迅速判明原因及时处理，并将故障现象及处理情况填记"机车运行日志"。

牵引直供电、双管供风的旅客列车时，运行中应注意确认列车供电电压及电流、列车总风管压力的显示，发现异常情况时应及时通知车辆乘务员，按其要求运行或维持到前方车站停车处理，并报告列车调度员或车站值班员。

旅客列车在区间发生故障需双管改单管供风时，司机应掌握安全速度（最高不超过120 km/h）运行至前方站后进行，跨局旅客列车改为单管供风后，司机报告车站值班员转报列车调度员。因列车总风管压力漏泄不能维持运行，应立即停车，关闭机车后部折角塞门判断机车或车辆原因，属车辆原因应立即通知车辆乘务员处理。

（10）遇天气恶劣，应加强瞭望和鸣笛，信号机显示距离不足 200 m 时，应立即报告车站

值班员或列车调度员。

7.3.3 电力机车运行中的注意事项

（1）根据列车速度，选择适当的手柄位置。牵引电动机电压、电流不得超过额定值。

（2）解除机车牵引力时，牵引手柄要在接近"0"位前稍做停留再退回"0"位。

（3）使用磁场削弱时，要在牵引电机端电压接近或达到额定值，电流还有相当余量时，逐级进行。

（4）通过分相绝缘器时严禁升起前后两受电弓，一般不应在牵引电动机带负荷的情况下断开主断路器。按"断""合"电标，断开、闭合主断路器（装有自动过分相装置除外）。货物列车若通过分相绝缘器前，列车速度过低时（速度值由铁路局规定），允许快速退回牵引手柄。

（5）遇接触网故障或挂有异物，降、升受电弓标或临时降、升弓手信号时，及时降下或升起受电弓。

（6）接触网临时停电或异常时，要迅速断开主断路器、降下受电弓，立即采取停车措施，检查弓网状态。装有车顶绝缘检测装置的机车，司机要检查确认机车绝缘情况，确认机车绝缘装置故障或绝缘不良时，不得盲目升弓。

7.3.4 运行中的安全注意事项

（1）不得超越机车限界进行作业，电气化区段严禁攀登机车、车辆顶部，途中停车检查时，身体不得侵入临线限界。

（2）电力机车乘务员需要登机车顶部检查弓网状态或处理故障时，应断开主断路器，降下受电弓，必须向车站值班员或列车调度员申请办理登顶作业，接到列车调度员发布接触网已停电允许登顶作业的调度命令并验电、接地后方准作业。

（3）外走廊式的内燃机车运行中不得在走廊上作业。

（4）严禁向机车外部抛撒火种，机械间严禁吸烟。

（5）列车在区间被迫停车后不能继续运行时，司机应立即使用列车无线调度通信设备通知两端站、列车调度员及运转车长（无运转车长时为车辆乘务员），报告停车原因和停车位置，根据需要迅速请求救援并按规定设置防护。机车故障后10分钟内不能恢复运行时，司机应迅速请求救援。

（6）遇天气不良、机车牵引力不足等原因，列车在困难区段可能发生坡停或严重运缓时，司机应提前使用列车无线调度通信设备通知两端站或列车调度员。

（7）单机进入区间担当救援作业，在自动闭塞区间正方向运行时，应使 LKJ 处于通常工作状态，严格按分区通过信号机的显示要求行车；在自动闭塞区间反方向、半自动闭塞区间及自动站间闭塞区间运行时，应使 LKJ 处于调车工作状态。在接近被救援列车 2 km 时，按规定严格控制速度。

（8）运行途中突发难以抵抗的身体急症，要立即报告列车调度员或车站值班员，不能维持驾驶操纵的要立即采取停车措施。

7.3.5 列车制动操纵要求

1. 常用制动

施行常用制动时，应考虑列车速度、线路坡道、牵引辆数和吨数、车辆种类，以及闸瓦压力等条件，保持列车均匀减速，防止列车冲动。进入停车线停车时，提前确认 LKJ 显示距离与地面信号位置是否一致，准确掌握制动时机、制动距离和减压量，应做到一次停妥，牵引列车时，不应使用单阀制动停车，并遵守以下规定。

（1）初次减压量，不得少于 50 kPa。长大下坡道应适当增加初次减压量，具体减压量由铁路局制定。

（2）追加减压一般不应超过两次；一次追加减压量，不得超过初次减压量。

（3）累计减压量，不应超过最大有效减压量。

（4）单阀缓解量，每次不得超过 30 kPa（CCBⅡ型、法维莱型制动机除外）。

（5）减压时，自阀排风未止不应追加、停车或缓解列车制动。

（6）货物列车运行中，自阀减压排风未止，不得缓解机车制动。

（7）禁止在制动保压后，将自阀手柄由中立位推向缓解、运转、保持位后，又移回中立位（牵引采用阶段缓解装置的列车除外）。

（8）货物列车速度在 15 km/h 以下时，不应缓解列车制动。长大下坡道区段因受制动周期等因素限制，最低缓解速度不应低于 10 km/h。重载货物列车速度在 30 km/h 以下，不应缓解列车制动。

（9）少量减压停车后，应追加减压至 100 kPa 及以上。

（10）站停超过 20 min 时，开车前应进行列车制动机简略试验。

2. 紧急制动

施行紧急制动时，应迅速将自阀手柄推向紧急制动位，并立即解除机车牵引力，其间柴油机不得停机，电力机车不得断主断路器、降弓，动力制动应处在备用状态。列车未停稳，严禁移动自阀、单阀手柄（投入动力制动时，单阀除外）。无自动撒砂装置或自动撒砂装置失效时，停车前应适当撒砂。

3. 其他与制动相关的作业办法

（1）单机（包括双机、专列回送的机车，下同）在自动闭塞区间紧急制动停车后，具备移动条件时司机须立即将机车移动不少于 15 m，再按照先防护后报告的原则，在轨道电路调谐区外使用短路铜线短接轨道电路，然后向就近车站值班员或列车调度员报告停车位置和原因。

单机被迫停在调谐区内时，司机须立即在调谐区外使用短路铜线短接轨道电路，然后向就近车站值班员或列车调度员报告停车位置和原因。

（2）列车运行中，发现制动主管压力急剧下降、波动，空气压缩机不工作或长时间泵风不止，列尾装置发出制动主管压力不正常报警等异常情况时，应迅速停止向制动主管充风，解除机车牵引力，及时采取停车措施。

（3）列车停车再开车后，应选择适当地点进行贯通试验。司机确认制动主管排风结束、列车速度下降方可缓解，同时司机应注意风表压力及列车充、排风时间（万吨及以上重载列车除外）；装有列尾装置的列车还应使用列尾装置查询列车尾部制动主管风压。

（4）装有动力制动装置的机车在列车调速时，要采用动力制动为主、空气制动为辅、相互配合使用的方法，并应做到：

① 内燃机车在提、回动力制动手柄时，要逐位进行，至"1"位时应稍做停留。电力机车给定制动励磁电流时，电流的升、降要做到平稳。

② 制动电流不得超过额定值。

③ 动力制动与空气制动配合使用时，应将机车制动缸压力及时缓解为 0（设有自动控制装置的机车除外）。

④ 需要缓解时，应先缓解空气制动，再解除动力制动。

⑤ 多机牵引使用动力制动时，前部机车使用后，再通知后部机车依次使用；需要解除动力制动时，根据前部机车的通知，后部机车先解除，前部机车后解除（装有重联线和同步装置机车运行时除外）。

（5）当发现列车失去空气制动力或制动力减弱危及行车安全时，紧急制动可以同步投入动力制动的机车，司机应立即使用紧急制动，并将动力制动投入达到最大值，在确认动力制动发挥作用后，使用单阀缓解制动缸压力至 150 kPa 以下（设有自动控制装置的机车可不进行单阀缓解操作）。有运转车长（车辆乘务人员）值乘的列车，司机迅速通知运转车长（车辆乘务人员），使用车辆紧急制动阀停车；装有列尾装置的列车，司机应采取列尾装置主机排风制动措施使列车停车，停车前适当撒砂。

（6）装有动力制动的机车在使用动力制动调速过程中发生紧急制动或需紧急制动时，司机应保持机车动力制动，同时立即用单阀缓解机车制动缸压力至 150 kPa 以下（设有自动控制装置的机车可不进行单阀缓解操作）。

7.3.6　多机牵引

（1）机车重联后，相邻机车之间连接状态的检查，由相邻机车乘务员实行双确认，共同负责。

（2）机车操纵应由行进方向的前部机车负责。重联机车必须服从前部机车的指挥，并执行有关鸣笛及应答鸣示的规定。

（3）设有重联装置的机车，该装置作用必须良好，重联运行时应接通重联线。重联机车制动机手柄位置处理表如表 7-5 执行。

表 7-5　重联机车制动机手柄位置处理表

位置 机型	操纵端				非操纵端			
	自阀	单阀	客货车 转换阀	重联塞门	自阀	单阀	客货车 转换阀	重联塞门
ET-6 ET-14	运转	运转		关闭	运转			关闭
JZ-7	取出	运转	货车		取出	运转	货车	
DK-1	重联	运转	货车		重联	运转	货车	
26-L	取出	运转	切断		取出	运转	切断	
CCBII	重联 并锁闭	运转			重联 并锁闭	运转		
法维莱	运转位 （保压位）	缓解位	分配阀 M/V （货/客）转换 杆转至 V （客车）位	司机制动阀隔 离开关 Z（IS） RM 转换到 "补机"位，	运转位 （保压位）	中立位	分配阀 M/V （货/客）转换 杆转至 V （客车）位	司机制动阀 隔离开关 Z （IS）RM 转 到"正常位"

（4）电力机车重联运行中，前部机车应按规定鸣示降、升弓信号，后部机车必须按前部机车的指示，立即降下或升起受电弓。

（5）中部、尾部挂有补机的列车，其具体操纵及联系办法由铁路局规定。

（6）组合列车前部、中部机车必须装有同步操纵装置并保持通信设备良好，其具体操纵及联系办法由铁路局规定。

（7）附挂（重联）机车连挂妥当后，附挂（重联）司机按规定操作制动机、弹停装置、电气设备等，操作完毕、具备附挂（重联）运行条件后，通知本务机车司机。

附挂（重联）机车需与本务机车或前位机车摘开时，必须恢复机车牵引条件后（闭合蓄电池开关、开启 LKJ、升弓或启机、空压机工作、总风缸压力达到定压、机车处于制动状态），方可通知前位机车进行摘挂作业。

无动力回送机车按规定开放无火回送装置，操作有关阀门。

7.3.7　旅客列车操纵

（1）牵引旅客列车在确保安全正点的同时，应做到运行平稳、停车准确。

① 起车时，全列起动后再加速。

② 进站停车时，应采取保压停车，按机车停车位置标一次稳、准停妥。

（2）列车运行中施行常用制动时，应遵守以下规定。

① 机车呈牵引状态，柴油机转速控制在 550 r/min 左右或牵引电流控制在 1 000 A 左右；电力机车的牵引电流控制在 200 A 以下。停车制动，自阀减压时，列车产生制动作用并稳定降速（时间原则上应控制在 5 s 以上）后，再解除机车牵引力。特殊情况由铁路局规定。

② 自阀减压前，应单独缓解机车，使列车制动时机车呈缓解状态。

③ 制动时，追加减压量累计不应超过初次减压量。

（3）列车运行中应根据线路纵断面及限速要求，尽可能不中断机车牵引力。在起伏坡道区段或较小的下坡道运行时，应采用低手柄位或低转速的牵引，尽量避免惰力运行。

（4）列车在长大下坡道运行中，应采用空气、动力制动配合使用的操纵方法，做到：

① 列车进入下坡道时，投用动力制动，待列车继续增速的同时，再逐步增加制动电流；

② 当动力制动不能满足控制列车运行速度的要求时，采用空气制动调整列车运行速度，无动力制动或动力制动故障时的空气制动操纵办法，由铁路局制定；

③ 缓解列车制动时，应在缓解空气制动后，再逐步解除动力制动。

7.3.8　各种坡道上的操纵

（1）在较平坦的线路上，列车起动后应强迫加速，达到运行时分所需速度时，适当调整机车牵引力，使列车以均衡速度运行。

（2）在起伏坡道上，应充分利用线路纵断面的有利地形，提早加速，以较高的速度通过坡顶。

（3）在长大上坡道上，应采用"先闯后爬，闯爬结合"的操纵方法。进入坡道前应提早增大机车牵引力，储备动能，进入坡道后应进行预防性撒砂，防止空转，并注意牵引电流不得超过持续电流。

7.3.9　严寒地区操纵及注意事项

在防寒过冬期间，段内接班后，除执行相关规定外，还应检查机车有无冻结处所，暖气阀是否按规定开放，防寒罩是否齐全。

（1）内燃机车关闭门窗，调整百叶窗开度并装好防寒被，应适时使用非操纵端热风机。打开预热锅炉循环水系统止阀，以防止水管路及预热锅炉冻结。

（2）内燃机车柴油机故障无法再启动时，要及时放尽柴油机、冷却单节、热交换器及管路内的冷却水。

（3）遇雾雪等天气受电弓或接触网被冰雪包裹，在站内停留如发现弓网产生打火放电现象时，站内起动列车，应控制牵引电流不得过大，避免受电弓与接触网间产生拉弧导致烧网。

（4）机车检查、保养，以及操作的具体注意事项，由铁路局制定。

7.3.10　机械间巡视

内燃、电力机车机械间及走廊巡视检查，由非操纵司机或学习司机负责，应按下列要求执行。

1. 巡视时机

（1）内燃机车。

① 始发列车出站后；

② 列车运行中一般每 30 min 进行一次；

③ 发生异音、异状时。

（2）电力机车。

① 始发列车出站后；

② 发生异音、异状时。

（3）单司机值乘时，机械间检查时机由铁路局规定。

2. 巡视检查项目

（1）内燃机车检查项目：电气间、柴油机、增压器、牵引发电机、辅助传动装置、空气压缩机、辅助发电机、牵引电动机的通风机等状态是否正常；有无电气绝缘烧损气味、油水管路有无漏泄；水箱水位和各仪表显示是否正常。

（2）电力机车检查项目：各辅助机组运转是否正常；各部件有无异音、异状；有无放电和电气绝缘烧损的气味；主变压器油温、油位是否正常，牵引及辅助变流器工作状态、各保护继电器和指示灯、指示件有无异状或动作显示。

7.3.11　调车作业

（1）调车机车乘务员要熟悉《车站行车工作细则》及有关规定，熟记站内线路（包括专用线）、信号机，以及各种标志等站场情况，严格执行《铁路技术管理规程》调车工作有关规定。

采用无线调车灯显设备进行调车时，应使 LKJ 处于调车工作状态并与无线调车灯显设备配合使用，根据信号显示和作业指令的要求进行作业。

中间站利用本务机车调车时，对附有示意图的调车作业通知单的内容和注意事项必须掌握清楚。作业前，应使 LKJ 处于调车工作状态。

在中间站不得利用单司机单班值乘列车的机车进行调车作业，遇特殊情况，必须利用该本务机车对本列进行调车作业时，相关作业人员应加强安全控制。

（2）在车站交接班时，交、接班乘务员应认真对机车走行部、基础制动装置、牵引装置、制动机性能进行重点检查；注意检查调整制动缸活塞行程和闸瓦与轮箍踏面的缓解间隙。

作业间歇时应对其他部件进行检查。停留较长时间后再次作业前，应能对制动机机能进行试验。

（3）调车作业中，彻底瞭望，确认信号，正确执行信号显示的要求和呼唤应答制度，没有信号不准动车，信号中断或不清立即停车。穿越正线调车作业时，必须执行车机联控制度。

连挂车辆时，严格按十、五、三车距离和信号要求控制速度，接近被连挂车辆时，速度不得超过 5 km/h。

按《车站行车工作细则》规定连结软管后，动车前应进行制动机简略试验。

单机连挂车辆时，应注意确认车辆停留和脱轨器位置，必须执行"一度停车"制度。

（4）当调车指挥人显示溜放信号时，司机应"强迫加速"满足作业要求；显示减速或停车信号时，应迅速解除机车牵引力，立即制动。

（5）认真执行驼峰调车作业的规定，连挂车列后试拉时，注意不得越过信号机或警冲标。推峰时要严格按信号的要求控制速度。

（6）电力机车调车时，机车距接触网终点标应有 10 m 的安全距离，防止进入无电区。

7.3.12　机车行车安全装备

机车出段前，必须确认 LKJ、机车信号、列车无线调度通信设备、列尾装置司机控制盒、平面灯显接口设备、防折关装置、警惕报警装置、机车走行部监测装置等行车安全装备检测合格证签发符合规定。出段必须开机，按规定正确操作使用，严禁擅自关机。

不得使用列车无线调度通信设备进行与行车无关的通话，并应遵守保密的规定。

列车途中在本务机车前部加挂补机、更换本务机车或机车因故不能继续运行请求救援时，司机应在停车后且制动主管减压的情况下，解除列尾装置主机记忆的本务机车号码，加挂机车、更换后机车及救援机车连挂车列后担当本务时，重新建立"一对一"关系。

任务 7.4　终点站与退勤

列车到达终点站后，本次列车值乘工作即将结束，由于一路上紧张、劳累的工作，容易产生"船到桥头车到站"的麻痹思想；同时终点站一般都是比较大的车站，人员及设备多，瞭望条件差，干扰因素多，而且列检的接车、检车作业要求列车停车位置准确，所以乘务员应保持良好的精神状态，不急躁、不马虎，认真完成各项作业，保证机车正常入段。

7.4.1　终点站作业

（1）到达终点站后，摘解机车前不得缓解列车制动。若地面无列车制动机试验设备或该设备临时发生故障时，司机应根据检车员的要求，试验列车制动机。牵引制动主管定压 600 kPa 的货物列车到达机车换挂站后，应对制动主管实施最大有效减压量（减压 170 kPa）。

（2）直供电列车到达后，应保持供电，接到车辆乘务员通知后方可停止供电，拔出供电钥匙，按规定与车辆乘务员办理交接。

（3）机车不能及时入段时，将机车移动至脱轨器外方、信号机前或警冲标内方。机车乘务员应及时检查轴温（装有轴温检测装置的除外）。LKJ 转入调车状态，按调车信号显示运行。

（4）机车到达站、段分界点处应停车，签认入段时分，了解段内走行经路。

（5）确认入段信号、股道号码信号、道岔开通信号、道岔表示器显示正确，进行确认呼唤（应答），鸣笛动车入段，按规定速度控制运行。

（6）有运用干部添乘，在列车终到前，司机应出示添乘指导簿，添乘运用干部填写本趟添乘指导意见。

7.4.2　入段作业

（1）电力机车进整备线，在隔离区防护信号前停车，确认隔离区防护信号开放后再动车。

（2）在转盘及整备线停留时，机车必须制动。上、下转盘时，确认开通位置，严守速度规定。转盘转动时，司机不得离座，不得换端及做其他工作并须做到：

①内燃机车主手柄置于"0"位，换向手柄置于中立位，机车控制开关置于断开位；

②电力机车断开主断路器，降下受电弓，牵引手柄置于"0"位。

（3）入段机车检查和整备。

机务段应根据使用机型、乘务方式和段内技术作业时间，制定机车检查、给油、保洁等工作范围和标准。

①交班司机应将机车运用状态，在机车运行日志上做出记录，按规定做好防溜，与接车人员办理交接。

②轮乘制司机应向接车人员详细介绍机车运用状态、机车运行日志记录等情况，与有关人员办理燃油、耗电、工具备品，以及机车行车安全装备的交接。

③检查机车时，发现故障处所及时处理或报修。

7.4.3　中途继乘站换班

（1）出勤时，按机车乘务员一次作业标准执行。出勤后按时到达指定地点接班。

（2）中间站换班应实行对口交接。

①司机交接燃料、耗电、机车运用状态等。

②学习司机（非操纵司机）检查机车行车安全装备，办理工具备品等交接。

③接班后，按表7-6、表7-7的规定检查机车。

表7-6　SS4型电力机车换班站检查项目

职名	部位	检查内容
本务司机	上部	目测受电弓状态；牵引控制柜、高压电器柜、硅整流柜，主变压器油温、油位和行车安全装备
学习司机（非操纵司机）	下部	轮对弛缓标记、轴箱温度、闸瓦与轮对踏面的缓解间隙，闸瓦及穿销，车钩及列车管连结、折角塞门状态

表7-7　HXD3型电力机车换班站检查项目

职名	部位	检查内容
本务司机	上部	目测受电弓状态；控制电器柜、空气制动柜、各辅助机组、空气压缩机工作状态及各保护电器开关位置；行车安全装备
学习司机（非操纵司机）	下部	轴箱温度、轮缘润滑装置、轴箱弹簧、制动盘可见部分、砂箱、轴箱拉杆、牵引杆吊索处在松缓状态，车钩及列车管的连结、折角塞门状态

7.4.4　外段（折返段）交接班

（1）内燃、电力机车交班机班应按《铁路机车操作规则》的有关规定进行作业，填写机车运行日志。

（2）内燃、电力机车的接班司机应按《铁路机车操作规则》有关规定对机车进行检查。学习司机（非操纵司机）对机车下部进行复检。

（3）制动机试验、内燃机车的电气动作试验、电力机车的高、低压试验按《铁路机车操作规则》的有关规定执行。

（4）其他未尽事宜，按机务本段、外段（折返段）有关规定办理。

7.4.5　退勤作业

退勤前，司机用 IC 卡转储 LKJ 运行记录文件，正确填写司机报单，对本次列车的安全正点情况进行分析并做好记录。

退勤时，进行酒精测试，向退勤调度员汇报本次列车安全及运行情况，对运行中发生的非正常情况按规定填写"机调-10"，对 LKJ 检索分析的问题及超劳、运缓等情况做出说明，交还列车时刻表、司机报单、司机手册、添乘指导簿后，办理退勤手续。

任务 7.5　机车乘务员确认呼唤（应答）标准

7.5.1　确认呼唤（应答）基本要求

（1）一次乘务作业全过程必须认真执行确认呼唤（应答）制度。

（2）确认呼唤（应答）必须执行"彻底瞭望、确认信号、手比眼看、准确呼唤"，并掌握"清晰短促、提示确认、全呼全比、手势正确"的作业要领。

（3）列车运行中必须对所有地面主体信号显示全部进行确认呼唤（应答），自动闭塞区段分区通过信号显示绿灯，值乘速度 120 km/h 及以上客运列车时，只手比不呼唤（带有三斜杠标志预告功能的分区通过信号机除外）。

（4）遇有显示须经侧向径路运行的信号时，在呼唤信号显示的同时，必须呼唤侧向限速值。

7.5.2　信号确认呼唤时机和手比姿势

1. 信号确认呼唤时机

应遵循"信号好了不早呼、信号未好提前呼"的原则，瞭望条件良好时，进站（进路）信号不少于 800 m；出站、通过、接近、预告信号不少于 600 m；信号表示器不少于 100 m。

2. 手比规范

（1）信号显示要求通过（显示绿灯、绿黄灯）时：右手伸出食指和中指并拢，拳心向左，指向确认对象。

（2）信号显示要求正向径路准备停车（显示黄灯）时：右手拢拳伸拇指直立，拳心向左。

（3）信号显示要求侧向径路运行（显示双黄灯、黄闪黄）时：右手拢拳伸拇指和小指，拳心向左。

（4）信号显示要求停车（显示红灯，包括固定和临时）时：右臂拢拳，举拳与眉齐，拳心向左，小臂上下摇动3次。

（5）注意警惕运行时：右臂拢拳，大小臂成90°，举拳与眉齐，拳心向左。

（6）确认仪表显示时：右手伸出食指和中指并拢，拳心向左，指向相关确认设备时。

（7）确认非集中操纵道岔、各类手信号、防护信号（脱轨器）时：右手伸出食指和中指并拢，拳心向左，指向确认的非集中操纵道岔、各类手信号、防护信号（脱轨器）。

（8）列车运行中，LKJ提示前方列车运行限制速度有变化时，司机必须在变速点前，对变化的速度值及时进行确认呼唤；确认呼唤时，右手伸出食指和中指并拢，拳心向左，指向LKJ显示部位。

（9）手比以注意警惕姿势开始和收回，手比动作稍做停顿。

7.5.3　机车乘务员单岗值乘确认呼唤（应答）标准用语

1. 出段至发车

机车乘务员单岗值乘确认呼唤（应答）标准用语（出段至发车）如表7-8所示。

表7-8　机车乘务员单岗值乘确认呼唤（应答）标准用语（出段至发车）

序号	呼唤时机	呼唤项目	确认呼唤标准用语
1	电力机车升弓	升弓作业	升弓注意，升弓好了
2	整备完毕，人员就岗	出段准备作业	出段准备好了
3	出段前	还道信号及出段手信号显示（非集中操纵道岔）	××道，出段手信号好了
4		出段信号显示（含出段简易信号）	出段信号，白（绿）灯 出段信号，蓝（红）灯停车
5	经过非集中操纵道岔前	道岔开通位置	道岔开通正确
6	经过其他要道还道地点前	还道信号及道岔开通手信号显示	一度停车 ××道，手信号好了
7	行至站段分界点	站段分界点（或一度停车牌）	一度停车
8	调车信号前	调车信号显示	调车信号，白灯 调车信号，蓝（红）灯停车
9	调车复示信号前	调车复示信号	复示信号，白灯 复示信号，注意
10	换端作业时	制动防溜	注意防溜
11	进入挂车线	脱轨器	脱轨器，撤除好了、（红灯、红牌）停车
12	连挂车时	连挂距离	十辆 、五辆、三辆、 停车
13		防护信号	防护信号，撤除好了 防护信号，注意
14	列车制动机试验时	列车制动机试验作业	制动、缓解 试风好了

序号	呼唤时机	呼唤项目	确认呼唤标准用语
15		行车安全装备设置作业	LKJ 设置，设置好了 CIR（或通信装置）设置，设置好了 列尾装置设置，设置好了 机车信号确认，确认好了
16		出站（发车进路）信号显示一个绿灯	绿灯，出站（发车进路）好了
17		出站（发车进路）信号显示两个绿灯	双绿灯，××（线、站）方向出站好了
18		出站（发车进路）信号显示一个绿灯 一个黄灯	绿黄灯，出站（发车进路）好了
19	发车前	出站（发车进路）信号显示一个黄灯	黄灯，出站（发车进路）好了
20		非正常行车确认行车凭证时	确认行车凭证，路票正确 确认行车凭证，绿色许可证正确 确认行车凭证，红色许可证正确 确认行车凭证，调度命令正确
21		进路表示器显示	进路表示器，××（线、站）方向好了 进路表示器，正、反方向好了
22		发车信号	一圈、两圈、三圈，发车信号好了 联控发车好了
23		发车表示器	发车表示器白灯
24	起动列车后	确认开车时刻	正点（或晚点××分）开车
25		监控装置对标点及道岔限速	对标好了，道岔限速××公里
26	出站后	操纵台各仪表、指示灯、机车微机 工况屏显示	各仪表（网压）显示正常

2. 途中运行

机车乘务员单岗值乘确认呼唤（应答）标准用语（途中运行）如表 7-9 所示。

表 7-9　机车乘务员单岗值乘确认呼唤（应答）标准用语（途中运行）

序号	呼唤时机	呼唤项目	确认呼唤标准用语
1	贯通试验或试闸点	贯通试验或试闸作业	贯通试验，贯通试验好了 试闸，试闸好了
2	查询列尾时	列尾查询作业	列尾查询，尾部风压××千帕
3	接近慢行地段限速标	慢行标识及限速值	慢行限速××公里
4	慢行减速地点 （始端）标	慢行减速地点（始端）标位置	慢行开始
5	慢行减速地点 （终端）标	慢行减速地点（终端）标位置	严守速度
6	越过减速防护地段 终端信号标	减速防护地段终端信号标位置	慢行结束
7	乘降所	乘降所	××乘降所停车
8	分相前	分相位置	过分相注意
9	禁止双弓标前	禁止双弓标	单弓好了

铁路机务行车规章

序号	呼唤时机	呼唤项目	确认呼唤标准用语
10	断电标前	断电标（T断标）	断电好了
11	越过合电标后	合电标	闭合好了
12	准备降弓标	准备降弓标	准备降弓
13	降弓标前	降弓标	降弓好了
14	越过升弓标后	升弓标	升弓好了
15	遮断信号	遮断信号显示	遮断信号，红灯停车、无显示
16	半自动闭塞区段进站（进路）信号机处 自动闭塞区段进站信号前一架通过信号机、进站（进路）信号机处	监控距离与地面信号机实际距离核对	确认车位，车位正确 确认车位，校正好了
17	进站、接车进路复示信号	复示信号显示	复示信号，直向、侧向 复示信号，注意信号
18	出站、发车进路复示信号	复示信号显示	复示信号，好了 复示信号，注意信号
19	通过手信号	通过手信号显示	通过手信号，好了（站内停车）
20	防护信号前	防护信号	防护信号，红灯（红旗）停车、火炬停车、撤除好了
21	预告信号前	预告信号显示	预告信号，好了、注意信号
22	CIR接收接车进路预告信息时	进路预告信息内容	××站（线路所）××道通过（停车）、机外停车
23	接收临时调度命令时	调度命令号及内容	确认调度命令，确认好了
24	通信模式转换时	模式转换	通信转换注意，转换好了
25	机车信号转换时	机车信号转换	机车信号转换，转换好了
26	接近信号前	接近信号显示	绿灯 绿黄灯 黄灯减速
27	进站（接车进路）信号前	进站（进路）信号机显示一个绿灯	绿灯，正线通过
28		进站（进路）信号机显示一个绿灯一个黄灯	绿黄灯，正线通过，注意运行
29		进站（进路）信号机显示一个黄灯	黄灯，正线停车
30		进站（进路）信号机显示两个黄灯	双黄灯，侧线，限速××公里
31		进站（进路）信号机显示黄闪黄	黄闪黄，侧线，限速××公里
32		进站（进路）信号机显示红灯	红灯，机外停车
33		非正常行车确认行车凭证时	一红一白，引导信号好了 黄旗、黄灯，引导手信号好了 绿旗、绿灯，特定引导手信号好了 机外停车

序号	呼唤时机	呼唤项目	确认呼唤标准用语
34	出站（发车进路）信号前	出站（发车进路）信号显示一个绿灯	绿灯，出站（发车进路）好了
35		出站（发车进路）信号显示两个绿灯	双绿灯，××（线、站）方向出站好了
36		出站（发车进路）信号显示一个绿灯一个黄灯	绿黄灯，出站（发车进路）好了
37		出站（发车进路）信号显示一个黄灯	黄灯，出站（发车进路）好了
38		出站（发车进路）信号显示一个红灯	红灯，站内停车
39		非正常行车确认行车凭证时	确认行车凭证，路票正确 确认行车凭证，绿色许可证正确 确认行车凭证，红色许可证正确 确认行车凭证，调度命令正确
40	进路表示器前	进路表示器显示	进路表示器，××（线、站）方向好了 进路表示器，正、反方向好了
41	确认仪表时	操纵台各仪表、指示灯、机车微机工况屏显示	各仪表（网压）显示正常
42	自动闭塞区段闭塞分区通过信号前	闭塞分区通过信号显示	绿灯 绿黄灯 黄灯减速 红灯停车
43	线路所通过信号机前	线路所通过信号显示	通过信号， 绿灯，（××方向好了） 绿黄灯，（××方向好了） 黄灯减速，（××方向好了） 侧线限速××公里、××方向好了 机外停车
44		非正常行车确认行车凭证时	确认行车凭证，凭证正确
45	列车运行限制速度变速点前（由高速变低速）	变速点低速值	前方限速××公里，注意控速
46	输入侧线股道号	侧线股道号	××道输入好了
47	输入支线号	支线号	支线号输入好了
48	接近限制鸣笛标前	限制鸣笛标	进入限鸣区段
49	接近防洪地点标前	防洪地点标	防洪地点，注意运行
50	接近道口前	道口位置	道口注意
51	列车客运停点、终到	报点	正点（晚点或早点××分）到达 （通过、开车）

3. 到达至入段

序号	呼唤时机	呼唤项目	确认呼唤标准用语
1	列车终到后	行车安全装备设置	LKJ设置，设置好了 CIR（或通信装置）设置，设置好了 列尾装置设置，设置好了
2	调车转线作业	调车信号显示	调车信号，白灯 调车信号，蓝（红）灯停车
3	调车复示信号前	调车复示信号	复示信号，白灯 复示信号，注意
4	行至站段分界点	站段分界点（或一度停车牌）	一度停车
5	入段前	还道信号及入段手信号显示 （非集中操纵道岔）	××道，入段手信号好了
6		入段信号显示（含简易信号显示）	入段信号，白（绿）灯 入段信号，蓝（红）灯停车
7	经过非集中操纵道岔前	道岔位置	道岔开通正确
8	经过其他要道还道地点前	还道信号及道岔开通手信号	一度停车 ××道，手信号好了
9	换端作业时	制动防溜	注意防溜
10	进入段内尽头线或有车线	确认停车距离	十辆、五辆、三辆、停车
11	整备线防护信号前	防护信号显示	防护信号，撤除好了 防护信号，（红灯、蓝灯、红旗、红牌）停车

7.5.4 机车乘务员双岗值乘确认呼唤（应答）标准用语

1. 出段至发车

机车乘务员双岗值乘确认呼唤（应答）标准用语（出段及发车）如表7–10所示。

表7–10 机车乘务员双岗值乘确认呼唤（应答）标准用语（出段及发车）

序号	呼唤时机	呼唤		应答		复诵	
		呼唤者	标准用语	应答者	标准用语	复诵者	标准用语
1	电力机车升弓	操纵司机	升弓	学习司机 非操纵司机	升弓注意	操纵司机	升弓好了
2	整备完毕，人员就岗	学习司机 非操纵司机	出段准备	操纵司机	准备好了		
3	出段前	学习司机 非操纵司机	还道信号 出段信号（非集中操纵道岔呼唤内容）	操纵司机	××道 出段手信号好了	学习司机 非操纵司机	××道 出段手信号好了
4		学习司机 非操纵司机	出段信号	操纵司机	白（绿）灯 蓝（红）灯停车	学习司机 非操纵司机	白（绿）灯 蓝（红）灯停车
5	经过非集中操纵道岔前	学习司机 非操纵司机	道岔注意	操纵司机	道岔开通正确	学习司机 非操纵司机	道岔开通正确

序号	呼唤时机	呼唤		应答		复诵	
		呼唤者	标准用语	应答者	标准用语	复诵者	标准用语
6	经过其他要道还道地点前	学习司机 非操纵司机	一度停车 还道信号 道岔开通信号	操纵司机	一度停车 ××道 手信号好了	学习司机 非操纵司机	××道 手信号好了
7	行至站段分界点（或一度停车牌）	学习司机 非操纵司机	一度停车	操纵司机	一度停车		
8	调车信号前	学习司机 非操纵司机	调车信号	操纵司机	白灯、蓝（红）灯 停车	学习司机 非操纵司机	白灯、蓝（红）灯 停车
9	调车复示信号前	学习司机 非操纵司机	复示信号	操纵司机	白灯 注意信号	学习司机 非操纵司机	白灯 注意信号
10	换端作业时	学习司机 非操纵司机	注意防溜	操纵司机	注意防溜		
11	进入挂车线	学习司机 非操纵司机	脱轨器注意	操纵司机	撤除好了 （红灯、红牌）停车	学习司机 非操纵司机	撤除好了 （红灯、红牌） 停车
12	连挂车时	学习司机 非操纵司机	十辆 、五辆、三辆、停车	操纵司机	十辆、五辆、三辆、停车		
13		学习司机 非操纵司机	防护信号	操纵司机	撤除好了 注意信号	学习司机 非操纵司机	好了 注意
14	列车制动机试验时	学习司机 非操纵司机	制动、缓解 试风好了	操纵司机	制动、缓解 试风好了		
15	确认行车安全装备	学习司机 非操纵司机	确认行车安全装备	操纵司机	LKJ 设置好了 CIR（或通信装置） 设置好了 列尾装置设置好了 机车信号确认好了	学习司机 非操纵司机	LKJ 设置好了 CIR（或通信装置） 设置好了 列尾装置设置 好了 机车信号确认 好了
16	发车前	学习司机 非操纵司机	出站（发车进路）信号	操纵司机	绿灯，出站（发车进路）好了 双绿灯，××（线、站）方向出站好了 绿黄灯，出站（发车进路）好了 黄灯，出站（发车进路）好了	学习司机 非操纵司机	绿灯，出站（发车进路）好了 双绿灯，××（线、站）方向出站好了 绿黄灯，出站（发车进路）好了 黄灯，出站（发车进路）好了
17		学习司机 非操纵司机	确认路票 确认绿色许可证 确认红色许可证 确认调度命令	操纵司机	路票正确 绿色许可证正确 红色许可证正确 调度命令正确	学习司机 非操纵司机	路票正确 绿色许可证正确 红色许可证正确 调度命令正确
18		学习司机 非操纵司机	进路表示器	操纵司机	××（线、站） 方向好了 正、反方向好了	学习司机 非操纵司机	××（线、站） 方向好了 正、反方向好了

序号	呼唤时机	呼唤		应答		复诵	
		呼唤者	标准用语	应答者	标准用语	复诵者	标准用语
19	发车前	学习司机 非操纵司机	发车信号	操纵司机	一圈、两圈、三圈，发车信号好了 联控发车好了	学习司机 非操纵司机	一圈、两圈、三圈，发车信号好了 联控发车好了
20		学习司机 非操纵司机	发车表示器	操纵司机	发车表示器白灯	学习司机 非操纵司机	发车表示器白灯
21	起动列车后	学习司机 非操纵司机	确认开车时刻	操纵司机	正点（或晚点××分）开车	学习司机 非操纵司机	好了
22	起动列车后	学习司机 非操纵司机	注意对标	操纵司机	对标好了 道岔限速××公里	学习司机 非操纵司机	好了 道岔限速××公里
23		学习司机 非操纵司机	后部注意	操纵司机	后部好了	学习司机 非操纵司机	后部好了
24	出站后	学习司机 非操纵司机	仪表注意	操纵司机	各仪表（网压）显示正常		

2. 途中运行

机车乘务员双岗值乘确认呼唤（应答）标准用语（途中运行）如表 7-11 所示。

表 7-11　机车乘务员双岗值乘确认呼唤（应答）标准用语（途中运行）

序号	呼唤时机	呼唤		应答		复诵	
		呼唤者	标准用语	应答者	标准用语	复诵者	标准用语
1	机械间巡视及巡视后	学习司机 非操纵司机	机械间检查各部正常	操纵司机	注意安全 好了	学习司机 非操纵司机	加强瞭望
2	贯通试验或试闸点	学习司机 非操纵司机	贯通试验或试闸	操纵司机	贯通试验好了或试闸好了	学习司机 非操纵司机	好了
3	查询列尾时	学习司机 非操纵司机	列尾查询	操纵司机	尾部风压××千帕	学习司机 非操纵司机	好了
4	接近慢行地段限速标	学习司机 非操纵司机	慢行注意	操纵司机	限速××公里	学习司机 非操纵司机	限速××公里
5	慢行减速地点（始端）标	学习司机 非操纵司机	慢行开始	操纵司机	慢行开始		
6	慢行减速地点（终端）标	学习司机 非操纵司机	严守速度	操纵司机	严守速度		
7	越过减速防护地段终端信号标	学习司机 非操纵司机	慢行结束	操纵司机	慢行结束		
8	乘降所	学习司机 非操纵司机	××乘降所	操纵司机	停车	学习司机 非操纵司机	停车
9	接近分相前	学习司机 非操纵司机	过分相注意	操纵司机	注意	学习司机 非操纵司机	注意
10	禁止双弓标前	学习司机 非操纵司机	禁止双弓	操纵司机	单弓好了	学习司机 非操纵司机	好了

序号	呼唤时机	呼唤		应答		复诵	
		呼唤者	标准用语	应答者	标准用语	复诵者	标准用语
11	断电标（T断标）前	学习司机非操纵司机	断电	操纵司机	断电好了	学习司机非操纵司机	好了
12	越过合电标后	学习司机非操纵司机	闭合	操纵司机	闭合好了	学习司机非操纵司机	好了
13	准备降弓标前	学习司机非操纵司机	准备降弓	操纵司机	准备降弓		
14	降弓标前	学习司机非操纵司机	降弓	操纵司机	降弓好了	学习司机非操纵司机	好了
15	越过升弓标后	学习司机非操纵司机	升弓	操纵司机	升弓好了	学习司机非操纵司机	好了
16	遮断信号前	学习司机非操纵司机	遮断信号	操纵司机	红灯停车，无显示	学习司机非操纵司机	红灯停车，无显示
17	半自动闭塞区段进站（进路）信号机处；自动闭塞区段进站信号前一架通过信号机、进站（进路）信号机处	学习司机非操纵司机	确认车位	操纵司机	车位正确校正好了	学习司机非操纵司机	车位正确好了
18	进站、接车进路复示信号前	学习司机非操纵司机	复示信号	操纵司机	直向、侧向或注意信号	学习司机非操纵司机	直向、侧向或注意信号
19	出站、发车进路复示信号前	学习司机非操纵司机	复示信号	操纵司机	复示好了、注意信号	学习司机非操纵司机	复示好了、注意信号
20	通过手信号	学习司机非操纵司机	通过手信号	操纵司机	手信号好了站内停车	学习司机非操纵司机	手信号好了站内停车
21	防护信号前	学习司机非操纵司机	防护信号	操纵司机	红灯（红旗）停车火炬停车撤除好了	学习司机非操纵司机	红灯（红旗）停车火炬停车撤除好了
22	预告信号前	学习司机非操纵司机	预告信号	操纵司机	预告好了注意信号	学习司机非操纵司机	预告好了注意信号
23	CIR接收接车进路预告信息时	学习司机非操纵司机	确认进路预告信息	操纵司机	××站（线路所）××道通过（停车）、机外停车	学习司机非操纵司机	××站（线路所）××道通过（停车）、机外停车
24	接收临时调度命令时	学习司机非操纵司机	确认调度命令	操纵司机	调度命令确认好了	学习司机非操纵司机	调度命令确认好了
25	通信模式转换时	学习司机非操纵司机	通信转换注意	操纵司机	转换好了	学习司机非操纵司机	好了
26	转换机车信号时	学习司机非操纵司机	机车信号转换注意	操纵司机	转换好了	学习司机非操纵司机	好了
27	接近信号前	学习司机非操纵司机	接近信号	操纵司机	绿灯绿黄灯黄灯减速	学习司机非操纵司机	绿灯绿黄灯黄灯减速

铁路机务行车规章

续表

序号	呼唤时机	呼唤		应答		复诵	
		呼唤者	标准用语	应答者	标准用语	复诵者	标准用语
28	进站（接车进路）信号前	学习司机非操纵司机	进站（进路）信号	操纵司机	绿灯，正线通过绿黄灯，正线通过，注意运行黄灯，正线双黄灯，侧线，限速××公里黄闪黄，侧线，限速××公里红灯，机外停车	学习司机非操纵司机	绿灯，正线通过绿黄灯，正线通过，注意运行黄灯，正线双黄灯，侧线，限速××公里黄闪黄，侧线，限速××公里红灯，机外停车
29		学习司机非操纵司机	引导信号引导手信号特定引导手信号机外停车	操纵司机	一红一白，引导信号好了黄旗、黄灯，引导手信号好了绿旗、绿灯，特定引导手信号好了机外停车	学习司机非操纵司机	一红一白，引导信号好了黄旗、黄灯，引导手信号好了绿旗、绿灯，特定引导手信号好了机外停车
30	出站（发车进路）信号前	学习司机非操纵司机	出站（发车进路）信号	操纵司机	绿灯，出站（发车进路）好了双绿灯，××（线、站）方向出站好了绿黄灯，出站（发车进路）好了黄灯，出站（发车进路）好了红灯，停车	学习司机非操纵司机	绿灯，出站（发车进路）好了双绿灯，××（线、站）方向出站好了绿黄灯，出站（发车进路）好了黄灯，出站（发车进路）好了红灯，停车
			确认路票确认绿色许可证确认红色许可证确认调度命令	操纵司机	路票正确绿色许可证正确红色许可证正确调度命令正确	学习司机非操纵司机	路票正确绿色许可证正确红色许可证正确调度命令正确
31	进路表示器前	学习司机非操纵司机	进路表示器	操纵司机	××（线、站）方向好了正、反方向好了	学习司机非操纵司机	××（线、站）方向好了正、反方向好了
32	确认仪表时	学习司机非操纵司机	仪表注意	操纵司机	各仪表（网压）显示正常		
33	自动闭塞区段闭塞分区通过信号前	学习司机非操纵司机	通过信号	操纵司机	绿灯绿黄灯黄灯减速红灯停车	学习司机非操纵司机	绿灯绿黄灯黄灯减速红灯停车
34	线路所通过信号机前	学习司机非操纵司机	通过信号确认行车凭证	操纵司机	绿灯，（××方向好了）绿黄灯，（××方向好了）黄灯减速，（××方向好了）侧线限速××公里，××方向好了机外停车线路所凭证正确	学习司机非操纵司机	绿灯，（××方向好了）绿黄灯，（××方向好了）黄灯减速，（××方向好了）侧线限速××公里，××方向好了机外停车线路所凭证正确

续表

序号	呼唤时机	呼唤		应答		复诵	
		呼唤者	标准用语	应答者	标准用语	复诵者	标准用语
35	列车运行限制速度变速点前（由高速变低速）	操纵司机	前方限速××公里	学习司机非操纵司机	注意控速	操纵司机	注意控速
36	交会列车时	学习司机非操纵司机	会车注意	操纵司机	注意		
37	输入侧线股道号	学习司机非操纵司机	输入侧线股道号	操纵司机	××道输入好了		
38	输入支线号	学习司机非操纵司机	输入支线号	操纵司机	支线号输入好了		
39	接近限制鸣笛标前	学习司机非操纵司机	进入限鸣区段	操纵司机	限制鸣笛	学习司机非操纵司机	限制鸣笛
40	接近防洪地点标	学习司机非操纵司机	进入防洪地点	操纵司机	注意运行	学习司机非操纵司机	注意运行
41	接近道口前	学习司机非操纵司机	道口注意	操纵司机	注意		
42	途中换班时	接班司机	换班注意	交班司机	加强瞭望；（前方有限速）；注意安全	接班司机	明白

3. 到达至入段

机车乘务员双岗值乘确认呼唤（应答）标准用语（到达至入段）如表 7–12 所示。

表 7–12　机车乘务员双岗值乘确认呼唤（应答）标准用语（到达至入段）

序号	呼唤时机	呼唤		应答		复诵	
		呼唤者	标准用语	应答者	标准用语	复诵者	标准用语
1	列车终到后	学习司机非操纵司机	确认行车安全装备	操纵司机	LKJ 设置好了CIR（或通信装置）设置好了列尾装置设置好了	学习司机非操纵司机	LKJ 设置好了CIR（或通信装置）设置好了列尾装置设置好了
2	调车转线作业	学习司机非操纵司机	调车信号	操纵司机	白灯、蓝（红）灯停车	学习司机非操纵司机	白灯、蓝（红）灯停车
3	调车复示信号前	学习司机非操纵司机	复示信号	操纵司机	白灯注意信号	学习司机非操纵司机	白灯注意信号
4	行至站段分界点（或一度停车牌）	学习司机非操纵司机	一度停车	操纵司机	一度停车		
5	入段前	学习司机非操纵司机	还道信号入段信号（非集中操纵道岔呼唤内容）	操纵司机	××道入段手信号好了	学习司机非操纵司机	××道入段手信号好了

续表

序号	呼唤时机	呼唤		应答		复诵	
		呼唤者	标准用语	应答者	标准用语	复诵者	标准用语
6	入段前	学习司机 非操纵司机	入段信号	操纵司机	白（绿）灯 蓝（红）灯停车	学习司机 非操纵司机	白（绿）灯 蓝（红）灯停车
7	经过非集中操 纵道岔前	学习司机 非操纵司机	道岔注意	操纵司机	道岔开通正确	学习司机 非操纵司机	道岔开通正确
8	经过其他要道 还道地点前	学习司机 非操纵司机	一度停车 还道信号 道岔开通信号	操纵司机	一度停车 ××道 手信号好了	学习司机 非操纵司机	××道 手信号好了
9	换端作业时	学习司机 非操纵司机	注意防溜	操纵司机	注意防溜		
10	进入段内尽头 线或有车线	学习司机 非操纵司机	十辆、五辆、三 辆、停车	操纵司机	十辆、五辆、三辆、 停车		
11	整备线防护信 号前	学习司机 非操纵司机	防护信号	操纵司机	撤除好了 （红灯、蓝灯、红旗、 红牌）停车	学习司机 非操纵司机	撤除好了 （红灯、蓝灯、红旗、 红牌）停车

7.5.5 说明

（1）同时具有接车进路和发车进路的进路信号机，列车在该信号机前停车及发出时，按照发车进路信号机进行呼唤，信号指示列车在该信号机前不停车通过该信号时，按照接车进路信号机进行呼唤。

（2）设有出站信号机的线路所，线路所通过信号比照进站信号机呼唤内容进行呼唤。

（3）双线自动闭塞区段 2 灯位进路表示器显示，根据灯位显示确认呼唤"正、反方向好了"；双线自动闭塞区段 1 灯位进路表示器显示，反方向行车着灯时确认呼唤"反方向好了"，正方向行车不着灯时不呼唤；除上述之外的进路表示器，在确认进路表示器显示灯位后，呼唤"××（线、站）方向好了"。

（4）慢行地点限速标未标明限速值时，按限速 25 km 进行呼唤。

（5）机车监控装置正线开车对标，无侧向道岔限速时，不呼唤道岔限速。

（6）对发车信号的呼唤，含使用手信号及无线通信设备发车。

（7）防洪地点标仅在防洪期间进行呼唤。

（8）上述表中"其他要道还道地点"，是指办理出段或入段作业走行进路上，显示出段或入段手信号之外的扳道房前的停车要道地点。

（9）双岗值乘时，首、末次机械间巡视需对巡视主要内容进行汇报。

（10）双岗值乘途中换班作业，运行当前区间或前方第一区间有临时限速时需进行呼唤。

（11）单岗值乘时，操纵司机按照《单岗值乘确认呼唤标准》执行，添乘指导司机对操纵司机确认呼唤内容进行复诵。

（12）双岗值乘时，值乘人员按照《双岗值乘确认呼唤（应答）标准》执行，添乘指导司机按照该标准中复诵者内容进行复诵。

（13）货运列车在车站开车、通过、到达可不报告和呼唤列车正晚点时分。

（14）司机途中操纵牵引、制动手柄及操作行车安全装备遇有需要进行呼唤和手比的项目时，可只呼唤不手比。

（15）机车乘务员途中担当调车作业及专调机车调车作业确认呼唤（应答）标准，由各铁路局根据担当车型及作业方式自行制定。

复习思考题

1. 机车乘务员在出勤作业过程中应做到哪些事项？
2. 机车整备完毕要道准备出段有哪些规定？
3. 机车进入挂车线应遵守哪些规定？
4. 简述列车制动机进行感度试验的试验方法。
5. 简述列车制动机进行安定试验的试验方法。
6. 简述列车制动机进行简略试验的试验方法。
7. 列车操纵示意图包含哪些内容？
8. 列车运行中，司机应遵守哪些容许及限制速度？
9. 施行常用制动时，司机应考虑哪些制动因素？
10. 施行紧急制动时，司机应如何操作？
11. 列车或单机停留时，应遵守哪些规定？
12. 电力机车运行通过分相绝缘器时有何要求？
13. 电力机车运行遇接触网临时停电或异常时有何要求？
14. 电力机车机械间巡视检查项目有哪些？

项目 8　铁路交通事故调查处理规则

　**项目摘要**

　　根据《铁路交通事故应急救援和调查处理条例》制订的《铁路交通事故调查处理规则》（自2007 年 9 月 1 日起施行），具有铁路行车事故、从业人员劳动安全事故、路外交通事故"三规合一"的特点，充分体现了以人为本的宗旨和"安全第一，预防为主"的工作方针。

　　铁路交通事故调查处理规则是解决铁路交通事故发生之后的定性、定责等事项的规章制度，通过对铁路交通事故的等级、事故报告及调查处理、事故的责任认定及损失认定、事故起复救援、事故应急处理和案例分析等知识的系统学习，我们能进一步加强对相关规定的理解、认识，增强安全意识。本项目主要内容如下。

　　（1）铁路交通事故等级；

　　（2）铁路交通事故报告及调查处理；

　　（3）铁路交通事故的责任认定及损失认定；

　　（4）铁路交通事故的救援和起复规定；

　　（5）铁路交通事故的应急处理办法。

任务 **8.1**　铁路交通事故等级

　　为及时准确调查处理铁路交通事故，严肃追究事故责任，防止和减少铁路交通事故的发生，原铁道部根据国务院颁布的《铁路交通事故应急救援和调查处理条例》（国务院令第 501号），制定了《铁路交通事故调查处理规则》。

　　铁路交通事故是指铁路机车车辆在运行过程中发生冲突、脱轨、火灾、爆炸等影响铁路正常行车的事故，包括影响铁路正常行车的相关作业过程中发生的事故；或者铁路机车车辆在运行过程中与行人、机动车、非机动车、牲畜及其他障碍物相撞的事故。

8.1.1　事故等级划分

　　根据事故造成的人员伤亡、直接经济损失、列车脱轨辆数、中断铁路行车时间等情形，铁路交通事故等级分为特别重大事故、重大事故、较大事故和一般事故四个等级。

8.1.2 特别重大事故评定依据

有下列情形之一的，为特别重大事故：

（1）造成 30 人以上死亡。

（2）造成 100 人以上重伤（包括急性工业中毒，下同）。

（3）造成 1 亿元以上直接经济损失。

（4）繁忙干线客运列车脱轨 18 辆以上并中断铁路行车 48 小时以上。

（5）繁忙干线货运列车脱轨 60 辆以上并中断铁路行车 48 小时以上。

8.1.3 重大事故的评定依据

有下列情形之一的，为重大事故：

（1）造成 10 人以上 30 人以下死亡。

（2）造成 50 人以上 100 人以下重伤。

（3）造成 5 000 万元以上 1 亿元以下直接经济损失。

（4）客运列车脱轨 18 辆以上。

（5）货运列车脱轨 60 辆以上。

（6）客运列车脱轨 2 辆以上 18 辆以下，并中断繁忙干线铁路行车 24 小时以上或者中断其他线路铁路行车 48 小时以上。

（7）货运列车脱轨 6 辆以上 60 辆以下，并中断繁忙干线铁路行车 24 小时以上或者中断其他线路铁路行车 48 小时以上。

8.1.4 较大事故的评定依据

有下列情形之一的，为较大事故：

（1）造成 3 人以上 10 人以下死亡。

（2）造成 10 人以上 50 人以下重伤。

（3）造成 1 000 万元以上 5 000 万元以下直接经济损失。

（4）客运列车脱轨 2 辆以上 18 辆以下。

（5）货运列车脱轨 6 辆以上 60 辆以下。

（6）中断繁忙干线铁路行车 6 小时以上。

（7）中断其他线路铁路行车 10 小时以上。

8.1.5 一般事故的分类及评定依据

一般事故分为：一般 A 类事故、一般 B 类事故、一般 C 类事故、一般 D 类事故。

1. 有下列情形之一，未构成较大以上事故的，为一般 A 类事故。

（1）造成 2 人死亡。

（2）造成 5 人以上 10 人以下重伤。

（3）造成 500 万元以上 1 000 万元以下直接经济损失。

（4）列车及调车作业中发生冲突、脱轨、火灾、爆炸、相撞，造成下列后果之一的：

① 繁忙干线双线之一线或单线行车中断 3 小时以上 6 小时以下，双线行车中断 2 小时以上 6 小时以下；

② 其他线路双线之一线或单线行车中断 6 小时以上 10 小时以下，双线行车中断 3 小时以

上 10 小时以下；

③ 客运列车耽误本列 4 小时以上；

④ 客运列车脱轨 1 辆；

⑤ 客运列车中途摘车 2 辆以上；

⑥ 客车报废 1 辆或大破 2 辆以上；

⑦ 机车大破 1 台以上；

⑧ 动车组中破 1 辆以上；

⑨ 货运列车脱轨 4 辆以上 6 辆以下。

2. 有下列情形之一，未构成一般 A 类以上事故的，为一般 B 类事故。

（1）造成 1 人死亡。

（2）造成 5 人以下重伤。

（3）造成 100 万元以上 500 万元以下直接经济损失。

（4）列车及调车作业中发生冲突、脱轨、火灾、爆炸、相撞，造成下列后果之一的：

① 繁忙干线行车中断 1 小时以上；

② 其他线路行车中断 2 小时以上；

③ 客运列车耽误本列 1 小时以上；

④ 客运列车中途摘车 1 辆；

⑤ 客车大破 1 辆；

⑥ 机车中破 1 台；

⑦ 货运列车脱轨 2 辆以上 4 辆以下。

3. 有下列情形之一，未构成一般 B 类以上事故的，为一般 C 类事故。

（1）列车冲突。

（2）货运列车脱轨。

（3）列车火灾。

（4）列车爆炸。

（5）列车相撞。

（6）向占用区间发出列车。

（7）向占用线接入列车。

（8）未准备好进路接、发列车。

（9）未办或错办闭塞发出列车。

（10）列车冒进信号或越过警冲标。

（11）机车车辆溜入区间或站内。

（12）列车中机车车辆断轴，车轮崩裂，制动梁、下拉杆、交叉杆等部件脱落。

（13）列车运行中碰撞轻型车辆、小车、施工机械、机具、防护栅栏等设备设施或路料、坍体、落石。

（14）接触网接触线断线、倒杆或塌网。

（15）关闭折角塞门发出列车或运行中关闭折角塞门。

（16）列车运行中刮坏行车设备设施。

（17）列车运行中设备设施、装载货物（包括行包、邮件）、装载加固材料（或装置）超限（含按超限货物办理超过电报批准尺寸的）或坠落。

（18）装载超限货物的车辆按装载普通货物的车辆编入列车。

（19）电力机车、动车组带电进入停电区。

（20）错误向停电区段的接触网供电。

（21）电气化区段攀爬车顶耽误列车。

（22）客运列车分离。

（23）发生冲突、脱轨的机车车辆未按规定检查鉴定编入列车。

（24）无调度命令施工，超范围施工，超范围维修作业。

（25）漏发、错发、漏传、错传调度命令导致列车超速运行。

4. 有下列情形之一，未构成一般 C 类以上事故的，为一般 D 类事故。

（1）调车冲突。

（2）调车脱轨。

（3）挤道岔。

（4）调车相撞。

（5）错办或未及时办理信号致使列车停车。

（6）错办行车凭证发车或耽误列车。

（7）调车作业碰轧脱轨器、防护信号，或未撤防护信号动车。

（8）货运列车分离。

（9）施工、检修、清扫设备耽误列车。

（10）作业人员违反劳动纪律、作业纪律耽误列车。

（11）滥用紧急制动阀耽误列车。

（12）擅自发车、开车、停车、错办通过或在区间乘降所错误通过。

（13）列车拉铁鞋开车。

（14）漏发、错发、漏传、错传调度命令耽误列车。

（15）错误操纵、使用行车设备耽误列车。

（16）使用轻型车辆、小车及施工机械耽误列车。

（17）应安装列尾装置而未安装发出列车。

（18）行包、邮件装卸作业耽误列车。

（19）电力机车、动车组错误进入无接触网线路。

（20）列车上工作人员往外抛掷物体造成人员伤害或设备损坏。

（21）行车设备故障耽误本列客运列车 1 小时以上，或耽误本列货运列车 2 小时以上；固定设备故障延时影响正常行车 2 小时以上（仅指正线）。

铁路部门可对影响行车安全的其他情形，列入一般事故。因事故死亡、重伤人数 7 日内发生变化，导致事故等级变化的，相应改变事故等级。

8.1.6 相关名词解释说明

（1）机车车辆：包括铁路机车、客车、货车、动车、动车组及各类自轮运转特种设备等。

自轮运转特种设备：在铁路营业线上运行的轨道车及铁路施工、维修专用车辆（包括轨道起重机、架桥机、铺轨机、接触网架线车、放线车、检修车、大型养路机械等）。

（2）列车：编成的车列并挂有机车及规定的列车标志。单机、自轮运转特种设备，虽未完全具备列车条件，亦应按列车办理。

客运列车：旅客列车（含动车组）、按客车办理的回送空客车车底及其他列车。

货运列车：客运列车以外的其他列车。

军用列车除有特殊通知外，均视为货运列车。

（3）相撞：铁路机车车辆在运行过程中与行人、机动车、非机动车、牲畜及其他障碍物相互碰、撞、轧，造成人员伤亡、设备设施损坏。

（4）冲突：列车、机车车辆互相间或与轻型车辆、设备设施（如车库、站台、车挡等）发生冲撞，致使机车车辆、轻型车辆、设备设施等破损。

（5）脱轨：机车车辆的车轮落下轨面（包括脱轨后又自行复轨），或车轮轮缘顶部高于轨面（因作业需要的除外）。每辆（台）只要脱轨1轮，即按1辆（台）计算。

（6）列车发生火灾：列车起火造成机车车辆破损影响行车设备设施正常使用，或发生人员伤亡、货物、行包烧毁等。

（7）列车发生爆炸：机车车辆在运行过程中发生爆炸，造成其设备损坏，墙板、车体变形或出现孔洞，影响正常行车。

（8）正线：连接车站并贯穿或直股伸入车站的线路。

（9）繁忙干线：京哈（不含沈山线）、京沪、京广、京九（含广州至深圳段）、陇海、沪昆（不含株洲至昆明段）线及客运专线，以及连接繁忙干线的联络线。

（10）其他线路：繁忙干线以外的线路。在连接不同等级线路的车站发生事故时，按繁忙干线算。

（11）中断铁路行车：不论事故发生在区间或站内，造成铁路单线、双线区间或双线区间之一线不能行车。中断行车的时间，由事故发生时间起（列车火灾或爆炸由停车时间算起）至恢复客货列车原牵引方式连续通行时止。

（12）耽误列车：列车在区间内停车；通过列车在站内停车；列车在始发站或停车站晚开、在运行过程中超过图定的时间（局管内）或调度员指定的时间；列车停运、合并、保留。

（13）客运列车中途摘车：编挂在客运列车中的车辆发生冲突、脱轨、火灾、爆炸、相撞未达到中破及以上程度，不能运行，必须在途中摘下（不包括始发站和终到站）。

（14）占用区间：①区间内已进入列车。②区间已被列车取得占用的许可（包括准许时间内未收回的出站、跟踪调车凭证）。③封锁的区间（属于《铁路技术管理规程》规定的特殊情况除外）。④区间内有停留或溜入的机车车辆、施工作业车辆。列车发出后溜入的亦算。⑤发出进入正线的列车而区间内道岔向岔线开通。⑥邻线已进入禁止在区间交会的列车。

列车前端越过出站信号机或警冲标即算。

（15）占用线：车站内已办理进路的线路或停有机车车辆的线路或已封锁的线路。

列车前端越过进站（进路）信号机或站界标即构成"向占用线接入列车"。

（16）列车冒进信号或越过警冲标：列车前端任何一部分越过地面固定信号显示的停车信号；停车列车越到到达线末端计算该线有效长度的警冲标或轧上线路脱轨器（用于接发列车起隔开作用的脱轨器）时亦算。双线区间反方向运行，列车冒进站界标，亦按本项论。

（17）自轮运转设备：无需铁路货车装运，能依靠自有轮对在铁路上运行，但须按货物向铁路办理托运手续的机械和设备，包括编入列车的自轮运转特种设备、无火回送机车等。

（18）挤道岔：车轮挤过或挤坏道岔。

（19）调车作业碰轧脱轨器、防护信号或未撤防护信号动车。

脱轨器：固定脱轨器及移动脱轨器。

防护信号：防护施工、装卸及机车车辆检修整备作业的固定信号或移动信号。

机车车辆碰上、轧上脱轨器或防护信号即算。对插有停车信号的车辆，碰上车钩及未撤防护信号动车，按本项论。

（20）事故伤害损失工作日：作业人员在事故中导致伤残、死亡，造成劳动能力损失的程度，以工作日为度量单位。"事故伤害损失工作日"，与实际歇工天数不同。确定某种伤害的事故伤害损失工作日数的具体数值，应以《事故伤害损失工作日标准》（GB/T 15499—1995）为依据查定。

（21）作业人员重伤：造成作业人员肢体残缺或某些器官受到严重损伤，致使人体长期存在功能障碍或劳动能力有重大损失的伤害。按照《事故伤害损失工作日标准》（GB/T 15499—1995）查定，其伤害部位及受伤害程度对应的事故伤害损失工作日或多处负伤其损失工作日合并计算等于或超过 300 个工作日的，属于重伤。该标准未作规定的，按实际歇工天数确定，实际歇工天数超过 299 天的，按 299 天统计；各伤害部位计算数值超过 6 000 天的，按 6 000 天统计。作业人员死亡，其事故伤害损失工作日按 6 000 个工作日统计。

（22）急性工业中毒事故：生产性毒物一次或短期内，通过人的呼吸道、消化道或皮肤大量进入体内，使人体在短时间内发生病变，导致中断工作，须进行急救处理，甚至死亡的事故。中毒程度通常分为轻度、中度和重度中毒。按照有关规定，凡是住院治疗的急性工业中毒，均按重伤报告、统计和处理。

（23）职业禁忌证：某个工作岗位因其特殊性而对从业人员患有的可能造成事故的疾病作出限制的范围。如视力减退对于机车乘务员；恐高症、高血压对于电力工、架子工；高血压、心脏病对于巡道工、调车人员等均属职业禁忌证。

任务 8.2 铁路交通事故报告及事故调查

8.2.1　事故发生后的报告制度规定

事故发生后，事故现场的铁路运输企业工作人员或者其他人员应当立即向邻近铁路车站、列车调度员、公安机关或者相关单位负责人报告。有关单位和人员接到报告后，应立即将事故情况向企业负责人和事故发生地安全监管办的安全监察值班人员报告，安全监管办安全监察值班人员按规定向安全监管办负责人报告。

铁路运输企业列车调度员要认真填写《铁路交通事故（设备故障）概况表》（安监报 1），分别向事故发生地安全监管办安全监察值班人员、国铁集团列车调度员报告。事故发生地安全监管办安全监察值班人员接到"安监报 1"或现场事故报告后，要立即填写《铁路交通事故基本情况表》（安监报 3），并向国铁集团安全监督管理局值班人员报告。报告后要进一步了解事故情况，及时补报（安监报 3）。

国铁集团列车调度员接到事故报告后，应及时收取或填写"安监报 1"，并立即向值班领导和安全监督管理局值班人员报告；值班领导、安全监督管理局值班人员按规定分别向本部门负责人、国铁集团办公厅报告，由部门负责人向国铁集团领导报告。事故涉及其他部门时，由办公厅通知相关部门负责人。发生特别重大事故、重大事故，由国铁集团办公厅负责向国务院办公厅报告，并通报应急管理部等有关部门。

8.2.2 事故报告的主要内容

（1）事故发生的时间、地点、区间（线名、公里、米）、线路条件、事故相关单位和人员。

（2）发生事故的列车种类、车次、机车型号、部位、牵引辆数、吨数、计长及运行速度。

（3）旅客人数，伤亡人数、性别、年龄，以及救助情况，是否涉及境外人员伤亡。

（4）货物品名、装载情况，易燃、易爆等危险货物情况。

（5）机车车辆脱轨辆数、线路设备损坏程度等情况。

（6）对铁路行车的影响情况。

（7）事故原因的初步判断，事故发生后采取的措施及事故控制情况。

（8）应当立即报告的其他情况。

事故报告后，人员伤亡、脱轨辆数、设备损坏等情况发生变化时，应及时补报。

8.2.3 事故调查组的组织规定

特别重大事故按《铁路交通事故应急救援和调查处理条例》规定由国务院或国务院授权的部门组织事故调查组进行调查。重大事故由国铁集团组织事故调查组进行调查。较大事故和一般事故由事故发生地安全监管办组织事故调查组进行调查。发生一般 B 类以上、重大以下事故（不含相撞的事故），涉及其他安全监管办辖区时，事故发生地安全监管办应当在事故发生后 12 小时内发出电报通知相关安全监管办。相关安全监管办接到电报后，应当立即派员参加事故调查组。

自事故发生之日起 7 日内，因事故伤亡人数变化导致事故等级发生变化，依照《铁路交通事故应急救援和调查处理条例》规定由上级机关调查的，原事故调查组应当及时报告上级机关。

事故调查组在事故发生后应当及时通知相关单位和人员；一般 B 类以上、重大以下的事故（不含相撞的事故）发生后，应当在 12 小时内通知相关单位，接受调查。

事故调查组到达现场前，组织事故调查组的机关可指定临时调查组组长，组成临时调查组，勘查现场，掌握人员伤亡、机车车辆脱轨、设备损坏等情况，保存痕迹和物证，查找事故线索及原因，做好调查记录，及时向事故调查组报告。

事故调查组到达后，发生事故的有关单位必须主动汇报事故现场真实情况，并为事故调查提供便利条件。事故发生单位的负责人和有关人员在事故调查期间应当随时接受事故调查组的询问，如实提供有关资料和物证。事故调查组有权向有关单位和个人了解与事故有关的情况，并要求其提供相关文件、资料，有关单位和个人不得拒绝。

事故调查中需要对相关的铁路设备、设施进行技术鉴定或者对财产损失状况以及中断铁路行车造成的直接经济损失进行评估的，事故调查组应当委托具有国家规定资质的机构进行技术鉴定或者评估，形成《铁路交通事故调查报告》。调查组成员意见不一致时，应在事故报告中分别进行表述，报组织调查的机关审议、裁定。事故调查中发现涉嫌犯罪的，事故调查组应当及时将有关证据、材料移交司法机关。

8.2.4 事故调查组履行的职责

（1）查明事故发生的经过、原因、人员伤亡情况及直接经济损失。

（2）认定事故的性质和事故责任。

（3）提出对事故责任者的处理建议。

（4）总结事故教训，提出防范和整改措施建议。

（5）提交事故调查报告。

事故调查组形成《铁路交通事故调查报告》，报组织事故调查的机关同意后，事故调查组的工作即宣告结束。

8.2.5 事故调查报告内容

《铁路交通事故调查报告》应包括的内容：

（1）事故概况。

（2）事故造成的人员伤亡和直接经济损失。

（3）事故发生的原因和事故性质。

（4）事故责任的认定以及对事故责任者的处理建议。

（5）事故防范和整改措施建议。

（6）与事故有关的证明材料。

8.2.6 事故调查的期限规定

事故调查组应在下列期限内向组织事故调查组的机关提交《铁路交通事故调查报告》：

（1）特别重大事故的调查期限为 60 日。

（2）重大事故的调查期限为 30 日。

（3）较大事故的调查期限为 20 日。

（4）一般事故的调查期限为 10 日。

事故调查期限自事故发生之日起计算。

8.2.7 铁路交通事故认定书

《铁路交通事故认定书》是事故赔偿、事故处理以及事故责任追究的依据，应按照国铁集团规定的统一格式制作，内容包括：

（1）事故发生的原因和事故性质；

（2）事故造成的人员伤亡和直接经济损失；

（3）事故责任的认定；

（4）对有关责任单位及人员的处理决定或建议。

任务 8.3 铁路交通事故责任判定和损失认定

8.3.1 事故责任认定

事故分为责任事故和非责任事故。事故责任分为全部责任、主要责任、重要责任、次要责任和同等责任。

铁路运输企业或相关单位发布的文电，违反法律法规、国铁集团规章或铁路相关技术标准和作业标准等，直接导致事故发生的，定发文电单位责任。因设备管理不善造成的事故，定设备管理单位责任。因产品质量不良造成事故，属设计、制造、采购、检修等单位责任的，定相关单位责任；应采用经行政许可或强制认证的产品而采用其他产品的，追究采用单位责任；采购不合格或不达标产品的，追究采购单位责任。自然灾害原因导致的事故，因防范措施不到位，定责任事故。确属不可抗力原因导致的事故，定非责任事故。

营业线施工中发生责任事故，属工程建设、设计、监理、施工等原因造成的，定上述相关单位责任；同时追究设备管理单位责任。已经竣工验收的设备，因质量问题发生责任事故，确属工程建设、设计、施工、监理等单位责任的，定上述相关单位责任；属设备管理不善的，定设备管理单位责任。

涉嫌人为破坏造成的事故，在公安机关确认前，定发生单位责任事故；经公安机关确认属人为破坏原因造成的，定发生单位非责任事故。

机车车辆断轴造成事故，由于探测、监测工作人员违章违纪或设备不良、管理不善等原因造成漏报、误报或预报后未及时拦停列车的，定相关单位责任。由于货物超载、偏载造成车辆断轴事故，定装车站或作业站责任。因列车折角塞门关闭造成事故，无法判明责任的定发生地铁路运输企业责任事故。

错误办理行车凭证发车或耽误列车事故的责任划分：司机启动列车，定车务、机务单位责任；司机发现未动车，定车务单位责任；通过列车司机未及时发现，定车务、机务单位责任；司机发现及时停车，定车务单位责任。

应停车的客运列车错办通过，定车站责任；在区间乘降所错误通过，定机务单位责任。因断钩导致列车分离事故，断口为新痕时定机务单位责任（司机未违反操作规程的除外），断口为旧痕时定机车车辆配属或定检单位责任；机车车辆车钩出现超标的砂眼、夹渣或气孔等铸造缺陷定制造单位责任。未断钩造成的列车分离事故根据具体情况进行分析定责。

因货物装载加固不良造成事故，定货物承运单位责任；属托运人自装货物的，定托运人责任，货物承运单位监督检查失职的，追究货物承运单位同等责任。因调车作业超速连挂和"禁溜车"溜放等造成货物装载加固状态破坏而引发的事故，定违章作业站责任；产权单位委托其他单位维修设备设施，因维修质量不良造成事故，定维修单位责任；产权单位管理不善的，追究其同等责任。

凡经国铁集团批准或铁路运输企业批准并报国铁集团核备后的技术革新项目、科研项目在运营线上试验时，在限定的试验期限内确因试验项目本身原因发生事故，不定责任事故；但由于违反操作规程以及其他人为因素造成的事故，定责任事故。

事故发生后，因发生单位未如实提供情况，导致不能查明事故原因和判定责任的，定发生单位责任。

事故涉及两个以上单位管理的相关设备，设备质量均未超过临修或技术限度时，按事故因果关系进行推断，确定责任单位。事故调查组未及时通知有关单位接受事故调查，不得定有关单位责任。有关单位接到通知后，应派员而未派员接受事故调查的，事故调查组可以直接定责。

铁路作业人员在从事与行车相关的作业过程中，不论作业人员是否在其本职岗位，由于违反操作规程、作业纪律，或铁路运输生产设备设施、劳动条件、作业环境不良，或安全管理不善等造成伤亡，定责任事故。

具体情形按以下规定办理：

（1）乘务人员及其他作业人员在企业内候班室、外地公寓、客车宿营车等处候班、间休期间，因违章违纪、设备设施不良等造成伤亡，定有关单位责任。

（2）作业人员在疏导路口、引导或帮助旅客上下车、维持站车秩序过程中被列车撞轧而伤亡的，定作业人员单位责任。

（3）事故发生过程中，作业人员在避险或进行事故抢险时因违章作业再次发生伤亡，应按同一事故定责；事故过程已终止，在事故救援、抢修、复旧及处理中又发生事故导致伤亡的，按另一件事故定责。

（4）铁路运输企业所属临管铁路发生的责任伤亡事故，定该企业责任事故。

（5）作业人员在工作或间歇时间擅自动用铁路运输设备设施、工具等导致伤亡的，定该作业人员所在单位责任事故，同时追究设备设施配属（或管理）单位的责任。

（6）作业人员因患有职业禁忌证而导致行为失控，造成伤亡的，定该作业人员所在单位责任。

（7）两个及以上铁路运输企业在交叉作业中发生伤亡，定主要责任单位事故；若各方责任均等，定伤亡人员所在单位责任，同时追究其他相关单位责任。若各方责任均等且均有人员伤亡，分别定责任事故。

铁路机车车辆与行人、机动车、非机动车、牲畜及其他障碍物相撞造成事故，按以下规定判定责任：

（1）事故当事人违章通过平交道口或者人行过道，或者在铁路线路上行走、坐卧造成人身伤亡，定事故当事人责任。

（2）事故当事人逃逸或者有证据证明当事人故意破坏、伪造现场、毁坏证据，定事故当事人责任。

（3）事故当事人违反国家法律法规，有明显过失的，按过错的严重程度分别承担责任。

8.3.2 事故损失认定

事故相关单位要如实统计、申报事故直接经济损失，制作明细表，经事故调查组确认后，在《铁路交通事故认定书》中认定。

下列费用列入事故直接经济损失：

（1）铁路机车车辆、线路、桥隧、通信、信号、供电、信息、安全、给水等设备设施的损失费用。报废设备按报废设备账面净值计算，或按照市场重置价计算；破损设备设施按修复费用计算。

（2）铁路运输企业承运的行包、货物的损失费用。

（3）事故中死亡和受伤人员的处理、处置、医治等费用（不含人身保险赔偿费用）。

（4）被撞机动车、非机动车、牲畜等财产物资，造成的报废或修复费用。

（5）行车中断的损失费用。

（6）事故应急处置和救援费用。

（7）其他与事故直接有关的费用。

有作业人员伤亡的，直接经济损失统计范围、计算方法等按《企业职工伤亡事故经济损失统计标准》执行。

负有事故全部责任的，承担事故直接经济损失费用的100%；负有主要责任的，承担损失费用的50%以上；负有重要责任的，承担损失费用的30%以上、50%以下；负有次要责任的，承担损失费用的 30%以下。有同等责任、涉及多家责任单位承担损失费用时，由事故调查组根据责任程度依次确定损失承担比例。负同等责任的单位，承担相同比例的损失费用。

8.3.3 事故处罚规定

铁路运输企业及其职工违反法律、行政法规的规定，造成事故的，由国铁集团或者安全监管办依法追究行政责任。构成犯罪的，依法追究刑事责任。

铁路运输企业及其职工迟报、漏报、瞒报、谎报事故的，对单位，由国铁集团或安全监管办处 10 万元以上 50 万元以下的罚款；对个人，由国铁集团或安全监管办处 4 000 元以上 2 万元以下的罚款；属于国家工作人员的，依法给予处分；构成犯罪的，依法追究刑事责任。

安全监管办迟报、漏报、瞒报、谎报事故的，由国铁集团对直接负责的主管人员和其他直接责任人员依法给予处分；构成犯罪的，依法追究刑事责任。

干扰、阻碍事故调查处理的，对单位，由国铁集团或安全监管办处 4 万元以上 20 万元以下的罚款；对个人，由国铁集团或安全监管办处 2 000 元以上 1 万元以下的罚款；情节严重的，对单位，由国铁集团或安全监管办处 20 万元以上 100 万元以下的罚款；对个人，由国铁集团或安全监管办处 1 万元以上 5 万元以下的罚款；属于国家工作人员的，依法给予处分；构成违反治安管理行为的，由公安机关依法给予治安管理处罚；构成犯罪的，依法追究刑事责任。

在事故调查中，调查人员索贿受贿、借机打击报复或不负责任，致使调查工作有重大疏漏的，由组成事故调查组的机关给予处分，构成犯罪的，依法追究刑事责任。

任务 8.4 铁路交通事故救援与起复

运输畅通是铁路运输的关键，一旦发生重要运输中断必须积极地处理，迅速恢复通车，把运输中断时间、损失减小到最低程度，为此铁路运输组织中设置了事故救援列车，救援列车配备一定的人员、机具、器材，经常保持完好状态，随时准备出动。

8.4.1 事故救援列车基本任务

（1）按照调度命令，争分夺秒进行事故抢救，开通线路，迅速恢复行车，以及完成调度给予的其他作业任务。

（2）负责管辖区内救援队（班），机车乘务员以及车站、列检等有关人员的起复救援基本技术的训练，并负责救援队的工具、备品的配备及检修工作。

（3）经常不断地改革救援工具，研究改进救援方法，并做好救援列车设备的维修工作。

8.4.2 事故的组织处理

（1）事故发生后，列车司机或车辆乘务员等现场铁路工作人员应当立即采取停车措施，并按规定对列车进行安全防护。遇有人员伤亡时，应当向邻近车站或者列车调度员请求施救，并将伤亡人员移出线路、做好标记，有能力的应当对伤员进行紧急施救。

（2）客运列车发生事故造成车内人员伤亡或者危及人员安全时，列车长应当立即组织车上人员进行紧急施救,稳定人员情绪,维护现场秩序,并向邻近车站或者列车调度员请求施救。

(3)救援队接到事故救援通知后,救援队长应当召集救援队员以最快速度赶赴事故现场。到达事故现场后,应当立即组织紧急抢救伤员,利用既有设备起复脱轨的机车车辆,清除各种障碍,搭设必要的设备设施,为进一步实施救援创造条件。

(4)发生列车火灾、爆炸、危险货物泄漏等事故时,现场铁路工作人员应当尽快组织疏散现场人员并采取必要的防护措施。

(5)事故发生后影响本线或者邻线行车安全时,现场铁路工作人员应当立即按规定采取紧急防护措施。

8.4.3 起复作业组织准备

(1)先了解事故情况,确定起复计划,提出时间要求,明确分工,由车长、司机、救援队(班)长或具有起复经验的人员统一指挥。

(2)起复车辆时,如是重车则需要卸空(空车便于起复)。

(3)根据事故车的脱轨方向和距离基本轨的远近放置复轨器。

(4)起复方法多数是按照原来的脱轨方向放置复轨器,或将脱轨车拉近基本轨以后,再安放复轨器进行起复。

8.4.4 起复作业安全注意事项

(1)起复工作应由一人统一指挥,不得乱指挥和乱显示信号。

(2)利用钢丝绳拉车时,必须缓慢用力,严禁猛拉,以防止钢丝崩断伤人。

(3)拉车时工作人员必须离开事故车辆周围,以防钢丝绳崩断和车轮压滑物体飞出伤人。

(4)事故车辆前后必须设立防护,并指定专人负责看管。

(5)利用顶镐起复车辆一端时,另一端车轮必须加止轮器,起落横动时必须由一人指挥。

(6)无论机车还是车辆发生脱轨后,大多数车辆都有不同程度的倾斜度,这在工作时应特别注意,在起复前应先查看车轮的斜度,看哪边离基本轨近,再确定起复拉车的方向。

(7)无论机车还是车辆发生脱轨后,一般的情况是轨枕要压道槽,因此顺槽往回拉是正常的。

(8)无论使用什么型的复轨器,在拉前应在复轨器上加放润滑油,以便车轮易滑上道。自事故车轮至复轨器之间应铺垫石砟将轨枕盖严,以减少阻力,保护轨枕,防止车轮前进变向。

(9)利用复轨器起复机车车辆,在牵引时,工作人员应离事故车稍远的地方,切勿蹲在复轨器旁,以防由于事故车翻倒和石砟等物被挤压伤及身体。

(10)拉事故车时,机车牵引速度应缓慢,防止车轮越过复轨器,不上基本轨。

(11)事故车辆起复作业前,在有列检人员的车站,应通知列检人员参加起复工作和起复后的车辆检查工作。在无列检人员的车站,事故车辆起复后,必须通知附近列检人员对事故车辆进行检查,检查后方准投入运用。

8.4.5 复轨器的种类和使用方法

1. 海参形复轨器的使用方法

海参形复轨器是靠滑动来进行复位的,使用时外侧高、内侧低、外侧靠、内侧离。当脱线车轮上到复轨器上端时,利用复轨器顶部斜面,使车轮下滑从而达到起复的目的。海参形复轨器的复轨距离为 150 mm,拉复时,一定要慢,因为它的滑动距离很短,拉快了很容易越过去，如超出了这个范围，同样要添加逼轨器。海参形复轨器最适宜起复机车，由于海参形复轨器的钩螺栓在侧面与钢轨底部固定，能避开机车排障器且不影响正常行车，而且机车较重，脱轨后一般不会距离基本轨太远。

海参形复轨器安装方法如下。

（1）在事故机车、车辆起复方向，脱轨车轮前方依据脱轨距离、倾斜方向，选择适当位置安装复轨器。

（2）内、外侧复轨器要对称安装。

（3）脱线在线路外侧的车轮前方，安装外侧复轨器与钢轨密贴，脱线在线路内侧的车轮前方，安装内侧复轨器与钢轨间留轮缘槽。

（4）分别用两条钩螺栓由钢轨底部穿过，一端钩在钢轨轨底上，另一端从复轨器上的孔内穿出，用螺母紧固。

（5）在脱轨车轮与复轨器间的车轮经路上铺垫石砟，减少运行阻力和防止车轮改变方向。

（6）牵引起复前在复轨器顶部的滑动面上涂上润滑油。

2. 人字形复轨器的使用方法

（1）从正面看，人字形复轨器的引导楞外股长，内股短，形成"左人右入"形状。使用时将长引导楞安放在钢轨外侧，短引导楞安放在钢轨内侧。

（2）使用时，必须安装在拉车的前进方向，左右分开摆齐（要躲开鱼尾板），有轨撑的要拆除，将安放复轨器尾部的石砟挖出，装好串销拧紧顶丝固定好，复轨器下部的空处用石砟、铁板等垫硬，复轨器前端与钢轨面接触处，可垫少量棉纱、沙粒、木片等物，以防使用时滑行。

（3）使用时要注意：脱轨车轮距基本轨不得超过 240 mm，如超过时，须用"拉"和"逼"的方法使车轮靠近基本轨，然后进行起复。

（4）脱轨车轮至复轨器间用石砟、铁板等物垫好以减少起复时的阻力。

任务 **8.5** 铁路交通事故应急处理

8.5.1 发生挤道岔的处理

（1）发现道岔故障或被挤坏后，立即做好防护，禁止一切机车车辆通行，及时报告车站值班员（调车区长），通知工务、电务部门进行检查修理。为了不中断行车，由工务、电务人员将道岔扳向尖轨未挤坏一侧，钉固后方准使用。

（2）发生挤道岔后，如果机车、车辆停留在道岔上并已挤过道岔，不准后退（后退可能造成机车车辆脱轨，使事故扩大），要顺岔子方向缓缓移动，将车列全部拉过道岔。

如必须后退时，将道岔扳向尖轨未挤坏的一侧钉固后方准后退。

对于复式交分道岔，因其构造复杂，停在道岔上的机车车辆禁止移动，通知工务、电务部门检查，确定处理方法。

8.5.2　发现列车中车辆抱闸的处理

接发车人员发现缓解状态下，运行的列车中有闸瓦抱车轮的摩擦声，轻度冒烟或火花（在晚间能明显看到）时，多属于车辆抱闸。

某种原因使闸瓦紧贴车轮，但车轮尚未转动，夜间可察觉圆形火花为活抱闸；有时闸瓦抱死车轮，使车轮不能转动，夜间可看到车轮与轨面接触处向后射出较短的平行火花。车辆抱闸容易造成列车运缓、坡停、严重时还可能引起装载危险，导致装载易燃货物的车辆发生火灾或爆炸。

发现车辆抱闸的处理方法如下。

（1）司机可采取停车处理。

（2）接发车人员发现时，对通过列车显示停车信号，若错过停车时机立即报告列车调度员，在前方站停车处理。

列车在区间或站内停车后，司机会同运转车长或车站值班员等查找抱闸车辆时，做一次制动、缓解试验找出抱闸车抱闸原因与故障处所。当司机做常用制动时，车站值班员等作业人员注意查明抱闸车的制动缸，制动基础作用是否正常。当司机缓解车辆松闸时，注意报闸车三通阀排风口有无排风音响，如果三通阀正常排风而制动缸活塞杆未缩回制动缸体内时，一般情况是制动缸活塞皮腕变质卡塞，缓解弹簧力弱或折损；如果缩回，一般为制动基础装置故障，如制动梁脱开、拉杆弯曲、合销子丢失等。

如果故障一时不能排除，可按"关门车"处理，即放副风缸内的风，在车辆松闸的状态下关闭制动支管上的截断塞门，停止该车辆制动作用。如果是制动基础装置故障，除将闸瓦拔离踏面外，要找适当位置捆绑好故障部件，防止部件丢失。

8.5.3　列车中车辆燃轴的处理

滑动轴承的车辆，由于轴瓦与轴颈间油膜被破坏或其他原因，造成轴瓦与轴颈直接摩擦而产生高热，处一般微热、强热、激热三种状态时，称为热轴车。出现冒浓烟、产生火花或白合金熔化时，是车辆燃轴的主要象征。一般情况下，列车不易发生燃轴。

司机、接发车人员应充分利用弯道等，细心观察列车中有无发热及燃轴车辆。冒烟是燃轴的主要象征，但走行部冒烟不一定是燃轴，要把抱闸冒烟与燃轴冒烟区别开来。抱闸车冒烟、产生火花的位置在车轮周围，为圆形火花、圆形冒烟；而燃轴车冒烟则在轴附近，黑烟为条线形。

发现列车中车辆可能燃轴的处理方法如下。

（1）尽量停在车站检查处理。

（2）判定为车辆燃轴时的处理方法。

① 当司机发现车辆燃轴时，立即停车。

② 当接发车人员发现车辆燃轴时，向列车显示停车信号，或用无线调度电话通知司机尽快停车。未停车时报告列车调度员或前方站。

燃轴车停止后的检查处理方法如下。

有列检的车站，通知列检处理；无列检的车站，由车站值班员、机车司机共同检查处理。

区间停车后，按规定做好防护。旅客列车由检车乘务员检查处理，其他列车由司机负责处理。

打开燃轴车箱盖，消灭火种后，注入适当黏度大的润滑油维持到前方站停车处理。严禁浇水及用砂土灭火，防止车辆骤冷裂损。在打开轴箱盖时，身体闪开，防止轴箱内烟火喷出伤人。

8.5.4　列车运行中发现装载异状、车门开放、货物坠落的处理

（1）列车运行中发现车门开放、篷布掀起、绳索松开，货物突出或倾斜，在情况不严重，不致碰撞线路、两侧建筑物，不影响双线会车，不致伤害人员时，可运行至前方站停车处理。

（2）如装载的货物窜出、脱落、歪塌、篷布掀开有触及接触网危及行车和人身安全等严重情况时，应采取紧急停车措施，停车后做必要的整理，但电气化区段不停电不得上车整理。整理后根据货物装载情况，限速运行至前方站整理或摘车。坠落的货物如能搬动则随列车装走，或移至不妨碍行车的地点，并尽量派人看守，报告前方站处理。

（3）在双线区间坠落的货物影响临线行车又不能移出线路时，先做好邻线的防护再进行处理。

（4）装运砂土、碎石、煤、砖等散装货物的列车，在运行中发生少量的撒漏或震落，不影响行车及行车人员安全时，不必在区间停车，可运行到前方站处理。

8.5.5　列车分离的处理

列车分离分为车钩破损（包括车钩缓冲装置破损）分离和车钩自动分离。

发生列车分离后，应立即查明分离原因，如系钩锁销未落实，被人为提开车钩篷布绳索缠绕提开车钩，以及车钩未连挂好等，应重新连挂，确认钩锁销充分落下，钩锁铁的锁座由钩头下部充分露出时，进行简略试风良好后即开车。如系车钩部件损坏，可用机车前钩或守车后钩适宜的零部件替换，如钩型不适宜，在站内甩车处理，在区间按分部运行办理。

列车在区间分离后，采取更换车钩部件还是采用分部运行的办法，视具体条件而定，但要有强烈的时间观念。

8.5.6　列车冒进信号的处理

当发生列车冒进进站或出站信号机后，列车不得移动位置，查明情况后分不同情况处理。

（1）进站列车。

① 接车进路已准备妥当，以调车方式接入站内。

② 停车位置影响准备接车进路时，通知司机退出有关道岔，准备好接车进路后，以调车方式接入站内。在采用电气集中设备的车站，退出信号机后，准备好接车进路，开放进站信号机进站。

③ 挂有装载超限货物车辆的列车，接入线满足列车限制条件时，以调车方式接入站内。否则通知司机后退，接入超限列车的固定接车线。

（2）出发列车。

① 通知司机以调车方式退回出站信号机前方，办理闭塞，开放出站信号机发车。

② 电话闭塞在不影响接发其他列车或调车作业时，列车不必后退，办好闭塞手续，准备好发车进路，发司机占用区间凭证后发车。

③ 超长列车冒进出站信号后，不影响其他列车到发或调车作业时不得后退。

（3）列车冒进信号挤岔时，按挤岔处理方法处理

（4）列车冒进信号后，及时报告列车调度员以便调整列车运行计划。

8.5.7 在区间或车站咽喉区车辆脱轨的处理

事故发生后，除立即按规定防护和采取防溜措施外，为缩短中断行车时间，当距救援列车所在站较远时，由事故现场临时调查小组或报请铁路局事故调查委员会同意后，可采用拉翻法或拉移法。

1. 拉翻法

将堵塞线路的破损机车车辆，利用机车，拖拉机等机械动力或人力拉倒或拉翻，使其离开正线，迅速恢复行车。符合下列条件之一时，可采取拉翻法。

（1）破损的机车车辆已达到报废或严重破损时。

（2）破损的机车车辆走行部损坏堵塞线路又无法用复轨器起复时。

（3）破损的机车车辆由于车体与主体架、转向架脱离，歪倒比较严重或离开线路过远，无法采用复轨器起复时。

（4）破损机车车辆叠压成堆时。

2. 拉移法

拉移是用人力或拖拉机等利用滑动作用，使车辆移动离开线路，其优点是不扩大车辆和货物损失。

采用拉移法的条件如下。

（1）事故车中装有危险品、爆炸品或现场无法卸车时，拉翻难以保证作业安全。

（2）颠覆或脱轨车辆大部分离开线路，只有部分侵入界线。

（3）由于地形限制，使车辆难以翻滚，而平面移动能够使车辆离开线路。

（4）事故车中装有较贵重的货物或不易损坏的货物，而轨道起重机又不能靠近。

（5）电气化铁路轨道起重机吊复需拆除接触网。

拉翻法和拉移法虽容易扩大车辆和货物损失程度，并为以后的起复工作增加难度，但能迅速开通线路，恢复行车。权衡利弊后，应果断地采取应急措施，以达到快速恢复行车的目的。

8.5.8 列车运行中制动梁脱落的处理

制动梁是制动基础装置的主要部分，可能因闸瓦吊折损和闸瓦穿销丢失等导致制动梁或下拉杆脱落。

在列车运行中，司机发现制动梁或下拉杆脱落，应立即采取停车措施。接发车人员如发现运行的车辆制动梁或下拉杆脱落时，应向列车显示停车信号，或用无线列车调度电话通知司机，使列车停车处理。如听到声响怀疑制动梁脱落时，若时机已过，可预报前方站确认处理。

制动梁脱落，可将该车副风缸内的压缩空气排出，在车辆缓解状态下，关闭该车辆的截断塞门，停止该车辆制动机作用并将脱落的制动梁卸下或捆绑好后开车。

8.5.9 列车发生火灾的处理

若列车发生火灾应立即停车。

1. 停车地点的选择

（1）列车中有冒烟、发生火花现象的车辆并已接近车站时，在站内灭火较为有利，可运行到站内停车处理。应停于靠近水源的站内线路，严禁停在仓库、停留车及重要建筑物附近。

（2）若火势不大，宜停在区间有水源、易扑火、有村庄的地点。严禁停在桥梁、隧道、长大上坡道及风口地段。

（3）若火势较大，则必须立即停车，防止运行中风力助长火势。

2. 停车后的处理

（1）将着火的车辆与前后车辆拉开一段距离。数个车辆同时着火时，一一拉开距离，以分散火势，便于灭火。

（2）对区间停留的车辆应采取防溜措施（着火车辆应立即拧紧手闸，以免火势增大后无法拧闸），并按规定进行防护。

（3）在电气化铁路区段内，立即报告列车调度员和电务调度员，并提出是否需要停电的请求。

（4）迅速组织人员和器材进行扑救，装载危险货物的车辆着火时，应指派有办理危险货物知识的职工指导抢救及灭火。

（5）旅客列车发生火灾时，首先应疏散旅客。

（6）火势危及临线列车安全时，应使临线列车停车。

（7）对发生火灾的车辆必须彻底扑灭，然后根据车辆技术状态决定是否可以挂运。

任务 **8.6** 案例分析

——"4·28"胶济铁路特别重大交通事故

8.6.1 事故概况

2008年4月28日，百年胶济铁路发生一场悲剧：当日凌晨4时41分，北京至青岛的T195次列车下行到胶济线周村至王村区间时，客车尾部第9节至第17节车厢脱轨，与上行的烟台至徐州的5034次旅客列车相撞，致使5034次列车的机车和五节车厢脱轨，造成重大人员伤亡。这场灾难夺去数十人的生命。另外还有数百人受伤。

8.6.2 事故发生经过

1. 事故相关情况

发生火车相撞的胶济铁路，全长384 km，是连接济南、青岛两大城市，横贯山东的运输大动脉，也是青岛、烟台等港口的重要通道，长期以来客货混跑，非常繁忙。

"4·28"胶济铁路特别重大交通事故发生时，5034次列车上有乘客1 620人，乘务员44人；T195次列车上有乘客1 231人，乘务员35人。

2. 事故发生经过

4月28日事故发生之日，恰恰为胶济线因施工调整列车运行图的第一天。4月23日，济南铁路局印发154号文件《关于实行胶济线施工调整列车运行图的通知》，定于4天后的4月28日0时开始执行。这份文件要求事故发生地段限速80 km/h。不过，如此重要的文件，济南铁路局只是在铁路局内网上发布，对外局及相关单位以普通信件的方式传递，而且把北京机务段作为了抄送单位。按惯例，北京铁路局应作为受文单位，此类公文应由受文单位逐级传达至运输处、调度所，再传达到各相关的机务段、车辆段。然而，在 154 号文下发三天之后，即 4 月 26 日，济南铁路局却又发布了 4158 号调度命令，要求取消多处限速，其中正包括王村至周村东间便线（事故发生地）的限速命令。北京机务段的执行人员没有看到 154 号文件，相反看到了 4158 号调度命令。于是，删除了已经写入运行监控器的限速指令 80 km/h。

4 月 28 日午夜 1 时多，路过王村的 2245 次列车发现，现场临时限速标志（80）和运行监控器数据（不限）不符，随即向济南铁路局反映。济南铁路局在 4 时 2 分补发 4444 号调度命令：在 K293+780 至 K290+784 之间，限速 80 km/h。按照常规，此调度命令通知到铁路站点，然后由值班人员用无线对讲机通知司机。两者的通话会被录音，并记入列车"黑匣子"。但致命的是，这个序列为 4444 号的调度命令，却被车站值班人员漏发。而王村站值班员未就最新临时限速命令与 T195 次司机进行确认，也未认真执行车机联控。T195 次列车司机最终没有收到这条命令。

若 T195 次列车司机通过肉眼观察发现 80 km/h 限速牌，便可以对列车限速，但司机显然没有注意到一闪而过的限速牌。司机没有认真瞭望，失去了防止事故发生的最后时机。

山东淄博王村镇和尚村与事故现场隔着一片麦子地。胶济铁路在村子的东北面有一个接近 90° 的转弯，从转弯处往西，中铁二十局正在施工建设的胶济客运专线大尚特大双线立交桥正在进行桥墩建设。

事故就发生在拐弯处。

3. 救援情况

"4·28"胶济铁路特别重大交通安全事故发生后，济南铁路局发布紧急救援命令，开展救援。山东省政府立即启动应急预案，组织力量进行救援。

事故发生后，淄博市启动了 34 家救助站，130 辆次救护车，在现场救治的医疗专家、医护人员有 700 多人，共有 19 家医院收治伤员 400 多人。

经全力抢修，胶济铁路恢复通车。4 月 28 日 19 时 45 分，一列 10 多节满载石子的货车缓缓驶上了中断线路。

8.6.3　事故原因分析

1. 现场查勘

4 月 28 日，事故调查人员对事故进行了现场查勘。从北京至青岛的 T195 次列车有 9 节车厢脱轨。而与其发生碰撞的从烟台至徐州的 5034 次列车，则有 5 节车厢脱轨。T195 次列车的第 9 节至第 17 节车厢脱轨，滑下五六米高的路基，侧翻在地，滚到一个小山坡下边。T195 次列车接近尾部的 14～16 节车厢乘客伤亡最惨重，16 号硬卧车厢被拦腰截断，这几节车厢多数是软卧与硬卧车厢。本次事故列车是电力机车，事发后并未发生火灾或爆炸，死者是由于列车相撞时冲击力过大致死。事故现场 648 m 铁路轨道损毁，大部分牵引供电设备破损。另外，现场还散落着一些被褥、暖瓶等物品，其中部分被褥上沾有血迹。部分车厢严重变形。

通过现场查勘及询问，总体情况如下。

（1）路基情况：胶济铁路存在路基不稳定情况。

（2）线路运行状况：在运行过程中存在不符合标准情况，超速行为很明显。

（3）机车技术状况：列车在发车前状况良好，并无非正常状态下运行情况。

（4）铁路运输调度指令下达情况：通过现场询问及调查，事故发生过程中存在违章指挥、下达错误指令或漏下指令的情况。

（5）铁路信号显示情况：限速牌显示状态良好，并不存在错误显示、信号失效的情况。

（6）机车司机驾驶工作情况：T195 次列车司机在驾驶过程中，由于没有认真瞭望，没能发现限速牌，导致了事故的发生；5034 次列车司机在发现 T195 次列车脱轨后曾经紧急刹车。

（7）铁路安全规章制度建设情况：济南铁路局在五天的时间里连发三道命令，从限制速度到解除限速，随后又再次限速，充分说明了济南铁路局工作人员不负责任。

（8）列车损毁情况：T195 次列车 9 节车厢脱轨，5034 次列车 5 节车厢脱轨。

2. 事故发生时间分析

通过查看 T195 次列车运行监控记录装置的记录，T195 次列车是在凌晨 4 时 38 分停止行驶的，可以确定 T195 次列车是在凌晨 4 时 38 分脱轨、颠覆。通过查看 5034 次列车运行监控记录装置的记录，5034 次列车是在凌晨 4 时 41 分停止行驶的，可以确定 5034 次列车是在凌晨 4 时 41 分与 T195 次列车发生碰撞。由此可以确定事故发生在 2008 年 4 月 28 日凌晨 4 时 41 分。

3. 事故发生地点分析

通过到现场查勘，T195 次列车是行驶到胶济线周村至王村区间时，在 K289＋610 处客车尾部第 9 节至第 17 节车厢脱轨，与上行的烟台至徐州的 5034 次旅客列车相撞。

4. 事故原因分析

1）超速

北京至青岛的 T195 次列车严重超速，在本应限速 80 km/h 的路段，实际速度居然达到 131 km/h。通过调阅 T195 次列车运行记录监控装置的数据，该列车实际运行速度每小时超速 51 公里。这是导致"4·28"胶济铁路特别重大交通事故发生的直接原因。

2）调度命令传递混乱

济南铁路局 4 月 23 日印发了《关于实行胶济线施工调整列车运行图的通知》，其中含对该路段限速 80 km 的内容。这一重要文件距离实施时间 28 日零时仅有 4 天，却在铁路局内网上发布。对外局及相关单位以普通信件的方式传递，而且把北京机务段作为了抄送单位。这一文件发布后，在没有确认有关单位是否收到的情况下，4 月 26 日济南铁路局又发布了一个调度命令，取消了多处限速，其中包括事故发生段。

4 月 23 日至 4 月 28 日的整个过程中，列车调度员对"胶济线施工路段临时限速"的命令传达存在玩忽职守，从 23 日到 28 日，济南铁路局在大约五天的时间里连发三道命令，从限制速度到解除限速，随后又再次限速，这样混乱和频繁的更改真是让人头昏脑涨，以致命令最终未能传达到 T195 次机车乘务员。

3）漏发调度命令

济南铁路局列车调度员在接到有关列车司机反映现场临时限速与运行监控器数据不符时，4 月 28 日 4 时 02 分补发了该段限速每小时 80 km 的调度命令，但该命令没有发给 T195 次机车乘务员，车站值班员漏发了调度命令。而王村站值班员未就最新临时限速命令与 T195 次司机进行确认，也未认真执行车机联控。

4）T195 次列车司机没有认真瞭望

T195 次列车司机在时速 131 km 的列车上没有看到插在路边的直径约为 30 cm 的黄底黑字"临时限速牌"，从而失去了防止事故发生的最后时机。

5）事发线路是一条呈"S"形的临时线路

为了实现客货分运，进一步提高客车运行速度，2006 年投入使用的新胶济线王村段需修一座铁路桥，以便将货运线分出。施工期间，为了保证列车正常运行，旁边修了一段临时线路。"4·28"事故发生地，恰为临时线路与原线路东侧交会处。这段仅有 1.5 km 左右的临时线路，却有两个圆弧，呈现出一个巨大的"S"形。

6）临时线路的工程质量不过关

由于在主线建好之后，临时线注定将会废弃，相关部门为了避免浪费，往往很注意节省成本，从而影响到施工质量。

8.6.4 事故损失及赔偿

1. 损失情况

每节硬座车厢、软座车厢、硬卧车厢和软卧车厢的造价为 300 万元、400 万元、600 万元和 800 万元。T195 次列车中有 5 节硬卧车厢和 4 节软卧车厢损坏，5034 次列车中有 5 节硬座车厢损坏，14 节车厢损坏，造价共计 7 700 万元人民币。由于车厢损坏过于严重，并不能恢复使用，属于全损。考虑每节车厢如钢材等残值的处理，以每节车厢残值为 20 万元人民币计，共计为 280 万元人民币。那么车厢损失为 7 420 万元人民币。

5034 次客车车头造价为 1 000 万元人民币。由于车头损坏过于严重，并不能恢复使用，属于全损。考虑每个车头如钢材等残值的处理，以车头残值为 50 万元人民币计。那么车厢损失为 950 万元人民币。

铁路轨道受损路段长度为 648 m，主要是两端铁轨相接触处断裂，所以在维修过程中只需要维修人员的人力费用及工作设备如吊车等的作业费用，估计损失为 50 万元人民币。

沿途一公里牵引供电设备破坏，每公里牵引供电设备造价为 200 万元人民币，共计为 200 万元人民币。由于受损牵引供电设备损毁严重，并不能重复使用，属于全损。考虑牵引供电设备残值的处理，每公里牵引供电设备残值为 10 万元人民币，共计为 10 万元人民币。那么牵引供电设备损失为 190 万元人民币。

另外，在进行损失计算时还需考虑由于此路段在修复过程中，22 小时不能运营所带来的间接经济损失。

2. 赔偿情况

"4·28"胶济铁路事故伤亡人员中，已确认保险公司客户为 124 人，其中死亡 31 人，受伤 93 人。赔付金额约为 561.07 万元，死亡赔付约 245 万元，重大疾病、意外伤残及医疗费用给付约为 316.07 万元。

根据目前规定，对于没有购买商业保险的旅客，每一张火车票的票价中已经包含了 2% 的强制性意外伤害保险费，其最高赔偿额不超过 2 万元。此外，根据《铁路交通事故应急救援和调查处理条例》的规定，人身伤亡和自带行李损失的赔偿责任限额分别为 15 万元和 2 000 元。也就是说，除了旅客自己从商业保险公司购买保险外，一名旅客如果死亡最多只能获得 17.2 万元的赔偿。

8.6.5 建议

铁路系统应建立起五大体系来保障铁路运行的安全。

（1）检测监控体系。对主要行车设备运行状况实施动态检测；采取人机结合的方式，对线路封闭情况和沿线治安状况实施动态监控；采用路地结合的防灾系统，对区段气候变化情况实施有效监控。

（2）设备维修体系。铁路部门应制定科学的行车设备维修标准。装备具有世界先进水平的线路和接触网检修设备，建成现代化的动车组和大功率机车检修基地，确保设备质量状态良好。

（3）规章制度体系。铁路内部的相关单位、部门，都应建立起包括提速安全责任、分析、检查、考核制度等在内的一整套确保安全的办法。

（4）应急预案体系。铁路部门应及早建立相应应急预案体系，保证在事故发生后第一时间做出反应，以减少损失。

（5）建设安全防护体系。在建造铁路设施等基础设施的时候应完全按照规定进行施工，不能有偷工减料等行为发生，并做好质量监督工作，保证铁路运行的安全。

复习思考题

1. 何谓铁路交通事故？
2. 铁路交通事故分哪几个等级？
3. 何谓较大事故？
4. 发生铁路交通事故后，司机填写事故报告的主要内容有哪些？
5. 错误办理行车凭证发车或耽误列车事故如何进行责任划分？
6. 简述事故救援列车的性质和基本任务。
7. 简述人字形复轨器的使用方法。
8. 发生挤道岔时如何处理？
9. 发现列车中车辆抱闸如何处理？
10. 列车冒进信号后如何处理？

项目 9　机车管理与运用

 **项目摘要**

　　机车是铁路运输的牵引动力，机车运用工作是铁路运输的重要组成部分。为加强机车运用管理，更好地为铁路运输服务，铁路部门制定了《铁路机车运用管理规程》（以下简称运规）（铁运〔2015〕314号），其是机车运用工作的基本标准和要求，各级运输、机车运用管理和生产人员必须严格执行。

　　通过对机车交路、乘务制度、机车周转图、机车整备、机车配属、机车回送等任务的学习，我们将系统地掌握机车管理与运用的相关知识，以达到科学合理使用机车，不断提高机车运用效率，优质高效地完成运输生产任务的目的。本项目主要内容如下。

　　（1）机车交路；
　　（2）机车周转图；
　　（3）机车整备；
　　（4）机车配属；
　　（5）机车回送；
　　（6）机车备用。

任务 9.1　机车运用管理体制

　　机车运用工作的基本任务是：精心组织，为铁路运输生产提供满足需求的机车和机车乘务员，优质高效地完成运输生产任务；科学合理地使用机车，推广先进经验，遵循经济规律，不断提高机车运用效率；加强安全风险管理，确保行车和人身安全；加强职工队伍建设，不断提高职工的政治素质、技术素质和业务水平。

9.1.1　机车运用管理

　　机车运用管理工作要贯彻统一指挥、分级管理的原则，充分发挥各级职能部门作用。

1. 国铁集团

　　（1）负责国家铁路机车运用管理，制定机车运用安全管理、机车乘务员管理等有关规章制度和技术标准。

（2）负责规划、调整国铁集团机车配属，实行集中配置，统一机型，衔接干、支线。追求资产配置效率和效益最大化，淘汰落后产能，加快机车升级换代，满足国铁集团运输计划需要，适应生产力布局调整。

（3）按照"机车长交路、乘务区段化"原则，规划和审核跨铁路局机车和乘务交路及有关技术标准。参加列车运行图编制，负责组织机车周转图编制。

（4）制定机车运用、安全管理等人员培训规划，并组织实施。组织开展职业技能竞赛。

（5）负责跨铁路局机车调度指挥，确保机车供应，提高机车运用效率；综合评价和考核铁路局机车运用工作。

（6）参与或组织有关事故调查分析及救援措施制定。

（7）规划国家铁路救援列车布局，指导救援列车专业管理工作。

（8）组织安全生产管理督导检查，开展安全生产规范化、标准化创建工作。

2. 铁路局

（1）全面负责本局机车运用、安全管理等工作。贯彻执行国铁集团有关机车运用、安全管理等方面的规章制度，制定相关办法、作业标准及实施细则，并组织实施。

（2）负责根据承担的跨铁路局机车长交路和管内运输任务变化，结合机车检备率提出机车购置和调整建议，确定管内机务段的机车配置及调拨。综合分析机车运用情况，考核管内机车运用工作，提高机车运用效率。

（3）负责确定管内机车交路、乘务交路、乘务制度，组织查定牵引定数、运行时分、自外段技术作业时分、折返时分等技术标准；参加编制列车运行图、机车周转图并组织实施；指导编制列车操纵示意图。负责对铁路局机车调度员进行专业指导。

（4）负责机车乘务员管理。根据图定担当任务及运输发展需求，在满足机车乘务员培训率和预备率，严格执行国家工作时间和休假有关规定的基础上，制定机车乘务员配备计划；组织机车乘务员培训、考核和鉴定。开展职业技能竞赛。

（5）参与或组织有关事故、设备故障的分析及处置措施制定。

（6）负责全局救援列车管理。

（7）定期组织开展安全生产监督检查及评比活动，开展安全生产规范化、标准化创建工作。

3. 机务段

（1）贯彻执行国铁集团、铁路局有关机车运用、安全管理等方面的规章制度、管理办法、作业标准及实施细则，制定实施措施并组织落实，提供满足需求的机车和机车乘务员，安全、优质、高效地完成运输生产任务。

（2）按照逐级负责、岗位负责、分工负责、专业负责的要求，实行机务段、运用车间、运用车队、乘务指导组（班组）四级管理模式。

（3）坚持机车运用集中配置、统一管理，推行地乘分离，减少机车乘务员辅助作业时间，实行专业整备管理模式，完善机车整备设备设施，提高机车运用效率、机车乘务员劳动生产率及机车保养质量。定期分析机车运用工作，提出改进建议。

（4）负责机车乘务员管理和日常培训，加大科技投入，完善教育设施，应用机车驾驶模拟装置，采取实物教学、网络教学等培训手段，努力提高机车乘务员技术业务水平和操纵技能。组织编制作业指导书及列车操纵示意图、操纵提示卡。

（5）负责事故、设备故障分析及制定防范措施；负责本段救援列车日常管理及现场救援指挥。

（6）改善职工生产、生活条件，开展职工健身活动，提高机车乘务员身体素质。定期组织机车乘务员进行体检。

（7）积极推行管理和技术创新，开展企业文化建设，并在实践中不断总结、巩固和提高机车运用、安全管理制度。

9.1.2　机务段机车运用管理

机务段是机车运用管理的基层单位，主要涉及运用科、安全科和运用车间等。

1. 运用科

（1）负责制定全段机车运用方案，并组织实施。参与机车长交路、跨局（段）轮乘有关协议的签订。

（2）参加查定牵引定数、运行时分、机车折返和整备作业时分等技术标准的制订；组织编制作业指导书、列车操纵示意图、操纵提示卡。

（3）负责按照列车运行图、机车周转图确定的方案组织生产。依据运输任务变化及时提出机车和乘务员调整、补充方案。

（4）负责接收、核对、传达调度命令，编辑、审核、发布运行揭示和 LKJ 临时数据文件及相关管理工作。

（5）定期和按专题分析机车运用效率指标、运输生产任务和机车乘务员超劳情况，提出整改建议及措施。参加机车检修计划编制，并组织按计划扣车。

（6）负责机车调度室管理和机务派班室的专业管理。

2. 安全科

（1）负责制定安全风险管理实施办法，建立安全风险控制数据库，动态分析研判安全风险，定期进行安全风险评估检查，完善安全风险控制措施。

（2）负责安全生产的日常监督检查和劳动安全管理，分析职工执行作业标准、劳动纪律、作业纪律动态，及时发现倾向性问题，提出改进意见和措施。

（3）负责日常安全信息收集、汇总、分析和上报等管理工作；参与事故调查和分析，并制定整改措施。

（4）负责施工安全专业管理。

（5）负责救援列车专业管理，组织开展应急演练。

（6）负责行车安全装备的运用管理，组织开展安全记录文件的分析工作。

3. 运用车间

根据担当客运、货运等任务性质和牵引区段情况，因地制宜、合理设置运用车间，运用车间人数原则上不得超过 800 人。其主要职责如下。

（1）贯彻执行运用、安全管理规章、制度、标准、细则，落实安全生产责任制度和安全措施。

（2）负责机车乘务员管理，加强机车乘务员队伍的技术业务、思想动态分析，组织机车乘务员进行业务学习和典型事故案例分析教育，开展岗位练兵和劳动竞赛，监督、检查、考核机车乘务员作业标准化日常执行情况，配合完成机车乘务员作业标准化年度鉴定。按照调度日班计划，提供素质达标、满足需求的机车乘务员。

（3）加强运用车队和指导司机管理，组织开展标准化班组建设，落实岗位责任制、工作标准和工作质量考核制度；配合完成指导司机技术业务年度鉴定。

（4）严格落实安全风险管理要求，根据运输生产任务变化，加强安全风险研判，完善安全风险控制表和岗位安全风险提示卡，组织对现场作业进行检查和抽查，加强对行车安全装备记录数据进行分析，不断提高安全防控能力。反馈机车故障信息，提出质量改进建议，参与相关的机破、临修分析。

（5）负责运用车队、机务派班室和驻外公寓指导室的管理。

运用车间按运用、安全、教育（质量）及人员管理等设置专业管理副主任；按运用、安全、乘务、操纵、教育、劳动计工等工作设置技术人员。

9.1.3　机车调度管理

机车调度工作必须坚持集中统一指挥的原则，实行国铁集团、铁路局、机务段分级管理，逐级负责的制度。各级机车调度实行逐级负责制，下级调度必须服从上级调度的指挥，机车乘务员及机务行车工作人员必须服从机车调度的指挥。

1. 基本任务

（1）执行运输组织和安全管理的有关规定，严格遵循列车运行图、基本机车周转图确定的各项技术标准，正确编制和执行日（班）计划机车周转图，提高机车运用效率。

（2）坚持集中统一指挥，加强与行车有关调度的密切配合，按图组织均衡开车；合理安排和掌握机车乘务员的工作时间，防止机车乘务员超劳。

（3）重点掌握直达特快、直供电、双管供风旅客列车；及时协调、处理日常运输生产中的有关问题，准确掌握机务行车安全信息。

（4）协调跨铁路局、机务段机车运用，确保运输畅通。

（5）掌握救援列车动态，发布救援列车跨铁路局出动的调度命令。掌握回送机车动态，办理备用机车的加入和解除。

（6）分析机车运用效率指标、运输生产任务完成和机车乘务员超劳情况，提出整改建议和措施。

（7）深入现场、添乘机车、熟悉情况，不断提高工作能力和指挥水平。

2. 职责范围

1）国铁集团机车调度

（1）指导铁路局机车调度工作，积极采用网络信息技术，提高机车调度工作质量和水平，加快机车周转。

（2）掌握国铁集团机车动态，重点掌握跨局机车交路的机车使用情况，协调、处理铁路局分界口机车运用及回送等相关事宜，督促、确保分界口机车供应和运输畅通。

（3）掌握铁路交通事故、设备故障概况并及时报告；发布跨铁路局使用救援列车的调度命令；掌握各铁路局实际运用机车超、欠供应台数，提出考核建议。

（4）认真分析国铁集团机车运用指标和运输生产任务完成情况，按月进行通报；负责长期备用、封存机车的加入和解除。

2）铁路局机车调度

（1）正确编制、组织实施日（班）计划机车周转图，与行车有关调度密切配合，安排好机车与列车的衔接，组织均衡开车，分阶段绘制实际机车周转图，提高机车周转图兑现率。

（2）随时了解、掌握列车运行情况，遇问题及时协调、处理、汇报。机车发生故障、事故等情况时，应及时按规定报告并通知相关铁路局。

（3）掌握机车乘务员工作时间和在驻外公寓休息时间，防止机车乘务员超劳。每月统计、分析、上报机车乘务员超劳情况并提出改进建议。

（4）根据机车检修计划，组织检修机车按时入厂、段检修，掌握机车检修进度，及时投入运用；掌握铁路局管内机车、救援列车动态，处理机车工作种别的变更、短期备用机车的加入和解除；及时安排机车回送，掌握回送机车进度并及时上报。

（5）认真分析全局机车运用指标完成情况，提供机车运用分析材料；建立机车配属、供应、使用考核等相关报表。参加机务部门日常交班会，汇报机车运用情况。完成机车运用效率分析。

3）机务段机车调度

（1）负责全段机车运用的集中统一指挥；负责接收铁路局的日、班、阶段计划，及时下达到相关派班室，合理安排机车供应，并组织兑现，编制实际机车周转图。掌握机车乘务员工作和休息时间，防止机车乘务员超劳。

（2）负责运行揭示调度命令的接收和复核，LKJ 临时数据文件的编辑、核对、模拟和审核等工作，并按规定下达到各派班室。

（3）保持与铁路局调度及有关站、段的密切联系，随时了解列车运行和机车使用情况，指导机车乘务员正确处理行车中发生的问题，确保列车安全正点；及时处置运输生产中突发性问题，遇发生铁路交通事故、设备故障和重点列车运行晚点等情况，要及时查明原因，并迅速上报。

（4）掌握机车运用、整备、检修动态，及时变更机车工作种别，按检修计划及时扣车；掌握行车安全装备软件升级、数据换装动态；掌握出入厂（段）回送机车动态；掌握救援列车动态，按救援命令及时组织救援列车出动。

（5）准确填记各种表报、台账。

4）机务派班室调度

（1）根据日、班、阶段计划，制定机车乘务员出乘计划，负责机车乘务员派班；接收有关文电、通报，办理机车乘务员请、销假手续。

（2）审核机车乘务员出乘条件，传达注意事项，指导出勤机班制定安全措施，提出指导意见。发放、核对运行揭示调度命令，向机车乘务员交付 IC 卡，办理 LKJ 临时数据的录入，收、发司机手册、添乘指导簿、司机报单、列车时刻表、运行揭示、施工行车安全明示图等行车资料。

（3）了解退勤机班途中运行情况，分析退勤机车乘务员 LKJ 运行记录数据，对查出的问题做好记录并及时报告；指导退勤机车乘务员认真填写有关报告。收集、记录有关行车信息，及时按规定程序汇报。对机车迟拨、列车晚点、超劳及机车故障等情况做好分类记录。

（4）准确填记各种表报、台账。

各级机车调度室、机务派班室应建立完善的机车调度系统、运用及安全综合管理系统、监控信息分析处理系统，以及网络化办公系统。

任务 9.2 机 车 管 理

9.2.1 机车配属及使用

我国铁路机车主要实行配属制度。所谓配属制度，就是国铁集团根据运输任务的需要和运输设备条件等因素将机车配属给各铁路局使用和保管的制度。各铁路局又将机车配属给所属的机务段，以完成运输生产任务。各机务段在其担当的牵引区段内负责机车的使用和保管工作。机车配属应遵循以下原则。

（1）近期与远期相结合，满足运输需要，符合机车牵引动力发展和检修布局的规划，提高机车使用效率、资产回报率及效益。

（2）力求机型统一、点线结合、集中配属。

（3）合理使用机车，平衡相邻区段的牵引定数。

（4）适应列车编组计划和运输设备的基本要求。

（5）配置机车根据机车周转图查定，并依据担当任务性质等情况，确定机车检修、备用率。原则上，小运转、调车任务按 12%，客、货任务管内的按 12%、跨局机车交路的按 15%，春暑运期间临客任务占图定任务 10% 以上的机务段按 20%，直供电机车按 25%。

机车必须按列车运行图和机车周转图的规定使用。不得安排担当直达、直通货物列车牵引任务的机车在中间站、岔线及有专用调车机车的车站进行调车作业；旅客列车机车在始发、终到站，不得安排调车作业任务，必须担当调车作业时，应在列车运行图中确定。

直供电机车出库前必须按规定对直供电装置进行检查，保证出库牵引质量状态良好，按规定时间出库向客车供电；直供电列车运行区段，具备条件的，应合理安排直供电机车担当非直供电客车或货车牵引任务，以提高应急处置能力。

机车应按照使用性能、节能环保、技术更新、经济合理及淘汰落后产能的原则确定使用年限，机车使用年限为 20 年。

9.2.2 机车牵引定数

机车牵引定数应根据线路纵断面、机车类型、供电能力、地区海拔、气候特点、站场设备及运量等条件，按《铁路技术管理规程》和《列车牵引计算规程》进行科学、周密计算并使用牵引试验车实地牵引试验查定。铁路局管内的由铁路局确定，并报国铁集团备案；跨铁路局的由国铁集团确定。

1. 牵引定数查定的原则和要求

（1）本着科学、合理的原则，发挥机车功率、优化操纵水平，满足运输需要。

（2）畅通分界口，按线、按方向尽可能平衡一致，兼顾邻线衔接。

（3）严格遵守线路允许速度，车站到发线有效长度，机车、车辆构造速度，下坡道闸瓦压力限制速度，长大下坡道制动周期限制速度，长大隧道限制速度及机车持续速度等各项限速的规定，确保行车及人身安全。

（4）牵引定数确定后，未经批准不得变更。

2. 机车牵引定数的有关规定

（1）波动尾数：旅客列车及特快货物班列按规定牵引辆数不上波，时速 120 km 的货物列车按牵引辆数和牵引定数不上波，其他货物列车的波动限定在 81 t 以内。线路坡度在 12.5‰以上的区段，长大隧道牵引定数在 1 500 t 及其以下的波动尾数，铁路局管内的由铁路局制定，跨铁路局的由相关局协商报国铁集团批准。

（2）因天气不良、施工慢行、列车限速等，需要临时减吨时，铁路局管内的由铁路局确定，跨铁路局的由相关铁路局协商确定。

（3）货物列车普超吨数应合理查定，严格掌握，并在编制基本列车运行图、机车周转图时重新核定。铁路局管内的普超吨数由铁路局确定，跨铁路局的普超吨数由国铁集团确定。天气不良时应按牵引定数编组列车。

9.2.3 机车检修

机车检修计划由机务段技术科负责，会同运用科、检修车间、运用车间，根据机车的走行公里、实际技术状态，以及检修、运用车间的生产情况等进行编制，按照程序审批下达施行。

目前，我国交–直流传动机车普遍实行的修程为大修、中修、小修和辅修。其中，中修、小修和辅修为段修修程。交–直–交流电力机车实行的修程为六年检、二年检、年检、半年检、季检、月检。其中，六年检、二年检实施路网性集中检修，年检、半年检、季检、月检修程由机务段承担。

1. 交–直流传动机车

大修：机车全面检查、修理，恢复机车的基本质量状态，可同时进行机车或主要部件的技术提升。

中修：机车主要部件检查、修理，恢复其可靠使用的质量状态。

小修：机车关键部件和易损、易耗零部件检查、检修，有针对性地恢复机车的运行可靠性。

辅修：机车例行检查，进行故障诊断，按状态进行必要的修理。

2. 交–直–交流电力机车

六年检：机车全面分解检修，进行全面性能参数测试，恢复基本性能，可同时进行机车或主要技术部件的技术提升。

二年检：机车主要部件性能参数测试、检查修理，恢复机车可靠使用的质量状态。

年检、半年检：机车关键部件重点检查维修，有针对性地恢复机车的运行可靠性。

季检、月检：机车例行检查和保养，利用机车自检系统进行故障诊断，按状态修理。

9.2.4 机车整备

机务段应实行机车乘务与地勤分离管理模式，实现地勤检查、检测、整备、维修、保养、保洁一体化专业管理。

跨局机车交路实施前，由机车配属铁路局牵头组织相关单位签订协议，明确继乘交接、机车整备、维修等事项，制定相应的管理办法和安全措施，并严格执行国铁集团相关规定。

机车入段整备周期必须严格按有关规定执行。机务段应对所有入段运用机车（包括外段、外局机车）按统一标准整备，完成机车出入段检查、整备、保养、保洁、临碎修等。

机车一次整备续行距离和周期要根据机车类型、担当任务类别、交路区段的线路条件及地域温差、车顶电气绝缘、滤网状态等因素，科学合理安排。机车整备除了补充油、水、砂外，还要按规定进行检查和检测。

内燃机车根据可用燃油量确定；电力机车根据机车交路图定时间测算，一次整备续行周期不超过 48 小时，但担当跨局交路的机车在换挂站或终到站应入段整备（交路距离较短或其他特殊情况，可由相关局协商确定是否入段整备）。

9.2.5　机车回送

在铁路系统内部，机车因需要开展异地检修、助勤、出租、调拨及新配属等业务，对机车进行两地间的运送，称为机车回送。铁路局配属机车回送方式有：单机、专列、附挂、托运。

铁路局间调拨及新造、检修完毕出厂（段）的机车，均按专列或有动力附挂方式回送；入厂（段）检修的机车，除事故车和返厂（段）修车外，必须达到运用状态，按专列或有动力附挂方式回送。电力机车在非全程电气化区段回送应按无动力托运方式，并将受电弓绑扎。

日常运输组织中发生的机车回送，原则上应按有动力方式，无动力附挂时不得跨牵引区段。

铁路局管内机车回送方式由铁路局自定。

附挂回送机车应挂于本务机车次位，每列不得超过 2 台；专列回送每列不超过 5 台（不包括本务机车，双节机车按一台计）；在受桥梁限制的区段按规定进行隔离。在线路坡度超过 20‰及以上区段，禁止办理机车专列回送。

旅客列车不应附挂回送机车，但担当旅客列车任务的客运机车走行部和制动装置良好时，在保证安全的前提下可随旅客列车附挂回送，并按国铁集团调度命令办理。

回送机车在一地滞留时间超过 24 小时（故障除外），所在局调度所要向国铁集团汇报滞留原因及解决措施。回送机车乘务员有权使用车站运转室（调度室）、机务派班室电话，向途经铁路局、国铁集团机车调度员汇报机车回送情况。国铁集团、铁路局调度员接到回送机车滞留的报告后，要做好记录，立即查明原因，组织尽快放行。

无动力托运回送机车应按以下要求整备。

（1）直流传动机车的牵引电动机电刷全部拔掉，拆除动轴轴箱测速发电机机械连接；液力传动内燃机车应拆除与动轮连接的万向轴。

（2）按不同类型机车制动机无动力回送要求，对机车制动系统进行处置。

（3）内燃机车要排净柴油机冷却水和润滑油，冬季注意防冻。

（4）无动力托运回送机车应备有信号器具和必要的油脂、工具，并安排司机随车回送。

9.2.6　机车备用

机车备用分长期备用、短期备用和应急备用。长期备用指备用时间 30 天以上的机车；短期备用指备用时间大于 24 小时且不超过 30 天的机车。长期备用机车的加入、解除由国铁集团机车调度批准，短期备用机车的加入、解除由铁路局机车调度批准。长期和短期备用机车均须符合《铁路技术管理规程》规定的出段牵引列车的标准，工具备品齐全，严禁拆除零部件。

备用时间在 90 天以上及由于内电转化、运输调整等原因闲置的机车，可转入封存。封存机车的加入、解除由国铁集团机车调度批准。封存机车的管理比照长备机车办理。

加入长期备用的机车，自接到批准的调度命令时起，机务段应在 5 日内完成整备、防腐、防冻工作。由驻段验收员和机务、电务、通信人员共同检查确认合格后，做出书面记录，并使用电报通知铁路局，按整备完毕时刻转入备用。

需要解除备用时，自接到调度命令时起，机务、电务（通信）段应保证短期备用机车在 2 小时内，长期备用机车在 48 小时（平均气温低于零下 10℃的寒冷地区，为 72 小时）内，达到运用状态。长期备用机车应按下列规定进行整备。

1. 内燃机车长期备用整备

（1）待机车冷却水温降至 30～40 ℃后，将柴油机冷却水系统各阀及堵打开，排净各部件、管路内积水。

（2）排净燃油箱及燃油管路内燃油。

（3）柴油机润滑油，液力传动箱、中间齿轮箱、车轴齿轮箱，牵引电动机抱轴承及齿轮箱等，应保持规定的油位。

（4）打开空气制动系统各排水阀排出积水，用压力空气吹扫送风管路、风缸、油水分离器、空气压缩机冷却器和所有电机、电器、车体及走行部，清除油垢。

（5）对电器部分的换向器和所有接触点涂工业凡士林。

（6）清除砂箱内存砂并清扫涂油。

（7）拆下蓄电池集中保管。

（8）烟筒、冷却风扇上部、车体通风孔、空气过滤器外部、牵引电动机、空调通风口等处所加盖。

（9）自动制动机手柄固定于中立位或取出位。

（10）关闭门窗及百叶窗，锁闭车门。

（11）每月须进行一次机车走行移动和柴油机盘车。

2. 电力机车长期备用整备

（1）检查、吹扫各电机、电器。封堵空调通风口。

（2）清扫走行部金属摩擦部分并涂油。

（3）拆下蓄电池集中保管。

（4）打开空气系统各排水阀，用压力空气吹扫送风管路、风缸、油水分离器，排除积水和油垢。

（5）主变压器、油浸励磁变压器保持规定的油位。

（6）清除砂箱内存砂并清扫涂油。

（7）自动制动阀手柄固定于中立位或取出位。

（8）关闭门窗，锁闭车门。

（9）每月须进行一次机车走行移动。

任务 9.3　机车交路及机车运转制

9.3.1　机车交路

机车交路是机车固定担当运输任务的周转区段。按用途分为客运机车交路和货运机车交路；按机车运转方式分为循环运转制、半循环运转制、肩回运转制和环形运转制机车交路等；

按区段距离分为一般机车交路和长交路。客运机车交路区段距离 800 km 以上、货运机车交路区段距离 500 km 以上的为长交路。国铁集团负责确定跨局机车长交路并定期公布。

机车交路设置原则如下。

（1）充分利用运输设备条件，根据列车编组站分工，推行"机车长交路、乘务区段化"运用模式，实行机车集中配置，乘务分段担当，向同方向或多方向延伸覆盖，提高运用效率。

（2）依据路网特点和机车续行能力，科学、合理确定机车交路，兼顾机车整备、检修能力，统筹安排机车乘务员休息和工作时间，满足运输生产需求。

（3）充分利用各类机车性能，逐步统一干线和跨线牵引定数，提高机车运用效率和运输能力。

（4）根据机务生产力发展水平，坚持近期与远期相结合，不断完善和优化机车交路。

根据铁路技术政策，内燃、电力机车尽量采用长交路。

目前，我国铁路的机车交路长度一般在 200 km 左右，随着内燃、电力机车铁路牵引动力机型的更新，机车交路的发展方向将是长交路，电力机车牵引区段的交路长度可达 1 000 km 以上。

9.3.2　机车运转制

机车在机车交路上从事列车牵引作业的方式称为机车运转制。它是组织机车运用，确定机车整备设备布局，决定机车全周转时间，并影响铁路运输效率的重要因素。机车运转制可分为：肩回、循环、半循环、环形小运转制四种。为了提高机车运用效率，应广泛采用循环或半循环运转制。

1. 肩回运转制

机车出段后，从本段所在站牵引列车到折返段所在站，进入折返段进行整备及技术检查作业，然后牵引列车回本段所在站，再进入本段进行整备及检查作业。机务本段担当两个方向相反的机车交路，称为双肩回运转制。

肩回运转制的特点是机车一般只在一个机车交路上进行一次往返牵引作业，即入本段进行整备作业，这对机车的保养非常有利，但频繁的入段，在一定程度上影响了机车运用效率的提高。

2. 循环运转制

机车担当两个相邻的机车牵引交路，机车从本段所在站出发，在一个牵引区段上往返牵引列车后回到本段所在站，机车不入段（中检或进入修程时除外），仅在本段所在站进行必要的作业后，仍继续牵引同一列车或换挂另一列已准备好的列车，运行到另一牵引区段的折返段所在站，再从折返段所在站牵引列车返回本段所在站。这样，机车在两个牵引区段上牵引列车循环运行，直到机车需要进行检修时才进入本段，这种运转方式称为循环运转制。

循环运转制的优点是：减少了机车出入段次数，机车运用效率较高，能够加速机车的周转，并减轻了出入段咽喉道岔的负担。其缺点是：占用到发线时间较长，站内要设整备设备，因此站场布置复杂化，并对机车质量要求较高。

3. 半循环运转制

机车牵引列车在相邻两个牵引区段上周转循环一次就进入本段一次进行整备、检查，机车牵引列车到达本段所在站，只在一个方向入段，而在另一运行方向上不入段的运转方式，称为半循环运转制。

4. 小运转制

机车出段后，在一个或几个方向连续运行几个往返作业后，机车辅修、小修或中修，以及机车需要整备作业时，机车才进入本段进行整备作业的机车运转方式，称为环形运转制。环形运转制适用于机车交路短、车流密度大的近郊列车、通勤列车、环形列车或小运转列车。

目前，肩回运转制仍然是我国铁路上采用最多的一种运转制。在采用肩回运转制时，可以尽量延长机车交路（即采用循回运转制），以提高机车运用效率。不同的机车运转制，机车的运用效率往往不同，对机车整备作业的地点、内容、要求也不尽相同，因此在选择机车运转制时要进行全面分析比较，在保证机车乘务员正常休息的前提下，尽可能地发挥机车牵引力，提高机车运用效率。

任务 9.4 机车乘务管理

9.4.1　机车乘务员基本要求

机车乘务员必须具备下列基本条件：

（1）符合岗位标准要求，司机须取得中华人民共和国铁路机车车辆驾驶证。

（3）敬业爱岗，胜任本职工作。

（3）身体条件符合国家对铁路机车车辆驾驶人员职业健康标准的要求。

（4）具备中专及以上学历，具有良好的汉字读写能力并能够熟练运用普通话交流。

符合（2）～（4）项要求的人员，在机务段乘务学习满半年（或乘务公里满 3 万公里），经铁路局组织考核合格，颁发铁路岗位培训合格证后，方可担当副司机工作。年龄 35 岁及以下的在职或入职副司机，应在三年内达到机车乘务员学历标准。

铁路局要建立健全机车乘务员管理制度，加强管理和培训，保持和提高机车乘务员的基本素质和业务水平，对符合撤销、注销驾驶证情况的，按规定向所在地区铁路监督管理局报告。

铁路局应依据运输生产实际和发展需要，科学核定机车乘务员定员，合理设置预备率，原则上按 12%安排，可根据实际需要适当提高，但不超过 16%。铁路局年度新增人员计划，对机车乘务员人数实行计划单列。

机车司机要做到遵章守纪、爱护机车、平稳操纵、安全正点；认真执行一次乘务作业标准，做到"彻底瞭望、确认信号、准确呼唤、手比眼看"；努力学习技术业务知识，不断提高操纵技术和应急处置能力，质量良好地完成运输任务。

机车司机岗位等级有一、二级之分。担任司机职务不少于五年，在审定前连续三年以上无责任铁路交通事故，技术业务考试达到铁路局制定的一级机车司机的标准的为一级司机，未达到一级司机标准的为二级司机。

9.4.2　机车乘务员休息和工作时间标准

机车乘务员休息和工作时间，应符合下列要求。

1. 一次乘务作业工作时间标准

（1）机车司机、副司机配班值乘：客运列车不超过 8 小时，货运列车不超过 10 小时。

（2）机车单班单司机值乘时间标准由铁路局制定。

（3）机车双班单司机值乘：客运列车按旅行时间不超过 15 小时加出退勤工作时间，货运列车旅行时间不超过 16 小时加出退勤工作时间。

2. 机车乘务员休息时间

（1）外公寓调休时间不得少于 5 小时；在外公寓驻班休息时间不得少于 10 小时；外公寓换班继乘休息时间不得少于 6 小时（轮乘制）。

（2）在本段（或本车间）休息时间应根据月工作时间定额均衡安排，每次时间不得少于 16 小时。

（3）实行轮乘制的机车乘务员每月应安排 1~2 次不少于 48~72 小时的休息时间。

机车乘务员随货物列车或无卧铺客运列车便乘时间计算为工作时间，但不计算为一次乘务作业工作时间；乘卧铺的便乘时间不计算工作时间。

列车调度员要按图组织行车，不得随意更改乘务交路、中途折返，并优先放行机车乘务员接近超劳的列车，防止机车乘务员超劳。

9.4.3 机车乘务制度

机车乘务制度是机车乘务员使用机车的制度，分为包乘制、轮乘制、轮包结合制。按值乘方式分为标准班、单班单司机、双班单司机。

机车乘务制度的选择应符合工作时间标准和运输需要，积极推行标准班，管内具备条件的可实行单班单司机，严格控制双班单司机。干线机车实行轮乘制，调车机车、小运转机车可实行包乘制。担当固定调车作业的调车机车乘务员原则上采取小四班轮班方式。

为充分发挥内燃、电力机车的优势，提高运输能力和运输效率，内燃、电力机车应有计划逐步实行长交路、轮乘制。

1. 包乘制

包乘制是将每台机车分配给固定的机车乘务组，该乘务组称为机车的包乘组。包乘制的机车，每台机车设司机长一人。机车包乘组在司机长领导下，负责所包机车的安全、保养、整备、验收和管理等工作，以保质保量地完成运输生产任务。

机车的利用程度受到包乘组工作时间的限制，机车有时需在段内长时间停留，以保证机车乘务员有足够的休息时间，因而造成机车运转时间不能充分利用，降低了机车的运用效率。

2. 轮乘制

轮乘制不将机车分配给固定的机车乘务组，而是对机务段全体机车乘务员和全部机车进行统一组织，集中使用，按照歇人不歇车的循环管理体制，由各机车乘务组按照排定的先后顺序，轮流担当乘务作业。由于机车和乘务组之间没有固定关系，机车工作时间不受机车乘务组的限制，所以能更为合理、高效地使用人力和机车。

由于轮乘制乘务员与机车之间无固定配置关系，所以对机车的保养质量和乘务员的技术业务水平均提出了更高要求，同时机车的保养维护工作不再由乘务组负责，而是由专门的保养人员承担。因此，实行轮乘制时，需增加辅助工作人员。

3. 轮包结合制

轮包结合制是轮乘制的另一种形式，它综合了包乘制和轮乘制的优点，更有利于发挥长交路的优势，弥补轮乘制机车保养工作不易落实、机车技术状态较差的缺陷。采用轮包结合乘务制度一般是本段出发为包乘机班，外段折返为轮乘机班。

9.4.4 登乘机车管理

应严格控制非值乘人员登乘机车，因工作需要必须登乘机车时应按以下规定办理。

（1）机务段直接行车有关人员、机车试运转有关人员，凭工作证可登乘本段机车。铁路局要制定相应的管理办法。

（2）国铁集团、铁路局行车安全监察人员，凭监察证登乘机车。

（3）因救援抢险等需要，相关人员凭调度命令可登乘机车。

（4）检查工作的人员，凭添乘机车证添乘机车。

（5）运输、牵引供电、电务、工务、车辆、通信、公安等有关人员，凭登乘机车证和工作证，可登乘机车。登乘机车证由所属单位提出书面申请，由铁路局机务处负责审核填发。

（6）登乘机车证分为临时、定期登乘机车证。使用期限超过三个月（含三个月）时可填发定期登乘机车证。

机车登乘人数，不得超过 2 人，因特殊情况超过 2 人的需经乘务担当局机务处同意。登乘人员不得影响机车乘务员正常工作，不得在机车非操纵端（便乘机车乘务员除外）或其他部位乘坐，不得擅自操作机车的开关、按钮及其他设备，更不得在运行中开关司机室门。

不符合登乘规定的人员，严禁登乘机车。对于不符合规定的登乘人员，机车乘务员劝阻无效时，有权不开车，报请车站（列车调度员）处理。

复习思考题

1. 机车运用工作的基本任务是什么？
2. 机车调度工作的基本任务是什么？
3. 电力机车检修修程是怎么规定的？
4. 电力机车加入长期备用应进行哪些整备作业？
5. 何谓机车交路？其设置原则是什么？
6. 机车乘务员应具备的基本条件是什么？

参 考 文 献

[1] 中国铁路总公司. 铁路技术管理规程：普速铁路部分. 北京：中国铁道出版社，2014.

[2] 中国铁路总公司. 机务行车安全管理规则. 北京：中国铁道出版社，2015.

[3] 中国铁路总公司. 铁路机车运用管理规则. 北京：中国铁道出版社，2015.

[4] 中华人民共和国铁道部. 铁路机车操作规则. 北京：中国铁道出版社，2013.

[5] 中华人民共和国铁道部. 铁路交通事故调查处理规则. 北京：中国铁道出版社，2007.

[6] 祁冠峰. 铁路机务行车规章. 北京：北京交通大学出版社，2014.

[7] 杨瑞柱. 电力机车运用与规章. 北京：中国铁道出版社，2008.

[8] 陆超，曾伯荣. 电力机车运用与规章. 成都：西南交通大学出版社，2015.

[9] 李建龙，张红涛. 电力机车运用与管理. 2版. 成都：西南交通大学出版社，2018.

[10] 郭进龙，王瑞国. 内燃机车运用与规章. 北京：中国铁道出版社，2008.

[11] 韩军峰. 胡子亮. 于彦良. 铁道概论. 北京：北京交通大学出版社，2016.

[12] 崔志. 铁道概论. 北京：中国铁道出版社，2012.

[13] 于彦良，戴建勇. 铁路行车规章. 北京：北京交通大学出版社，2019.

[14] 罗利锦. 电力机车乘务作业. 北京：北京交通大学出版社，2018.